SECOND EDITION

Perspectivas culturales de Hispanoamérica

JUAN KATTÁN-IBARRA

National Textbook Company
a division of NTC/CONTEMPORARY PUBLISHING GROUP
Lincolnwood, Illinois USA

Reconocimientos

Fotografías y diapositivas

American Airlines: 4, 29, 31, 66, 138, 139 *(derecha)*

Braniff Airways: 12 *(izquierda)*, 26

Luis Carrasco: 154

Central Photo Collection—Organization of American States: 74, 79, 81, 82, 86, 88, 91, 93, 96, 115, 118, 122, 130, 132, 135, 136, 193

Dirección General de Turismo del Perú: 64, 65

Embajada de Venezuela en los Estados Unidos: 10

Fotos UNESCO/Vautier-Decool.: 36

Lynn M. Holley: 128

Imp. Cervantes: 63

Italian Government Travel Office (E.N.I.T.): 44

Juan Kattán-Ibarra: 46, 53, 55, 80, 94, 108, 111, 113, 114, 116, 117, 119, 121, 127, 140, 146, 148, 149, 151, 153, 159, 160, 161, 168, 177, 188, 196, 201, 206, 207, 213, 217, 218 *(derecha)*

Kessler: 13

Patricio Lazcano: 162 *(derecha)*, 171

Mexican National Tourist Council, New York: 28

Museo de Arte de Las Américas; Organización de los Estados Americanos: 6, 12 *(derecha)*, 20, 24 *(inferior)*, 37, 59, 139 *(izquierda)*, 173, 218 *(izquierda)*

Museo de la Iglesia de San Francisco (Santiago de Chile): 67

Oficina Española de Turismo: 47, 50

Puerto Rico Tourism Development Corporation: 7

República de Venezuela; Ministerio de Fomento, Dirección de Turismo: 9 *(superior)*

Rodolfo Reyes Juárez: 58

Shell International: 205

UNICEF Photo: 176

Viasa: 9 *(inferior)*

World Wide Photos: 124

Published by National Textbook Company, a division of NTC Publishing Group.
© 1995, 1989 by NTC Publishing Group, 4255 West Touhy Avenue,
Lincolnwood (Chicago), Illinois 60646-1975 U.S.A.

9 0 VP 9 8 7 6 5 4

Preface

Perspectivas culturales de Hispanoamérica, second edition, examines the Spanish-speaking countries of Latin America from their early history to the present. Historical events are presented in chronological order, and as each period unfolds, detailed coverage is also given to achievements in literature and the arts. Chapters covering contemporary history take into account all the major events that have shaken the continent in its struggle for development, including the Mexican and Cuban revolutions and the Central American conflict of recent years.

The eight chapters of the book are divided into two parts. Part I opens with a look at the geography of Hispanic America (Chapter 1) and moves on to examine the main pre-Columbian cultures (Mayan, Aztec, and Incan) as well as the civilizations that preceded them (Chapter 2). Next, there is an account of the Spanish conquest and colonization of the New World (Chapter 3). This is followed by a study of the independence movement in Latin America and the wars between the *libertadores* and the royalist armies—all of which led to the fragmentation of Spain's American Empire and the emergence of new republics (Chapter 4). Their history is also outlined briefly in this chapter.

Part II begins by tracing the history of Spanish-speaking Latin America from the onset of the twentieth century until the 1980s, and includes a discussion of the main developments in literature and the arts (Chapter 5). Events in Mexico, Cuba, and Central America receive greater emphasis in that chapter. Next, an entire chapter is devoted to Latin America's struggle for development—with an examination of its economic problems and a brief analysis of agriculture, industry, transportation, and other sectors of the economy (Chapter 6). This is followed by a look at the *hispanoamericanos:* their ethnic background, the integration of Africans, Asians, and Europeans into the new society, population trends, and Latin American migration to other countries, such as the United States and Europe (Chapter 7). The book concludes with a review of more recent events in the Spanish-speaking countries of Latin America, for example, the political unrest in Mexico, due to the guerrilla conflict in the state of Chiapas and the assassination of a leading presidential contender, and the return to democracy of several Latin American countries. Wider social and cultural issues are also touched upon, among them the new role of the Roman Catholic Church in the region, the changing position of women in society, the aspirations of young people, the varieties of Spanish spoken in Latin America, the importance of Indian languages, as well as developments in education and the mass media (Chapter 8).

The *Cronología* at the beginning of those chapters dealing with historical events (2–5 and 8) lists the most important dates and events in the period being studied. These are written in very simple language and serve as a chapter summary, to be studied both before and after reading the main text.

The *Glosario* that follows the main text translates Spanish words and expressions that may be new to students and whose meaning may not be inferred from the text. It also includes terms related to the history and culture of the Hispanic world.

The *Cuestionario* and *Temas de redacción o presentación oral* develop speaking and writing skills. Students may select from among numerous questions and themes and develop those they find most appealing. Some will lend themselves to written preparation, others to oral presentation or even debate among groups of students or the whole class. To help develop proficiency, students should be discouraged from quoting verbatim from the text or reading prepared answers.

The *Práctica* section at the end of each chapter gives students a chance to use language found in that chapter. Some of the exercises reinforce grammar structures or vocabulary, while others develop oral or writing skills. Most language points included in this section will be known to students from their regular language classes, therefore no strict grammatical sequencing has been followed. Given the nature of its subject matter, this book provides plenty of practice on tenses (particularly past tenses and subjunctives), uses of *ser* and *estar,* prepositions, definite articles, vocabulary building, and so on.

The *Vocabulario* and *Índice alfabético* at the back of the book will assist students with their reading, while the *Bibliografía* will help those who wish to go into a subject more deeply.

My thanks again to Ricardo Palmás Casal and Félix Zamora, who read the manuscript for the first edition and made many valuable suggestions.

I would also like to express my indebtedness to the authors whose works I used as the main source of information, particularly to the contributors of *Historia 16, Nuestro Mundo 85/86, Anuario Iberoamericano '92, The Cambridge Encyclopedia of Latin America and the Caribbean,* edited by S. Collier, H. Blakemore, and T.E. Skidmore, and to George Pendle, author of *A History of Latin America.* In the area of current affairs, my chief debt is to the Spanish newspaper, *El País.* Other sources of information are mentioned in the footnotes and in the Bibliography.

JUAN KATTÁN-IBARRA

Índice de materias

El Nuevo Mundo y el encuentro de dos culturas

CAPÍTULO UNO

Geografía de Hispanoamérica

México

SITUACIÓN

Geográficamente la mayor parte del territorio de los Estados Unidos de México corresponde a la América del Norte. Por el sur se extiende hasta la América Central. Al norte de México se hallan los Estados Unidos de América. Al este limita con el golfo de México y el mar de las **Antillas,** al sudeste con Guatemala y Belice, y al oeste con el océano Pacífico. Con una superficie total de 1 972 547 kilómetros cuadrados, México es el segundo país en tamaño de la América hispana, después de la Argentina.

CORDILLERAS Y MONTAÑAS

México está unido a Centroamérica a través del istmo de Tehuantepec, situado al sur del país. El territorio mexicano está **surcado por cadenas de montañas** que se prolongan hacia el istmo centroamericano. Entre ellas está la Sierra Madre Occidental, que es una continuación de las **montañas Rocosas** y está situada en el noroeste del país. Al este se halla la Sierra Madre Oriental, unida a la anterior a través de la Sierra Volcánica Transversal. A lo largo del sur del país, desde el estado de Colima hasta el de Chiapas, encontramos la Sierra Madre del Sur.

La **altiplanicie** mexicana se prolonga desde el centro de México hacia el interior de los Estados Unidos. En esta altiplanicie está situada la llamada mesa de Anáhuac, que constituyó el centro de la cultura azteca. Una gran parte de la población mexicana está concentrada en esta región.

La pesca y el turismo: dos industrias importantes en Acapulco.

EL CLIMA

En el norte del país predomina el clima seco. En el centro y en las regiones orientales y occidentales del sur y del sudeste el clima es húmedo: templado lluvioso en las montañas y tropical lluvioso en las llanuras o depresiones.

COSTAS E ISLAS

México tiene 8560 kilómetros de costa y 5000 kilómetros cuadrados de islas. Las costas del Atlántico se caracterizan por ser bajas y **arenosas,** excepto en la península de Yucatán, mientras que en el Pacífico son elevadas y presentan **acantilados.**

El golfo de México, con su relieve suave y sus numerosas playas, constituye uno de los principales focos de atracción turística de México. Allí se hallan las islas de Carmen y Puerto Real y en el mar de las Antillas las islas de Cozumel y Mujeres.

RÍOS Y LAGOS

En general, los ríos de la vertiente del Golfo son bastante caudalosos y algunos de ellos son navegables. El río Bravo del norte o río

Los pescadores del lago Pátzcuaro, en Michoacán, son los únicos que utilizan estos tipos de redes.

Grande, que constituye frontera con los Estados Unidos, es el más largo. En la vertiente del Pacífico los ríos tienen menor longitud. Entre ellos está el Colorado, cuya cuenca se halla en territorio de los Estados Unidos, y el río Lerma, tributario de la laguna de Chapala, situada en Jalisco y Michoacán. Miles de turistas, atraídos por su belleza, llegan a la laguna de Chapala. En el sur del país, cerca de la frontera con Guatemala, se encuentran las hermosas lagunas de Montebello.

América Central

Geográficamente la América Central se extiende desde el istmo de Tehuantepec, en territorio mexicano, hasta Panamá. Los países de habla española de Centroamérica son los siguientes:

País	Superficie	Capital
Guatemala	108 890 km^2	Ciudad de Guatemala
El Salvador	21 041 km^2	San Salvador
Honduras	112 088 km^2	Tegucigalpa
Nicaragua	147 950 km^2	Managua
Costa Rica	50 000 km^2	San José
Panamá	77 082 km^2	Ciudad de Panamá

CORDILLERAS Y COSTAS

Se pueden distinguir en Centroamérica cinco zonas diferentes:

Zona de las Sierras del Sur. Las cordilleras y tierras altas que forman esta región son similares a las del norte de México por su estructura y carácter volcánico. La altura media es de 1500 metros.

La rica tierra volcánica y el clima de la meseta central de Costa Rica son ideales para el cultivo del café.

Zona de Tehuantepec-Honduras.   Constituida por una serie de cordilleras que alcanzan una altura media de 600 a 900 metros, es una zona árida y por lo tanto la densidad de población es inferior a la de la zona volcánica del sur.

Zona de la alta tierra volcánica.   Situada al sur de Guatemala, El Salvador, Honduras y Nicaragua, está formada por una serie de volcanes que se extienden hasta el Caribe.

Zona de las tierras bajas costeras.   Las tierras bajas de la costa están formadas por **aluviones** más o menos volcánicos. Las llanuras del Atlántico son más extensas que las del Pacífico.

Zona del arco de Panamá.   Corresponde al **cordón de tierras** estrechas de Costa Rica y Panamá con la cordillera Central, de 3000 metros de altura. Son tierras de tipo volcánico.

EL CLIMA

En las tierras bajas de la América Central predomina el clima tropical, con una temperatura media mensual de más de 18 grados centígrados durante todo el año. En las tierras altas el clima es templado. En verano la temperatura media es superior a 18 grados, mientras que en invierno es de más de 0 grados. Las lluvias son abundantes en la mayor

El bosque tropical Yunque (Puerto Rico) es el único de su clase bajo el control del servicio forestal de los EE.UU.

parte del istmo centroamericano. La media para toda la región oscila entre 1000 y 2000 milímetros.

Las Antillas

El archipiélago de las Antillas está situado entre las Américas del Norte y del Sur, enfrente de Centroamérica. Geológica y geográficamente las Antillas forman parte de la América Central.

El archipiélago se suele dividir en Antillas mayores y Antillas menores. Las Antillas mayores comprenden Cuba, Jamaica, Puerto Rico y Santo Domingo. Son restos de una cadena montañosa y su altura máxima, en Santo Domingo, es de 3175 metros. Las Antillas menores, situadas al este del mar Caribe, están constituidas por un gran número de islas, algunas de ellas Estados independientes tales como Trinidad y Tobago. Otras son posesiones británicas, francesas, holandesas y venezolanas.

En las Antillas se halla también el archipiélago de las Lucayas o Bahamas. En una de sus islas, llamada antiguamente Guanahaní y posteriormente San Salvador, desembarcó Cristóbal Colón en su primer viaje en 1492. Se trata de la actual isla de Watling.

Los países hispanoamericanos de las Antillas son los siguientes:

País	Superficie	Capital
Cuba	114 524 km²	La Habana
República Dominicana	48 442 km²	Santo Domingo
Puerto Rico (Estado libre asociado)	8 800 km²	San Juan

EL CLIMA

El clima de las Antillas es templado y húmedo, con una temperatura media anual de aproximadamente 26 grados al nivel del mar, con muy poca variación. Existe una **estación seca**—llamada verano—que va de diciembre a mayo y una **estación lluviosa**—llamada invierno—entre junio y noviembre. En este último período se producen ocasionalmente ciclones y tormentas tropicales. El clima tropical y húmedo del archipiélago da lugar a una exuberante vegetación.

América del Sur

La América del Sur tiene una longitud de casi 7600 kilómetros y su anchura máxima es de aproximadamente 5500 kilómetros. Su superficie total se calcula en 18 600 000 kilómetros cuadrados, es decir, el doble del área de los Estados Unidos. En la América del Sur se distinguen dos zonas claramente marcadas: la zona andina y la zona atlántica.

LA ZONA ANDINA

La zona andina comprende los siguientes países de habla española:

País	Superficie	Capital
Venezuela	916 490 km²	Caracas
Colombia	1 138 900 km²	Bogotá
Ecuador	270 670 km²	Quito
Perú	1 284 600 km²	Lima
Bolivia	1 985 000 km²	La Paz
Chile	756 945 km²	Santiago

Nota: Bolivia es el único país de la zona andina que no tiene litoral.

El relieve. Al oeste de la América del Sur se hallan los Andes, que se extienden desde el norte de Venezuela, a 10 grados de latitud norte, hasta el estrecho de Magallanes, a 55 grados de latitud sur. La cordillera de los Andes bordea el océano Pacífico. La llanura que deja entre ella y el mar es estrecha y en gran parte desértica. La altitud media de los Andes va más allá de los 3500 metros. Algunas de sus cumbres exceden los 5000 metros. La altitud máxima corresponde al monte Aconcagua, situado entre la Argentina y Chile, con 6959 metros. Desde el centro hasta el sur de Chile la cordillera decrece progresivamente, dando lugar en el extremo meridional a numerosos fiordos.

Arriba: Pico Humboldt (4942 metros) y Pico Bompland (4883 metros), Sierra Nevada (Mérida, Venezuela).

Abajo: Los médanos de Coro en la costa venezolana.

El salto Ángel (1005 metros) es el más alto del mundo. Se llama así por su descubridor, Jimmy Ángel, aviador norteamericano que lo vio desde su avión en 1937.

Los Andes alcanzan su anchura máxima en la parte central—unos 750 kilómetros—y se estrechan en los extremos norte y sur, donde su anchura es de 200 kilómetros aproximadamente.

Esta cadena de montañas está formada por dos o tres cordilleras paralelas entre las cuales existen valles y mesetas. En Bolivia, por ejemplo, la altiplanicie, rodeada por filas paralelas de montañas y altas cumbres, tiene 600 kilómetros de longitud y 300 kilómetros de anchura, con una altura de alrededor de 3000 metros. En esta altiplanicie se halla el gran lago Titicaca.

Las formaciones volcánicas son frecuentes a lo largo de la cordillera de los Andes, especialmente en el sur de Colombia, el Ecuador, centro y sur del Perú, en la región occidental de Bolivia y en el sur de Chile. El Chimborazo, volcán situado en el Ecuador, tiene una altura de 6310 metros.

El clima.   En la región andina se dan diferentes tipos de climas:

1. Clima ecuatorial cálido y húmedo, propio de la costa del Pacífico, al norte de los 5 grados de latitud sur (Ecuador, Colombia).

2. Clima tropical con estación seca, predominante en las regiones intertropicales, al este de los Andes.

3. Climas áridos y semiáridos, característicos de la zona del Pacífico, entre los 5 grados y los 30 grados de latitud sur (Perú y norte de Chile).

4. Clima oceánico templado, propio de la costa sur de Chile.

5. Clima de montaña, donde las condiciones climáticas están determinadas por la altitud. En la base este están las tierras bajas, húmedas y calientes, inferiores a 1000 metros; las tierras templadas se sitúan entre los 1000 y los 3000 metros y las tierras frías entre los 3000 y 4000 metros. En las tierras altas, en ciertas regiones de Bolivia y el Perú por ejemplo, los días son cálidos y las noches muy frías.

LA ZONA ATLÁNTICA

La zona atlántica comprende tres países de habla española:

País	Superficie	Capital
Paraguay	406 700 km^2	Asunción
Argentina	2 766 800 km^2	Buenos Aires
Uruguay	176 215 km^2	Montevideo

Nota: Paraguay es el único país de la zona atlántica que no tiene litoral.

Las impresionantes cataratas de Iguazú se extienden por unos tres kilómetros.

Gaucho en las pampas del Uruguay.

El relieve.   Las tierras del Atlántico son predominantemente de baja altitud. Sólo se destacan por sus altitudes la meseta de las Guayanas y la del Brasil, separadas por el gran valle del Amazonas. Al contrario de lo que sucede en la región oeste de la América del Sur, surcada de montañas, en la zona atlántica se dan grandes y fértiles planicies o llanuras.

La región de las llanuras comprende el Chaco, al norte, y la Pampa, más al sur, hasta el río Colorado en la Patagonia. Entre los ríos Paraná y Uruguay, en el norte de la Argentina, se hallan las llanuras de Misiones. En su parte norte, donde predomina el relieve de mesetas cortadas por varias sierras, se encuentran las famosas **cataratas** de Iguazú.

El clima.   El clima de los países de la cuenca del Plata—la Argentina, el Uruguay y el Paraguay—es subtropical en unas regiones y templado en otras. Las lluvias están distribuidas irregularmente. Son más abundantes en el sudoeste, en el norte y en Misiones (noreste de la Argentina). En la Patagonia (extremo sur de la Argentina y Chile), donde predomina el régimen desértico, las lluvias son escasas.

PRINCIPALES RÍOS DE AMÉRICA DEL SUR

El Amazonas.   El principal sistema **fluvial** de la América del Sur es el Amazonas, que con sus numerosos afluentes **riega** una cuenca de 7 000 000 de kilómetros cuadrados, es decir, alrededor del 40 por ciento del continente. El río Amazonas nace en los Andes del Perú y atraviesa el Brasil. Tiene 6500 kilómetros de longitud, de los cuales 3165 están situados en el Brasil. Su anchura es, en algunas partes, superior a los 6 kilómetros. Se le considera el río más caudaloso del mundo. Tiene más de 1100 afluentes.

Los ríos Paraguay, Paraná y de la Plata.   El río Paraguay nace en el Brasil, en la región del Mato Grosso. Atraviesa este país y penetra en la Argentina para desembocar en el río Paraná. El Paraná, que también nace en el Brasil, es considerado uno de los mayores ríos del mundo. Tiene una longitud de 4500 kilómetros. Desemboca en el río de la Plata donde forma un amplio delta. El estuario del río de la Plata cubre una superficie aproximada de 36 000 kilómetros cuadrados y es una importante vía comercial.

El Orinoco.   Nace en el sur de Venezuela cerca de la frontera con el Brasil. Tiene una longitud de 3000 kilómetros y una anchura aproximada de 1,6 kilómetros.

El Magdalena.   Este río de Colombia atraviesa el país de sur a norte y desemboca en el Atlántico. Tiene una longitud de 1558 kilómetros y es una importante vía de comunicación, en gran parte navegable.

ISLAS PRINCIPALES

Las islas Galápagos.   Las Galápagos constituyen un archipiélago de seis islas y doce islotes. Están situadas en el océano Pacífico a unos 1000

El nombre de las islas Galápagos se debe a las tortugas llamadas galápagos que allí habitan.

kilómetros de la costa del Ecuador. Estas islas son los picos de enormes volcanes que se elevan entre los 2000 y los 3000 metros sobre el fondo del mar. Muchas de las especies de flora y fauna que allí se encuentran son exclusivas de las Galápagos. Entre las especies animales más espectaculares están las enormes tortugas y las iguanas. Charles Darwin visitó las islas en 1835 y sus observaciones de las especies allí existentes contribuyeron a formular su teoría de la evolución.

Las islas Malvinas. Llamadas Falkland por los ingleses, están situadas en el Atlántico, frente a la Patagonia argentina. Las islas están bajo dominio británico, pero son reclamadas por la República Argentina que las considera parte integral de su territorio. En 1982 la Argentina invadió las islas, lo que dio lugar a un conflicto armado entre esta nación sudamericana y Gran Bretaña.

CATÁSTROFES NATURALES

Los *terremotos*. Los terremotos han sido y son causa de frecuentes catástrofes en Latinoamérica. Algunos de ellos son ocasionados por deformaciones en la **corteza terrestre** (llamados **tectónicos**), otros tienen su origen en las profundidades de la tierra, a 400–600 metros (llamados **plutónicos**). Pero los hay también de origen volcánico, de escasa frecuencia en Latinoamérica a pesar del gran número de volcanes que allí existen.

En la América del Sur, Chile, el Perú, el Ecuador, Colombia y Venezuela han sufrido grandes terremotos. El Salvador y Nicaragua han sido los países más afectados por estos desastres naturales. En el curso de su historia las ciudades de Guatemala y San Salvador han sido destruidas varias veces. En 1972, un terremoto de gran magnitud destruyó Managua, capital de Nicaragua, causando numerosas víctimas y graves daños a su economía.

Al pánico natural que producen tales desastres se suma la muerte, la destrucción de viviendas y carreteras, las condiciones miserables de los sobrevivientes y las consiguientes enfermedades. Los gobiernos deben invertir grandes sumas de dinero en la reconstrucción de casas, caminos y servicios sanitarios. A menudo la ayuda exterior es insuficiente.

Fenómenos meteorológicos. Las **sequías,** inundaciones, huracanes y tormentas afectan principalmente a los países de Centroamérica y las Antillas, y en menor grado a Sudamérica. Los daños a la agricultura y la propiedad son a menudo cuantiosos. El valle central de México, por ejemplo, ha sufrido prolongadas sequías, mientras que en Centro-américa y las Antillas las inundaciones han dañado considerablemente los cultivos, con graves consecuencias para la economía.

Los huracanes que se producen normalmente entre los meses de junio y noviembre en la región del Caribe afectan vastas zonas, dejando frecuentemente un gran número de víctimas y propiedades destruidas.

Glosario

acantilados. cliffs
altiplanicie. high plateau
aluviones. alluvial land
Antillas. West Indies, Antilles
arenosas. sandy
cataratas. waterfalls
cordón de tierras. strip of land
corteza terrestre. Earth's crust
estación lluviosa. rainy season
estación seca. dry season
fluvial. pertaining to rivers
montañas Rocosas. Rocky Mountains
plutónicos. plutonic, pertaining to the depths of the Earth
riega. irrigates
sequía. drought
surcado por cadenas de montañas. furrowed by chains of mountains
tectónicos. tectonic, relating to deformations of the Earth's crust, usually by folding or faulting
terremotos. earthquakes

Cuestionario

MÉXICO
1. ¿Cuáles son los principales sistemas montañosos mexicanos?
2. ¿Qué características presenta el clima mexicano en las diferentes regiones?
3. ¿Qué características presentan las costas del Atlántico y del Pacífico?
4. ¿Cuál es el río más largo de México?

AMÉRICA CENTRAL
1. ¿Cuáles son los países de habla española de la América Central?
2. ¿Qué zonas geográficas se pueden distinguir en Centroamérica?
3. ¿Cuáles son las características del clima centroamericano?

LAS ANTILLAS
1. ¿Cómo se suele dividir el archipiélago de las Antillas?
2. ¿Qué importancia histórica tiene la isla de Watling?
3. ¿Qué países de habla española se encuentran en las Antillas?
4. ¿Qué características tiene el clima de esta región?

Temas de redacción o presentación oral

1. Resume los principales aspectos de la geografía de la América del Sur.
   (a) Longitud, anchura máxima y superficie
   (b) La zona andina: países de habla española
   (c) Los Andes
   (d) El clima de la zona andina
   (e) La zona atlántica: países de habla española
   (f) Características del relieve
   (g) El clima de la zona atlántica
   (h) Principales ríos sudamericanos
   (i) Islas principales

2. Explica las dificultades que pueden tener países sin litoral, como Bolivia y el Paraguay, para su desarrollo económico.

3. A menudo se oye decir que existe una relación entre el clima de un país y el modo de vida de sus habitantes, incluso su temperamento. ¿Estás de acuerdo con esto? Explícalo con relación a algún país o región de Latinoamérica que tú conozcas y/o con respecto a tu propio país.

4. ¿Se han dado desastres naturales como los mencionados en el texto en tu propio país? Explica en qué han consistido y cuáles han sido sus consecuencias. Da, si es posible, tu propia impresión de lo ocurrido.

5. Haz una investigación, y luego una composición o presentación oral, sobre uno de estos dos grupos de islas:
   (a) Las Galápagos: su situación geográfica, su suelo, su clima, sus especies animales, la presencia de Charles Darwin en las islas.
   (b) Las Malvinas o Falkland: su situación geográfica, breve reseña histórica (incluida la disputa entre Gran Bretaña y la Argentina por las islas), su clima, su economía, sus habitantes.

6. Haz una investigación, y luego una composición o presentación oral, sobre los atractivos turísticos de alguna región de Hispanoamérica.

Práctica

1. Observa estas oraciones comparativas.
   - El río Amazonas es *más caudaloso que* el Paraná.
   - Las llanuras del Atlántico son *más extensas que* las del Pacífico.

   Recuerda: Algunos adjetivos tienen formas irregulares, aparte de las normales con *más . . . que:* grande–mayor, pequeño–menor, bueno–mejor, malo–peor.

   Forma oraciones comparativas con esta información. Sigue el ejemplo:
   - Longitud: Los Andes, 8900 km; las montañas Rocosas, 6400 km
     Los Andes son *más largos que* las montañas Rocosas.
   - (a) Longitud: El río Amazonas, 6500 km; el río Paraná, 4500 km
   - (b) Altitud: El monte Everest, 8880 m; el monte Aconcagua, 6959 m
   - (c) Superficie: Argentina, 2 766 800 km; México, 1 972 547 km
   - (d) Profundidad (máxima): Lago Nahuel Huapí (Argentina), 438 m; lago Llanquihue (Chile), 350 m
   - (e) Anchura: Los Andes, 160 km– 650 km; las montañas Rocosas, 650 km– 800 km
   - (f) Temperatura media anual (invierno): Desierto de Atacama (Chile), 14 °C; Patagonia (Argentina), 5 °C

2. Elige el verbo correcto, *ser* o *estar.*

   Geográficamente México *es/está* parte de la América del Norte. *Es/Está* el segundo país en tamaño de Hispanoamérica. *Es/Está* unido a Centroamérica a través del istmo de Tehuantepec. El territorio mexicano *es/está* surcado por montañas. Entre ellas *es/está* la Sierra Madre Occidental que *es/está* una continuación de las montañas Rocosas y *es/está* situada en el noroeste del país. Al este *es/está* la Sierra Madre Oriental.

3. Observa la omisión del sustantivo en la segunda frase u oración de cada par.
   - Desde el *Estado* de Colima hasta el *Estado* de Chiapas.
     Desde el *Estado* de Colima hasta el de Chiapas.
   - Las *cordilleras* de esta región son similares a las *cordilleras* del norte.
     Las *cordilleras* de esta región son similares a *las* del norte.

   Transforma estas oraciones siguiendo los modelos anteriores:
   - (a) *El río* Bravo es *el río* más largo.
   - (b) *La densidad de población* en el norte es inferior a *la densidad de población* en el sur.
   - (c) *El clima* del interior es más frío que *el clima* de la costa.
   - (d) *Los ríos* del este son más cortos que *los ríos* del oeste.
   - (e) *El monte* Aconcagua es *el monte* más alto del hemisferio sur.

4. Observa el uso del artículo definido en estas frases: *El* río Grande, *los* Andes, *el* lago Texcoco, *el* volcán Villarrica, *la* Sierra Madre, *el* Pacífico. *Recuerda:* Nombres geográficos tales como ríos, montañas, lagos, océanos deben llevar el artículo definido. También lo llevan plurales tales como *las* Américas, *las* Antillas. Ciertos nombres de países y regiones aceptan el artículo definido, pero en general su uso es optativo: (*la*) Argentina, (*el*) Brasil, (*el*) Ecuador, (*los*) Estados Unidos, (*la*) América del Sur. El artículo definido es obligatorio cuando el nombre va modificado: *el México del siglo XIX, el Chile de hoy.*

En el texto que sigue se han omitido todos los artículos definidos. Ponlos donde su uso sea obligatorio.

Al oeste de América del Sur se hallan Andes, que se extienden desde norte de Venezuela hasta estrecho de Magallanes. Cordillera de Andes bordea océano Pacífico. Llanura que deja entre ella y mar es estrecha. Altitud media de Andes supera 3500 metros. Altitud máxima corresponde a monte Aconcagua. Desde centro hasta sur de Chile cordillera decrece progresivamente, dando lugar en extremo meridional a numerosos fiordos.

5. Observa la función de las palabras en cursiva en estas oraciones.
Las costas del Atlántico se caracterizan por ser bajas *mientras que* en el Pacífico son elevadas. (*contraste*)
Al contrario de (o *A diferencia de*) lo que sucede en la región oeste de la América del Sur, en la zona atlántica se dan grandes y fértiles planicies. (*contraste*)
Es una zona árida y *por lo tanto* (o *por eso*) la densidad de población es inferior. (*causa–efecto*)
Es una zona de gran belleza, *de ahí que* tenga tanto turismo. (*causa–efecto*)

Une cada una de estas oraciones con una de las expresiones anteriores, sin repetir ninguna.

(a) Es una región muy fértil y _____ la agricultura tiene mucha importancia.

(b) El clima del sur es lluvioso _____ el del norte es seco.

(c) Los argentinos consideran que las Malvinas forman parte de su territorio, _____ insistan en llegar a un acuerdo con Gran Bretaña.

(d) _____ lo que piensa mucha gente, el clima de Quito es agradable.

(e) Bolivia no tiene litoral y _____ el transporte aéreo y terrestre es fundamental.

(f) Los ríos de la vertiente del Golfo son caudalosos, _____ los ríos del Pacífico que tienen poco caudal.

6. Indica el nombre geográfico a que corresponde cada definición.
   (a) Parte llana y extensa situada en una altura.
   (b) Parte del mar poblada de islas.
   (c) Cantidad de agua que lleva un río.
   (d) La parte más alta de un monte o montaña.
   (e) Gran extensión de agua rodeada de tierra.
   (f) Porción de tierra rodeada enteramente de agua.
   (g) Río secundario que desemboca en otro.
   (h) Lengua de tierra que une dos continentes o una península con un continente.

CAPÍTULO DOS

América precolombina

CRONOLOGÍA

1500 a.C.	Se inicia la civilización olmeca, que tendrá gran influencia en las otras culturas mesoamericanas. Su presencia en Mesoamérica se extiende hasta los comienzos de nuestra era.
300–600 d.C.	Cultura de Teotihuacán.
800–1100	Apogeo y decadencia de la civilización tolteca, otra influyente cultura mesoamericana.
317–987	Antiguo Imperio maya.
987–1697	Nuevo Imperio maya.
1000–1300	Florece el Imperio de Tiahuanaco, la civilización pre-incaica más importante del altiplano andino.
1100	Los incas se establecen en Cuzco, centro de esta gran cultura que caerá a la llegada de los españoles.
1325	Los aztecas fundan Tenochtitlán, ciudad que será destruida por los conquistadores.
1521	Ocupación y destrucción de Tenochtitlán por los conquistadores españoles.
1532	Llegada de los conquistadores españoles al Perú.
1533	Pizarro conquista Cuzco, capital del Imperio Inca. Los incas caen definitivamente bajo el dominio español.

Los orígenes

Miles de años antes de la llegada de los europeos a América, el ser humano ya había hecho su aparición en el continente y a través de los siglos se habían llegado a desarrollar civilizaciones que el Viejo Mundo difícilmente podía imaginar. ¿De dónde procedían aquellos primeros

Detalle que muestra las murallas bajas y anchas de Machu Picchu. La colocación de las losas fue tal que ni se puede meter una hoja de papel entre ellas.

habitantes? ¿Cuáles fueron sus orígenes? El presente capítulo trata de la aparición del ser humano en el continente americano y de las tres más importantes culturas existentes al iniciarse la conquista del Nuevo Mundo en nombre de la corona de España: la civilización maya, la azteca y la inca. Brevemente, además, se hace referencia a las civilizaciones que las precedieron.

TEORÍAS SOBRE EL ORIGEN DE LOS AMERICANOS

A través de la historia se han manejado varias teorías con respecto a los orígenes de los primeros habitantes del continente americano. Según una de ellas, ya descartada, el americano se habría originado en el Nuevo Mundo, en las pampas de la actual Argentina, donde habría evolucionado desde su forma más primitiva. Otras teorías, también de difícil aceptación, sitúan sus orígenes exclusivamente en África u Oceanía. Una de las hipótesis más aceptadas hoy en día sostiene que los primeros americanos emigraron a América desde Asia. Los inmigrantes, asiáticos de tipo mongol, habrían cruzado el estrecho de Bering entre Asia y América del Norte hace más de 25 000 años. Sin embargo, esta hipótesis no explica el hecho de que no exista una homogeneidad étnica en el indio americano. De ahí que otros investigadores sostengan que las corrientes migratorias procedieron desde distintos puntos de la tierra, o sea, corresponden a diferentes grupos étnicos, entre ellos **australoides**, **melano-polinesios** (de Melanesia y Polinesia) y **mongoloides**. Estos últimos constituyen la mayoría.

PRIMEROS ASENTAMIENTOS

Los primeros seres humanos se desplazaron con el tiempo hacia las tierras más cálidas del sur. Por el año 20 000 a.C. llegaron a Sudamérica y a Tierra del Fuego hacia el año 9000 a.C. Estos primitivos habitantes fueron nómadas, pero más tarde formaron comunidades estables y adoptaron formas de vida acordes con el medio en que vivían.

A partir del año 8500 a.C. aproximadamente, se inició el proceso de desarrollo agrícola en torno a productos que más tarde pasarían a formar parte de la dieta del habitante del Viejo Continente. El maíz, la papa, el **frijol**, la calabaza y el tomate, entre otros muchos cultivos, son originarios de América. Poco después del año 3000 a.C. ya existían en la costa del Perú aldeas permanentes cuyos habitantes vivían principalmente de la pesca, complementando su dieta con productos agrícolas. En el año 2500 a.C. el uso de canales de regadío permitió el cultivo del maíz en las zonas costeras del Perú.

Culturas de Mesoamérica

El México actual ocupa la mayor parte de la llamada Mesoamérica, una de las zonas del mundo precolombino donde nacieron las grandes civilizaciones del continente americano. Mesoamérica comprende las zonas central y sur de México, Guatemala, Belice y el norte de El Salvador y Honduras.

La historia de las civilizaciones que se desarrollaron en Mesoamérica se divide tradicionalmente en tres períodos: período formativo o preclásico, que va aproximadamente del año 2000 a.C. hasta el año 100 de nuestra era; período clásico, desde el año 100 hasta el 900; y período posclásico, entre el año 900 y la llegada de los españoles.

En los inicios del período formativo se observa una tendencia hacia la organización tribal de la sociedad. Hay una integración de los grupos locales en unidades mayores en que todos los miembros de la comunidad tienen igual derecho de acceso a los recursos básicos. Surgen aldeas permanentes y aumenta la población. Los habitantes de estas comunidades se dedican principalmente a la agricultura. Cultivan el maíz y otros productos propios de su medio ambiente. Para complementar su dieta practican la caza y la pesca. En estas agrupaciones, que evolucionan gradualmente hacia una estructura más compleja, tiene sus orígenes una de las culturas más ricas y de mayor influencia en Mesoamérica: la olmeca.

LOS OLMECAS

La civilización olmeca se extiende desde el año 1500 a.C. hasta los comienzos de nuestra era, aproximadamente. Ocupó las tierras bajas tropicales en las proximidades de la actual ciudad de Veracruz, México. Su influencia, sin embargo, alcanzó a gran parte de Mesoamérica, incluido el valle de México y hasta el actual El Salvador.

La cultura olmeca tendrá enorme influencia en las futuras civilizaciones mesoamericanas, tanto en el terreno artístico como ideológico. La estructura de sus ciudades, la pirámide usada para elevar las cons-

Cabeza colosal olmeca (La Venta,
Estado de Tabasco).

Los antiguos murales de Teotihuacán se encuentran en las viviendas más humildes
y en las edificaciones más importantes.

trucciones, la **escritura jeroglífica,** el calendario y algunos de sus dioses reaparecerán más tarde en otras civilizaciones de la región.

TEOTIHUACÁN

En el período clásico hay una consolidación de los elementos culturales característicos de la sociedad del período formativo. A la vez se produce una expansión económica y política en que surgen nuevos centros regionales de influencia olmeca. A este período corresponde la cultura de Teotihuacán, centro situado al nordeste de la actual ciudad de México, cuya existencia se sitúa entre los años 300 y 600 de la era cristiana.

LOS ZAPOTECAS

Una organización similar a la de Teotihuacán, pero con mayor predominio de la religión, la encontramos en la cultura zapoteca, también en el período clásico. El centro de su civilización fue Monte Albán, cuya ocupación se extiende entre el año 500 a.C. y la llegada de los españoles.

LOS TOLTECAS

Con posterioridad a la desaparición de Teotihuacán los toltecas, cuya lengua era el náhuatl, fundan la ciudad de Tula (en el actual estado de Hidalgo), centro principal de su cultura. El apogeo y decadencia de esta civilización se sitúa entre los años 800–1100.

La arquitectura tolteca se caracteriza por ocupar grandes espacios, dado que utilizaron el pilar y la columna. La mejor muestra de su arte arquitectónico no se encuentra precisamente en Tula, sino en Chichén Itzá, al norte de la península de Yucatán, donde se hallan los magníficos templos de Kukulcán y de los Guerreros.

LOS CHICHIMECAS

El ocaso de la cultura tolteca se asocia con la aparición de un nuevo grupo llamado chichimeca, cuya capital y centro cultural fue Texcoco. Los chichimecas adoptaron muchos de los rasgos culturales de los toltecas y se expandieron políticamente. Establecieron diversos centros que continuaron floreciendo hasta la llegada de un nuevo pueblo que dominaría más tarde el valle de México. Se trataba de los aztecas, que por el año 1325 se establecieron en el lago de Texcoco.

Vista de la pirámide en la ciudad maya de Chichén Itzá, en la Península de Yucatán.

LOS MAYAS

La civilización maya es, junto con la azteca, la más avanzada de las culturas de Mesoamérica. Su historia se puede dividir en tres épocas: el período Pre-maya, hasta el siglo IV de la era cristiana, en que se sitúan a lo largo de la costa de El Salvador, Honduras y del Estado de Chiapas en México; el Antiguo Imperio (317–987), en que extienden su influencia a todo el Yucatán, formando ciudades-estado que controlan territorios circundantes; el Nuevo Imperio (987–1697), período en que surgen importantes centros de influencia maya.

El florecimiento de estos centros de cultura maya en el Nuevo Imperio parece tener su origen en el contacto con grupos toltecas al norte de Yucatán. Chichén Itzá, ciudad maya fundada hacia el siglo IX de nuestra era, cayó bajo el dominio tolteca, lo que le dio un nuevo esplendor. Por el año 987 Chichén Itzá se unió a las ciudades de Uxmal y Mayapán (Liga de Mayapán). Entre 1200 y 1450 Mayapán conoció un período de gran prosperidad, llegando a dominar todo el norte de Yucatán y constituyendo un pequeño imperio. Pero las luchas entre mayas y otros grupos llevaron, en el siglo XV, a su destrucción y a la decadencia definitiva de su civilización. Como otros pueblos mesoamericanos, los mayas caerían más tarde bajo el dominio español.

La sociedad maya. Los mayas alcanzaron un alto grado de desarrollo cultural. Conocieron la escritura jeroglífica, es decir, representaciones de palabras por medio de símbolos y figuras, encontrados en **códices,** piedras y en algunas figuras de cerámica. Establecieron un sistema de numeración basado en veintenas y que incluía el cero. Su calendario, legado de otras culturas, estaba dividido en dos ciclos: uno de 265 días—el calendario ritual—y otro de 365, basado en el movimiento del sol.

Los mayas eran un pueblo agrícola y de la tierra obtenían no sólo sus alimentos, sino también algunas materias primas que utilizaban en su artesanía, como las semillas colorantes empleadas en pinturas y textiles. Al igual que otros pueblos precolombinos, cultivaron el maíz, la papa, la calabaza, el **chicle,** el frijol, además de cacao, vainilla, tabaco, caucho, algodón.

La base de la organización social era el clan, dentro del cual se establecía una estratificación de acuerdo a la distancia que separaba a los miembros del antepasado común. Por encima del clan se situaba una especie de unidad política cerrada, estructurada también sobre la base de relaciones de **parentesco.** Las funciones directivas y religiosas correspondían a los descendientes más próximos al fundador del clan. Este último tenía carácter de divinidad suprema dentro del grupo. Eran estos núcleos dirigentes los que distribuían las tierras cultivables entre las familias campesinas. Éstas obtenían los alimentos suficientes para su mantenimiento y entregaban los excedentes a los funcionarios. A cambio recibían, a través de un sistema de redistribución, otros bienes necesarios para el consumo familiar.

La religión.   Como en otras sociedades precolombinas, la religiosidad era el elemento integrador que regulaba la vida tanto del campesino como del individuo de posición social superior.

Los dioses principales de los mayas eran el dios creador y conservador de la especie humana, el dios de la fertilidad, el dios del Sol, la diosa de la Luna, el dios de la Lluvia (Chac). A este último, dado el carácter agrícola de la sociedad, se le rendía un culto especial que hasta hoy perdura en algunas regiones de Centroamérica. Otros dioses de la religión maya eran el dios del Maíz y el de la Muerte.

El *Popol Vuh* o *Libro del consejo* era el libro sagrado, que llegó hasta los tiempos de la Conquista, transmitido por los indios de generación en generación. El *Popol Vuh* relata la creación de la siguiente manera: "Primero se formaron la tierra, las montañas y los valles; se dividieron las corrientes de agua y los arroyos se fueron corriendo libremente entre los cerros y las aguas quedaron separadas cuando aparecieron las altas montañas . . .". El nacimiento del hombre se explica así: "De maíz ama-

El Museo Arqueológico de la Ciudad de México tiene una gran colección de artefactos de las culturas precolombinas.

rillo y de maíz blanco se hizo su carne; de masa de maíz se hicieron los brazos y las piernas del hombre. Únicamente masa de maíz entró en la carne de nuestros padres, los cuatro hombres que fueron creados".

El arte. Los mayas construyeron enormes edificios de piedra tales como templos, palacios y **canchas para el juego de pelota.** Los templos tenían forma piramidal **escalonada.** Los exteriores de las paredes estaban decorados en relieve en el Antiguo Imperio y más tarde con cabezas del dios Chac de grandes proporciones. La antigua ciudad maya de Chichén Itzá contiene algunas de las más notables expresiones de la arquitectura maya.

La escultura y la pintura también alcanzaron un alto grado de perfección. Del arte pictórico quedan algunas muestras en Bonampak, centro de cultura maya situado en Chiapas, México. Allí se han encontrado bellas escenas con representaciones de la figura humana, muy bien delineadas y de gran sobriedad.

El calendario azteca (Museo Nacional, México, D.F.).

LOS AZTECAS

Los aztecas o mexicas, sucesores de los toltecas, procedentes del norte, se establecieron en el valle de México donde fundaron la ciudad de Tenochtitlán (1325). Tenochtitlán fue construida en los islotes del lago Texcoco, donde se encuentra actualmente la ciudad de México.

En dos siglos los aztecas lograron someter a otras tribus y extendieron su dominio mucho más allá de Tenochtitlán, que se había transformado en la más suntuosa e impresionante ciudad de la América precolombina. A su mantenimiento como centro de una teocracia militar contribuían los tributos pagados por los pueblos vecinos. La religión y la guerra constituían dos elementos inseparables en la cultura azteca. Sus dioses necesitaban de sacrificios humanos y los guerreros de las tribus conquistadas eran ofrecidos a estas divinidades, en particular a Huitzilopochtli, dios de la guerra.

El idioma de los aztecas era el náhuatl, hablado también por otras tribus, entre ellas los toltecas y los chichimecas. El náhuatl es hoy el idioma de miles de indígenas mexicanos.

La sociedad azteca. La base de la sociedad azteca era el pueblo y cada individuo pertenecía a una especie de clan o *calpulli* ("gran casa") integrado por un grupo de personas unidas por parentesco. El *calpulli* era una unidad económica—basada en el trabajo agrícola—y a la vez religiosa, militar y política. Sus miembros habitaban un mismo barrio, trabajaban para su propia comunidad e integraban de forma obligatoria los ejércitos. El trabajo de la tierra era indispensable para el mantenimiento de la comunidad. Pero también había quienes realizaban labores artesanales, produciendo cerámica, materiales para la construcción o trabajando el oro y la plata.

La sociedad azteca comprendía además los siguientes grupos: los nobles, de entre quienes era elegido el emperador; los mercaderes, a cuyo cargo estaba el intercambio comercial con otras regiones; los *mayeques,* especie de braceros o individuos que realizaban labores agrícolas fuera de su comunidad; los esclavos, que eran frecuentemente prisioneros de guerra o individuos que habían cometido algún delito. Los esclavos podían poner fin a su condición mediante un rescate y a sus hijos no se les consideraba como tales.

Al frente de la jerarquía religiosa y militar había un jefe militar con poderes vitalicios que era designado por el consejo de sacerdotes y guerreros. Esta especie de monarca se distinguía por su valor, su arte en la guerra y su sabiduría. A la llegada de los españoles al valle de México el rey de los aztecas era Moctezuma II.

La religión. La religión azteca es el resultado de la integración de sus propias creencias con las de otras civilizaciones que se desarrollaron en

El templo de Quetzalcóatl, en las ruinas de la antigua ciudad de los toltecas, Tula.

Mesoamérica, entre ellas la de los olmecas y la de Teotihuacán. Sus principales dioses son, en gran medida, la fusión de estos distintos elementos. Una de estas divinidades era **Quetzalcóatl,** adorado primitivamente por los toltecas. A Quetzalcóatl se le representa en forma de serpiente (*coatl*) con plumas de quetzal (la serpiente emplumada). La tradición dice que este dios, bondadoso y sabio, enseñó a los hombres a trabajar la tierra y los metales y fue el creador de las artes y del calendario. Hay quienes ven en Quetzalcóatl un personaje histórico, a quien se le atribuyeron poderes divinos.

La vida de los aztecas estaba impregnada de sus creencias religiosas. El papel de sus dioses más importantes era ofrecer protección contra las fuerzas de la naturaleza y ayudar en las labores agrícolas: Tláloc era el dios de la lluvia, Xiutecutli era el dios del fuego y señor de los volcanes, Xipe Tótec era el dios de la primavera y de los cultivos, Huehuetéotl era el señor del año y de las estaciones.

El arte. Al igual que en el terreno religioso, el arte azteca se enriqueció con las aportaciones de otras culturas anteriores. Su expresión artística refleja el sentimiento religioso y bélico que constituía la base ideológica de la sociedad azteca. Este se reflejó de manera especial en la escultura en piedra, pero también estuvo presente en la arquitectura, la pintura mural, la **orfebrería,** la cerámica y el **arte plumario.**

En el campo urbanístico el mejor ejemplo es Tenochtitlán, símbolo del espíritu religioso azteca. En su centro había una especie de plaza donde se alzaba un conjunto impresionante de pirámides, templos y altares dedicados a los dioses más importantes, además de otras edificaciones tales como escuelas y canchas para el juego de pelota.

En el interior del templo mayor se encontraban hermosas pinturas murales y esculturas de piedra de carácter religioso, relacionadas con los

Pirámides en la plaza de Tenochtitlán, cerca de la actual Ciudad de México.

dioses que allí se veneraban. Allí se encontraba también el calendario azteca o Piedra del Sol. Pero la magnífica ciudad de Tenochtitlán y los tesoros que guardaba no sobrevivirían a la conquista española. La ciudad divina sería saqueada y sus monumentos destruidos por los conquistadores españoles en nombre del rey de España y de su religión (1521). De sus ruinas nacería la actual ciudad de México (ver cap. 3, pág. 52).

Culturas andinas

CHAVÍN

La primera civilización de importancia previa a los incas fue la de Chavín, hacia el año 1000 a.C. Su influencia se extendió sobre un amplio territorio, aunque no llegó a constituir un imperio propiamente. Su centro principal fue Chavín de Huántar, situado en la sierra a 3200 metros de altitud, desde donde dominó parte de la selva y de la costa. Sus territorios comprendían parte de lo que es hoy el Perú, Bolivia y el Ecuador.

Los restos arqueológicos encontrados nos revelan el carácter agrícola de la cultura de Chavín, dedicada al cultivo del maíz. También nos dan ciertos indicios sobre su organización social, en cuya cúspide se situaba una minoría privilegiada que ejercía funciones religiosas y políticas.

En el arte de Chavín se repiten constantemente figuras con características felinas, esculpidas en piedra o grabadas en murales, textiles y cerámica.

MOCHE Y NAZCA

La cultura moche floreció entre los años 100 y 800 de la era cristiana en la costa norte del Perú. Su organización social, en la que se observa la influencia de Chavín, es más compleja, dado su carácter religioso–militar y nos hace pensar en la organización social y política que se dará más tarde con los incas. De su arte nos quedan hermosas piezas de cerámica y de su arquitectura las pirámides del Sol y de la Luna, escalonadas y construidas en adobe (valle de Moche, Perú).

Paralelamente a la cultura moche se desarrolla en la costa sur del Perú, en los valles de Nazca e Ica, la cultura nazca, cuyas obras de regadío llevaron a la creación de importantes centros agrícolas. En el arte se distinguió por su bella cerámica pintada. Sus colores y motivos

Figuras geométricas (cultura de nazca).

Figura de cerámica (cultura moche).

fueron adoptados por otros pueblos, lo que hace suponer una intensa actividad comercial entre los grupos nazca y otras comunidades distantes geográficamente.

Uno de los grandes misterios de la cultura nazca son los gigantescos diseños lineales en forma de cuadrados y rectángulos hechos en la tierra, donde también es posible observar enormes pájaros, arañas, ballenas y figuras surrealistas (Valles de Nazca y Palpa, Perú). Hay quienes ven en estos diseños—que datan aproximadamente del año 500 d.C.—referencias a constelaciones y a movimientos solares.

TIAHUANACO

Entre los años 1000 y 1300 de nuestra era florece el Imperio de Tiahuanaco, la civilización preincaica más importante del altiplano andino. Su centro principal estaba situado a 3800 metros de altitud, próximo al lago Titicaca, en lo que hoy es Bolivia. Se trata de un centro ceremonial construido con grandes bloques de piedra tallada, uno de cuyos más bellos ejemplos es la Puerta del Sol, decorada en su parte superior con la figura del Dios—Sol.

La impresionante arquitectura de Tiahuanaco y su acabada técnica presuponen un alto grado de desarrollo social. En efecto, se trataba de una sociedad agrícola y artesanal que se extendió más allá del altiplano, creando pequeños centros de colonización en los valles, en la costa y hasta en la selva. Pero la ausencia de una estructura militar no permitió la consolidación del Imperio de Tiahuanaco, el que comenzó a perder importancia y a dar paso a otras culturas.

HUARI

La cultura en la que se observa mayormente la influencia de Tiahuanaco fue la de Huari, cuyo centro estaba situado en la región de Ayacucho, en el actual Perú. Huari llegó a convertirse en un gran centro urbano, con una población que alcanzó a unos 40 000 habitantes. Su momento de mayor apogeo se sitúa entre los años 800 y 1000 de nuestra era.

CHIMÚ

Huari también desapareció y en los territorios ocupados por el antiguo imperio nacieron otros pueblos y culturas, entre ellos el reino de Chimú (1000–1466). Su capital, Chan-Chan, situada cerca de la actual ciudad de Trujillo, llegó a convertirse en la ciudad más importante del Perú. Desde allí su influencia se extendió por la costa hasta llegar a constituir un importante imperio.

El reino Chimú fue el último en sucumbir a los incas, gentes procedentes de la sierra que conquistarán los Andes centrales e impondrán su sistema político y administrativo a los pueblos que caerán bajo su dominio.

LOS INCAS

Los incas se establecieron en Cuzco alrededor del año 1100 de nuestra era. Según la tradición, Manco Cápac y Mama Ocllo, hijos del Sol, salieron del lago Titicaca y fueron a fundar la ciudad de Cuzco, capital del imperio de los incas. En tres siglos de expansión, hasta la llegada de los españoles en el siglo XVI, los incas lograron controlar los actuales territorios del Perú, Bolivia, el Ecuador, el noroeste de la Argentina, y el norte y zona central de Chile.

Para administrar tan vastos territorios los incas construyeron un extenso sistema de caminos que salían desde Cuzco y unían todo el Imperio. Dos eran los principales: el camino del Inca o camino real y el de la costa, unidos por caminos transversales.

Los incas no conocieron la escritura. Para llevar la contabilidad de inventarios y censos y transmitir esta información de un punto a otro se utilizaron los *quipus,* que consistían en cuerdas con nudos de varios colores que tenían diferentes significados. Estos eran pasados por los mensajeros de mano en mano a través de un sistema de relevos e iban acompañados de un mensaje verbal.

La lengua oficial del imperio era el *runa simi* o quechua, idioma que habla hoy en día una gran parte de la población indígena del Perú y parte de la de Bolivia y del Ecuador.

La organización social y política.   En la cúspide de la jerarquía social incaica se hallaba la familia real, con el emperador o **Inca** a la cabeza. Los emperadores incas eran considerados herederos de Manco Cápac y como tales eran los representantes del Sol y gobernaban por derecho divino. De la familia real procedían los grandes sacerdotes encargados de las ceremonias religiosas y los altos funcionarios del Imperio. La sucesión del Inca recaía sobre uno de los hijos de su hermana y esposa principal, llamada *coya.* A la vez el Inca tenía concubinas que eran las doncellas más hermosas del Imperio. Estas eran de sangre real o hijas de *curacas,* jefes locales de los pueblos conquistados.

El Tahuantinsuyu—nombre dado al Imperio Inca por los indíge-nas—estaba dividido para su administración en cuatro regiones o *suyus,* gobernadas cada una por un alto funcionario, normalmente pariente cercano del Inca. Estas regiones se dividían a su vez en provincias, al frente de las cuales había un grupo de funcionarios, muchos de ellos de sangre real.

La unidad social básica del Tahuantinsuyu era el *ayllu,* que era una especie de clan de familias emparentadas entre sí y que compartían la tierra, los animales y los cultivos. La pertenencia al *ayllu* era normal-mente de por vida y la obediencia a éste estaba estrictamente contro-lada, ya que de él dependía el sustento de cada persona.

La actividad agrícola.   El trabajo de la tierra era la actividad funda-mental en la sociedad incaica y las labores agrícolas se realizaban de forma comunitaria. Los cultivos se repartían entre la familia, el Estado y la jerarquía religiosa.

Existía un complejo sistema de almacenamiento y distribución de la producción, lo cual era esencial para el equilibrio económico del Es-tado. Los excedentes agrícolas se depositaban en los **tambos,** especie de estaciones que estaban distribuidas por todo el Imperio. Estos alimen-

Las terrazas de cultivo creadas por los incas siguen utilizándose en la actualidad.

tos se usaban para abastecer a los ejércitos y a todos aquéllos que tuviesen que prestar servicios más allá de la comunidad.

La división del Imperio. Según cuentan las crónicas españolas, el Inca Huayna Cápac dividió su imperio entre sus dos hijos: Atahualpa, hijo de una princesa **quiteña,** y Huáscar, hijo de su esposa principal, nacido en Cuzco. El poderío y grandeza de estos dos monarcas habrían conducido a luchas que llevarían a la ruina del poderoso Imperio de los hijos del Sol. Atahualpa marchó sobre Cuzco e hizo prisionero a su hermano Huáscar.

Esta era la situación política del reino a la llegada de los españoles en el año 1532. Con la captura de Atahualpa por parte de Pizarro, jefe de la expedición conquistadora del Perú, llegaría a su fin el desarrollo histórico de la más grande y rica civilización de la América del Sur (ver cap. 3, pág. 54).

La religión. Los incas eran profundamente religiosos. La **deidad** máxima entre ellos era Viracocha, creador del cielo y de la tierra quien, según la tradición, emergió un día del lago Titicaca para dar origen a la humanidad. Cumplida su tarea, Viracocha siguió el camino del Sol y desapareció en el mar, prometiendo regresar.

Vista parcial de Machu Picchu.

Detalle de la zona residencial de Machu Picchu.

Viracocha tenía atributos solares, aunque no era el Sol. El Sol como divinidad apareció posteriormente, primero como culto del pueblo. Más tarde se extendería a todo el Imperio, predominando sobre los demás dioses.

El arte. Las más sobresalientes muestras del arte incaico las encontramos en su arquitectura, particularmente en los numerosos templos, palacios y residencias señoriales de Cuzco y Machu Picchu.

La ciudad de Cuzco, situada a unos 3650 metros de altitud y fundada alrededor del año 1100 de nuestra era, estaba dividida en dos partes: el Alto Cuzco y el Bajo Cuzco. Los nobles tenían sus residencias en el Bajo Cuzco, en el centro de la ciudad, donde había dos plazas principales. Desde allí salían calles estrechas con casas hechas de bloques de piedra cortados y unidos con mucha precisión. Alrededor de la gran plaza se encontraban los edificios principales. El lugar más importante era ocupado por el Templo del Sol, el orgullo del Imperio. Algunos de los palacios y templos estaban recubiertos con láminas de oro.

A pocos kilómetros de Cuzco, a unos 2430 metros sobre el nivel del mar se halla Machu Picchu, ciudad fortificada descubierta en 1911 por el norteamericano Hiram Bingham. En ella los incas construyeron magníficos edificios religiosos, plazas y viviendas. Como en otras partes del Imperio, había diferentes estilos de arquitectura. Los palacios estaban construidos con bloques de piedra gigantescos, de forma poligonal, en los que no se utilizó **argamasa;** las casas del pueblo eran simples y tenían techos de paja.

Glosario

argamasa. mortar
arte plumario. art of decorating with feathers
australoides. people from Australasia
ayllu. clan-like social unit of Incas living in a restricted area, sharing land, animals, and crops
calpulli. an Aztec clan that owned lands communally
canchas para el juego de pelota. ball courts
códices. hieroglyphic manuscripts
coya. the Inca's wife, the queen. The Inca married his own sister as his principal wife.
curacas. Inca chiefs
chicle. sap of the chicle tree, used to make chewing gum
deidad. deity
escalonada. stepped, like a staircase
escritura jeroglífica. hieroglyphic writing
frijol. bean (in Spain *judía* or *alubia*). Some Latin American countries (e.g., Chile, Peru) use the word *poroto*.
Inca. the emperor of the Inca people
mayeques. laborers
melano-polinesios. people from Melanesia and Polynesia
mongoloides. people with Mongolian features
orfebrería. gold and silversmithing
papa. potato (old Quechua name for *patata*, used today in Latin America and some parts of Spain, e.g., in the Canary Islands)
parentesco. kinship
Popol Vuh. sacred book of origins of the Maya people

Quetzalcóatl. the plumed serpent, a Maya and Aztec god whose name comes from *quetzal,* a Central American bird, and *coatl,* the náhuatl word for serpent

quipus. bunches of knotted strings used by the Incas to keep accounts

quiteña. from Quito (*Ecuador*)

tambos. (from the Quechua *tampu*) rest stations the Incas built along the Royal Road (*Camino del Inca*), where food was stored

---

Cuestionario

LOS ORÍGENES

1. ¿Cuáles son las teorías principales sobre los orígenes de los americanos?
2. ¿Cuándo se cree que cruzaron los inmigrantes el estrecho de Bering?
3. ¿Cómo se explica el hecho de que no exista homogeneidad étnica entre los indios americanos?
4. ¿Qué grupos étnicos emigraron a América, según algunos investigadores?
5. ¿Cuándo llegaron los seres humanos a Sudamérica? ¿Y a Tierra del Fuego?
6. ¿Qué tipo de vida llevaban los primitivos habitantes?
7. ¿Cuándo se inició aproximadamente el proceso de desarrollo agrícola?
8. ¿Qué productos se cultivaban?
9. ¿De qué vivían los habitantes de la costa del Perú alrededor del año 3000 a.C.?
10. ¿Cómo se logró cultivar el maíz en la costa del Perú?

CULTURAS DE MESOAMÉRICA

1. ¿Qué regiones comprende Mesoamérica?
2. ¿Cómo se divide la historia de las civilizaciones que habitaron esta región?
3. ¿Qué caracteriza el primer período?
4. ¿Qué importancia tuvo la civilización olmeca?
5. ¿Qué otras civilizaciones existieron aparte de los mayas y los aztecas?

CULTURAS ANDINAS

1. ¿Qué importancia tuvo la cultura de Chavín?
2. ¿Dónde estaba su centro principal?
3. ¿Qué sabemos sobre el carácter de esta civilización?
4. ¿Qué otras culturas existieron antes de los incas?

Temas de redacción o presentación oral

1. Resume brevemente lo que sabes sobre los primitivos habitantes y las principales culturas de Norteamérica antes de la llegada de los coloniza-

dores. Compáralas, en líneas generales, con las culturas de Mesoamérica y de los Andes. ¿Existen características comunes? ¿Qué sabes sobre su forma de vida, su religión, su arte?

2. Haz un breve análisis de los principales hechos y características relativos a la cultura maya. Incluye la siguiente información:
   (a) Períodos que comprende su historia y áreas de influencia
   (b) El Nuevo Imperio y la influencia tolteca
   (c) La ciudad de Chichén Itzá
   (d) La Liga de Mayapán
   (e) La decadencia de la cultura maya
   (f) La sociedad maya
   (g) La religión
   (h) El arte

3. Resume los principales hechos y características relativos a los aztecas, incluyendo los siguientes puntos:
   (a) Lugar donde se establecieron
   (b) La ciudad de Tenochtitlán
   (c) Principales características del pueblo azteca
   (d) El idioma
   (e) La sociedad
   (f) La religión
   (g) El arte

4. Haz un breve resumen sobre la civilización inca. Menciona específicamente lo siguiente:
   (a) Fecha en que se establecieron en Cuzco
   (b) Origen del Imperio Inca, según la tradición
   (c) Área de dominio de los incas
   (d) El sistema de caminos
   (e) Los *quipus*
   (f) El idioma del Imperio
   (g) La organización social y política
   (h) La actividad agrícola
   (i) La división del Imperio
   (j) La religión
   (k) El arte

5. ¿Qué características comunes presenta la religión de las civilizaciones precolombinas? ¿De qué manera está unida la religión a la organización social y política de algunos de estos pueblos? ¿Qué relaciones puedes

observar entre su religión y su arte? ¿Qué ejemplos se mencionan a través del texto?

6. Explica de qué manera la llegada de los europeos a América cambió el curso de la historia del Nuevo Mundo y de sus civilizaciones.

7. Haz una investigación, y luego una presentación oral o escrita, sobre uno de estos centros de las civilizaciones precolombinas:
   (a) Chichén Itzá (mayas)
   (b) Tenochtitlán (aztecas)
   (c) Cuzco (incas)
   (d) Machu Picchu (incas)

Práctica

1. Estudia esta información y observa cómo está estructurado el texto que sigue.

La cultura azteca	
Época:	Siglo XIV hasta la llegada de los españoles (1519)
Procedencia:	Norte
Primeros asentamientos:	Valle de México
Principal fundación:	Tenochtitlán (1325), en los islotes del lago Texcoco
Lengua:	Náhuatl
Institución social básica:	El *calpulli*, integrado por grupos de familias
Autoridad máxima:	El rey, elegido de entre los nobles

La cultura azteca se desarrolló entre el siglo XIV y la llegada de los españoles en el año 1519. Los aztecas, que procedían del norte, se establecieron en el valle de México donde fundaron la ciudad de Tenochtitlán en el año 1325. Tenochtitlán, situada en los islotes del lago Texcoco, se convirtió en el centro de la gran civilización azteca.

La lengua de los aztecas era el náhuatl, hablada hoy en día por miles de indígenas mexicanos.

La institución básica de la sociedad azteca era el *calpulli*, que era una especie de clan integrado por grupos de familias. En la cúspide de la pirámide social estaba el rey, que era elegido de entre los nobles.

Escribe un texto similar sobre los incas con esta información.

La cultura inca	
Época:	Siglo XII hasta la llegada de los españoles (1532)
Procedencia:	Región del lago Titicaca
Primeros asentamientos:	En la sierra del actual Perú
Principal fundación:	Cuzco (1100), a 3650 metros de altitud
Lengua:	Quechua
Institución social básica:	El *ayllu,* integrado por familias descendientes de un antepasado común
Autoridad máxima:	El emperador o Sapa Inca, representante del Sol

2. Pon los **infinitivos** en la forma correcta del **imperfecto.**

La base de la sociedad azteca era el pueblo y cada individuo (*pertenecer*) a una especie de clan que (*estar*) integrado por un grupo de personas unidas por parentesco. El *calpulli* (*ser*) una unidad económica, religiosa, militar y política. Sus miembros (*habitar*) en un mismo barrio, (*trabajar*) para su propia comunidad e (*integrar*) de forma obligatoria los ejércitos. El trabajo de la tierra (*ser*) indispensable para el mantenimiento de la comunidad. Pero también (*haber*) quienes (*realizar*) labores artesanales. Estos (*producir*) cerámica y materiales para la construcción o (*trabajar*) el oro y la plata.

3. Elige el verbo correcto, *ser* o *estar.*

El Tahuantinsuyu (*era/estaba*) dividido en cuatro regiones, gobernadas por un alto funcionario que normalmente (*era/estaba*) pariente cercano del Inca. Estas regiones (*eran/estaban*) divididas en provincias, al frente de las cuales había un grupo de funcionarios. Muchos de ellos (*eran/estaban*) de sangre real. La unidad social básica del Tahuantinsuyu (*era/estaba*) el *ayllu,* que (*era/estaba*) una especie de clan de familias que (*eran/estaban*) emparentadas entre sí. La pertenencia al *ayllu* (*era/estaba*) normalmente de por vida y la obediencia a éste (*era/estaba*) estrictamente controlada.

4. Forma oraciones con las palabras que siguen:
   (a) descartar
   (b) sostener (una idea u opinión)
   (c) desplazarse
   (d) vestigio
   (e) rendir culto
   (f) pagar tributos
   (g) parentesco
   (h) saquear

5. Explica el sentido de estas expresiones:
   (a) canales de regadío
   (b) organización tribal
   (c) escritura jeroglífica
   (d) cometer un delito
   (e) llevar la contabilidad
   (f) sistema de relevos
   (g) sistema de almacenamiento
   (h) excedentes agrícolas

6. Completa los espacios en blanco con la preposición correcta: *por* o *para*.
   (a) _____ los mayas el clan constituía la base de la organización social y _____ encima del clan se situaba una unidad política cerrada integrada _____ personas unidas _____ un antepasado común.
   (b) Las familias obtenían los alimentos suficientes _____ su mantenimiento y recibían otros bienes necesarios _____ el consumo familiar.
   (c) Entre los aztecas, el trabajo de la tierra era indispensable _____ el mantenimiento de la comunidad, pero también había quienes realizaban otras labores, produciendo, por ejemplo, materiales _____ la construcción.
   (d) El jefe militar, que se distinguía _____ su valor, era designado _____ el consejo de sacerdotes.
   (e) La cerámica de Nazca se caracterizaba _____ su belleza, y sus colores y motivos fueron adoptados _____ otros pueblos.
   (f) _____ administrar sus territorios, los incas construyeron un sistema de caminos que se extendían _____ todo el Imperio y que estaban unidos _____ caminos transversales.

Cristóbal Colón. Su tenacidad por encontrar una nueva ruta a la India provocó el encuentro de dos culturas.

CAPÍTULO TRES

Descubrimiento y conquista de América

CRONOLOGÍA

1492	(3 de agosto) Cristóbal Colón zarpa del puerto de Palos en busca de una ruta hacia las Indias.
	(12 de octubre) Colón y sus hombres desembarcan en una isla a la que llaman San Salvador.
1493–1496	Segundo viaje de Colón: desembarca en las Antillas menores, Puerto Rico y Jamaica.
1494	Colón funda La Isabela en la isla La Española.
1498–1504	Tercer viaje de Colón: descubre Trinidad, la desembocadura del río Orinoco y la costa de Venezuela.
1502–1504	Cuarto y último viaje de Colón: explora la costa de América Central.
1506	Colón muere sin saber que había descubierto un nuevo continente.
1507	Por primera vez se usa el nombre América en honor al explorador Américo Vespucio.
1513	Vasco Núñez de Balboa descubre el mar del Sur (océano Pacífico).
1519	Fernando de Magallanes inicia el primer viaje alrededor del mundo.
1519–1522	Conquista de México por Hernán Cortés.
1532–1533	Conquista del Perú por Francisco Pizarro.
1535	Pizarro funda la ciudad de Lima (Perú).
	Se crea el virreinato de Nueva España (México).
1543	Se crea el virreinato del Perú.
1553	Se fundan las Universidades de México y Lima.
1739	Se crea el virreinato de Nueva Granada (Colombia).
1776	Se crea el virreinato del Río de la Plata.

El descubrimiento de América

El año 1492 marca el fin de la Reconquista cristiana después de siete siglos de presencia musulmana en la Península Ibérica (711–1492). Los

Reyes Católicos—Isabel de Castilla y Fernando de Aragón—culminan una campaña iniciada en el reino de Asturias en el año 718, cuando los musulmanes fueron derrotados por el noble visigodo Pelayo en la batalla de Covadonga. Este hecho, a su vez, abre paso a la universalización de lo hispánico, que se inicia con el acontecimiento más trascendental ocurrido durante el reinado de los Reyes Católicos: el descubrimiento de América por Cristóbal Colón y la posterior conquista del Nuevo Mundo.

CRISTÓBAL COLÓN

El lugar y fecha de nacimiento de Cristóbal Colón son inciertos. Se cree que nació en Génova en el año 1451. En su juventud, como marinero, llegó a Portugal donde se estableció y contrajo matrimonio con una portuguesa. Fue allí donde concibió la idea de llegar a las Indias navegando hacia el occidente. Solicitó la ayuda del rey de Portugal quien, preocupado con la idea de abrir una ruta marítima en dirección opuesta, rechazó el proyecto de Colón. Éste se dirigió entonces a España, donde en 1492 obtuvo el apoyo de Isabel la Católica, quien le confirió el título de almirante. Además lo nombraba **virrey** y gobernador de las tierras que descubriese.

El 3 de agosto de 1492 Colón zarpó del puerto de Palos con tres carabelas: la Pinta, la Niña y la Santa María, con una tripulación de ciento veinte hombres. A pesar de las penalidades de la travesía y de la insistencia de los hombres en volver atrás, el viaje continuó. Y el 12 de

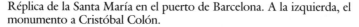

Réplica de la Santa María en el puerto de Barcelona. A la izquierda, el monumento a Cristóbal Colón.

Isabel la Católica de Juan de Flandes. Algunos aseguran que fue "el mejor rey" de España.

octubre del mismo año Rodrigo de Triana, integrante de la expedición, anunció tierra. En la madrugada de aquel día Colón y sus hombres desembarcaron en una isla a la que llamaron San Salvador. Se trataba de Guanahaní, hoy la isla Watling, una isla de las Bahamas. La expedición continuó y llegó a la isla de Cuba y posteriormente a la isla que hoy comparten Haití y la República Dominicana y que fue llamada La Española.

Colón y sus hombres regresaron a España en marzo de 1493, donde fueron recibidos con gran entusiasmo en Barcelona por los Reyes Católicos. Una nueva ruta hacia el este abría grandes posibilidades para el comercio español.

Otros tres viajes realizó Colón. En el segundo (1493–1496) desembarcó en las Antillas menores, Puerto Rico y Jamaica. Esta vez iba acompañado de una gran expedición y llevaba animales, víveres y semillas. Se estableció brevemente en La Española, donde fundó la primera población: La Isabela. En su tercer viaje (1498–1500) descubrió la isla Trinidad, la desembocadura del río Orinoco y la costa de Venezuela. Regresó a La Española, donde su hermano ejercía como gobernador. Allí reinaba la anarquía. Un juez especial enviado por la corona de España para poner orden en la isla hizo detener a Cristóbal Colón y sus hermanos y los llevó de vuelta a España. Una vez rehabilitado, Colón realizó un último viaje (1502–1504) y exploró la costa de la América Central: Honduras, Nicaragua, Costa Rica y Panamá. De vuelta en España, enfermo y desacreditado, se estableció en Valladolid. Allí murió en 1506 a la edad de 55 años, sin saber siquiera que había descubierto un nuevo continente. Colón erradamente imaginó haber descubierto la costa oriental de la India. Por eso al nuevo continente se le llamó en un principio Indias Occidentales.

OTROS EXPLORADORES

Américo Vespucio. En el año 1499 Américo Vespucio, geógrafo y navegante italiano nacido en Florencia, realizó el primero de cuatro viajes a las Indias, al servicio de España primero y luego de Portugal. A su regreso del primer viaje Vespucio escribió que lo que había encontrado en aquellas tierras del sur era un continente, al que llamó Nuevo Mundo. Un cosmógrafo alemán leyó sus relaciones de viaje y propuso que el nuevo continente fuese llamado América, nombre usado por primera vez en 1507.

Vasco Núñez de Balboa. Las exploraciones continuaron a fin de descubrir la tan deseada ruta hacia el oriente. Vasco Núñez de Balboa atravesó el istmo de Panamá descubriendo el 25 de septiembre de 1513 el mar del Sur, al que más tarde se le llamó océano Pacífico.

Juan Díaz de Solís. Otro navegante español llamado Juan Díaz de Solís descubrió el río de la Plata (1516), que desemboca en el Atlántico, donde se internó pensando que hallaría una ruta hacia el Pacífico. Díaz de Solís murió a manos de los indios.

Fernando de Magallanes y Juan Sebastián Elcano. En el año 1519 Fernando de Magallanes, navegante portugués, inició el primer viaje alrededor del mundo. Magallanes estaba al servicio de la corona española. Salió de España en viaje a las Molucas por el oriente. Bordeó la costa de América del Sur hasta descubrir el estrecho que hoy lleva su nombre (1520). Cruzó el Pacífico y llegó a las Filipinas, donde murió a manos de los indígenas. Juan Sebastián Elcano, que acompañaba a Magallanes, se hizo cargo de la expedición. Prosiguió el viaje hacia España a bordo de la nave Victoria y completó así la primera vuelta al mundo (1519–1522).

La conquista de América

EL ESPÍRITU DE LA CONQUISTA

Poco podían imaginar los primeros españoles que hicieron el viaje a América sobre la vastedad de los territorios descubiertos por Colón y lo difícil que sería su conquista. ¿Qué razones movían a estos hombres a iniciar el largo viaje hacia un continente desconocido? ¿Quiénes eran los conquistadores? Recordemos aquí la agitada historia de la Península Ibérica durante la edad media, y en especial la lucha de los reinos cristianos por expulsar a los musulmanes. En 1492, con la toma del reino moro de Granada por parte de los Reyes Católicos, termina la Reconquista y comienza un nuevo orden en toda España. Este espíritu de conquista y de lucha impregna la mente del hombre de aquella época y lo lleva a realizar nuevas acciones. Ello, unido a la idea del honor y al deseo de enriquecerse, motiva la salida de numerosas expediciones hacia el nuevo continente. La conquista se hacía en nombre del rey de España, aunque muchas de las expediciones fueron financiadas con fondos privados.

LOS CONQUISTADORES

Algunos de los más notables conquistadores venían de Extremadura. **Extremeños,** por ejemplo, eran Hernán Cortés, Francisco Pizarro y Pedro de Valdivia. Los hombres que los acompañaban eran en gran parte extremeños y **andaluces** sin educación y sin entrenamiento militar. Los que mandaban a estos grupos eran frecuentemente **hidalgos** o caballeros, miembros de una aristocracia desposeída, deseosos de adquirir honor y riquezas. Cada grupo expedicionario estaba integrado normalmente sólo por hombres. Iban acompañados por sacerdotes encargados de mantener la fe entre las tropas y de convertir a los indígenas al cristianismo. En poco más de cincuenta años (1494–1550) prácticamente se había completado la conquista de los territorios situados entre el sur de los Estados Unidos y la zona central de Chile, y se habían fundado muchas de las capitales y principales ciudades de las actuales repúblicas hispanoamericanas.

HERNÁN CORTÉS Y LA CONQUISTA DE MÉXICO

Hernán Cortés, hidalgo nacido en Extremadura, culto y de gran talento militar, marchó a las Indias para ponerse al servicio de la corona. En Cuba, donde pasó algunos años, fue escogido por el gobernador Velázquez para dirigir una expedición hacia Yucatán y conquistar México. Era el año 1519 y Cortés tenía treinta y cuatro años. A través de expediciones anteriores habían llegado noticias a Cuba de la existencia de un poderoso y rico imperio.

En febrero de 1519 salió Cortés de Cuba con 11 navíos, 550 hombres, 16 caballos y 14 cañones. Al llegar a la isla de Cozumel encontró al sacerdote Aguilar, sobreviviente de un naufragio ocurrido en 1512. Aguilar le proporcionó valiosa información. Y desde que Cortés desembarcó en San Juan de Ulúa, cerca de la actual Veracruz, la Malinche—una mujer de la nobleza azteca, bautizada con el nombre de Marina—fue su intérprete y consejera.

Cortés ante los aztecas. Grande fue el asombro de los indígenas ante la presencia de los españoles con sus atavíos y sus caballos. En un principio los llamaron *teteuh,* palabra que significa dioses. Más tarde los llamarían *popolocas,* vocablo con que se designaba a los bárbaros.

El explorador Hernán Cortés se embarcó para las Américas por primera vez en 1504.

Moctezuma II, emperador de los aztecas, trató de detener a estos seres fuertes y destructores. Envió emisarios con magníficos regalos para Cortés pidiéndole que se marchara. Cortés destruyó sus navíos para impedir que sus hombres escaparan. Fundó la ciudad de Villa Rica de la Vera Cruz, hoy Veracruz, y emprendió la marcha hacia Tenochtitlán. Logró aliarse con tribus enemigas de los aztecas, llegando a la capital del Imperio el 8 de noviembre de 1519. Moctezuma lo recibió en su palacio con grandes honores y regalos.

La Noche Triste. Los españoles quedaron admirados ante el esplendor y grandeza de Tenochtitlán, con sus ricos palacios y templos. Mientras tanto, una sublevación de indígenas en Veracruz fue el pretexto para que Cortés hiciera encarcelar al emperador azteca. El conquistador exigió el pago de una gran cantidad de oro, plata y joyas.

En el puerto de Veracruz había desembarcado una expedición enviada por el gobernador de Cuba para suplantar a Cortés quien, apoyado por sus hombres, actuaba ahora independientemente. Cortés salió a su encuentro y logró vencerla. Mientras esto ocurría, los aztecas se habían sublevado en Tenochtitlán. Con la ayuda de Moctezuma, Cortés trató de apaciguar a los indígenas, quienes respondieron atacando a su emperador. Días después Moctezuma moriría. Ante esta situación el conquistador decidió abandonar la ciudad con sus hombres. La retirada fue desastrosa. Muchos españoles murieron aquella noche de junio de 1520, a la que se conoce como la Noche Triste.

La destrucción de Tenochtitlán. Cortés reorganizó sus tropas y volvió a ocupar la ciudad (1521), que fue prácticamente destruida. Sobre ella se levantó la ciudad de México, capital de la Nueva España, que más tarde sería el **virreinato** de Nueva España. El primer gobernador y **capitán general** nombrado por el rey fue Hernán Cortés.

LA CONQUISTA DE LA AMÉRICA CENTRAL

Consolidado el dominio de México, se llevó a cabo la conquista de la América Central. Entre los años 1523 y 1527 se completó la conquista de los actuales territorios de Honduras, Guatemala, Nicaragua y El Salvador. También se fundaron ciudades en la actual Costa Rica, aunque su verdadera conquista no empezó hasta el año 1560.

FRANCISCO PIZARRO Y LA CONQUISTA DEL PERÚ

Francisco Pizarro nació en Trujillo, Extremadura, en el año 1475. Era hijo natural de un capitán de familia hidalga y de una labradora. Era analfabeto y vivió modestamente en su niñez y juventud. En el año 1502 viajó a América donde integró la expedición de Balboa que descubrió el océano Pacífico. En Panamá se asoció con otro extremeño inculto llamado Diego de Almagro y con un sacerdote para emprender la conquista del Perú, donde esperaban encontrar oro y otras riquezas. Pizarro y Almagro tenían entonces más de cincuenta años.

Las expediciones. Una primera expedición realizada en 1524 fracasó y en 1526 volvieron a salir de Panamá. Primero salió Pizarro con 100 hombres y algunos caballos. Más tarde partió Almagro con 60 hombres más. Desembarcaron primero en la costa colombiana, en el Pacífico, y luego continuaron hacia el sur hasta llegar a la isla del Gallo, muy cerca del Ecuador.

El calor y la lluvia del trópico, el hambre, las enfermedades y la lucha con los indígenas hizo desistir a muchos hombres, que decidieron regresar. El gobernador había enviado dos barcos para trasladar a los expedicionarios de vuelta a Panamá. Decidido a no abandonar su empresa Pizarro **trazó una raya** en la arena con su espada y dijo: "Por aquí—señalando al sur—se va al Perú, a ser ricos; por allá—al norte—a Panamá, a ser pobres". Sólo 13 hombres siguieron a Pizarro.

El grupo continuó navegando hacia el sur y llegó hasta la actual frontera del Perú con el Ecuador. Desembarcaron y quedaron asombrados ante la organización y riqueza de los indígenas que allí encontraron. Pizarro estaba convencido de que aquello era parte de un Estado

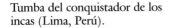

Monumento a Francisco Pizarro (Lima, Perú).

Tumba del conquistador de los incas (Lima, Perú).

muy grande y rico y decidió obtener el permiso del rey para llevar a cabo la conquista. Regresó a España donde obtuvo los recursos necesarios.

Pizarro regresó a Panamá con sus tres hermanos y en 1531 salió con tres naves y 180 hombres hacia el sur. Almagro se quedó en Panamá para reforzar la expedición. Pizarro desembarcó en San Mateo y fundó la primera ciudad peruana: San Miguel de Piura (1532). Se internó luego en el Perú y llegó a Cajamarca donde se encontraba el Inca Atahualpa. El emperador acababa de vencer a su hermano Huáscar en su disputa por el Imperio.

El fin del Imperio incaico. El conquistador invitó al Inca a que lo visitase. Este llegó en un trono de oro rodeado de un gran número de acompañantes. Fray Vicente Valverde se dirigió al Inca en nombre de Dios y del rey de España. Ante una orden preestablecida los soldados españoles atacaron a los indígenas, dieron muerte a muchos de ellos e hicieron prisionero a Atahualpa. El rescate exigido al Inca fue una habitación llena de oro. Sin embargo, Pizarro no cumplió su palabra y una vez obtenido el oro y las joyas, Atahualpa fue ejecutado.

En 1533 Pizarro entró en Cuzco y con ello consolidó la conquista. Dos años más tarde fundó la Ciudad de los Reyes, la actual Lima, con lo cual se inauguró el período de la administración española en el actual Perú. Desde Lima Diego de Almagro llevó a cabo una expedición a Chile, pero al no encontrar oro ni riquezas regresó al Perú.

La división hecha por el rey de las tierras conquistadas y la ambición crearon conflictos entre Pizarro y Almagro. Ello originó una guerra en la que Hernando Pizarro, hermano del conquistador, venció a Almagro y lo hizo ejecutar. Años más tarde el hijo de Almagro, también llamado Diego, vengó la muerte de su padre y asesinó a Francisco Pizarro.

LA CONQUISTA DE ECUADOR, COLOMBIA Y VENEZUELA

Durante la campaña del Perú, Sebastián de Benalcázar emprendería la conquista del Ecuador, donde fundó las ciudades de San Francisco de Quito (1534) y Santiago de Guayaquil (1535). Más tarde avanzaría hacia territorio colombiano. En el año 1538 su expedición llegó a las inmediaciones de Bogotá. Una vez instaurado el dominio español se creó la Real Audiencia de Santa Fe de Bogotá (1550) y se llamó Nueva Granada a las tierras que hoy ocupan Panamá y Colombia.

Carlos I, que también era emperador germano, concedió el derecho de conquista y colonización de Venezuela a la casa comercial alemana Welser, con la que tenía grandes deudas. La administración alemana no logró consolidarse y terminó en 1548, año en que verdaderamente se inicia la colonización española. Santiago de León de Caracas fue fundada en 1567.

LA CONQUISTA DE CHILE

Pedro de Valdivia, otro extremeño, emprendió la conquista de Chile, territorio reconocido ya por Almagro en su expedición de 1536. Con ciento cincuenta soldados españoles y mil indios Valdivia atravesó el desierto de Atacama hasta llegar al valle central. Ahí fundó la ciudad de Santiago del Nuevo Extremo, hoy Santiago de Chile. Valdivia fue nombrado gobernador y capitán general.

El conquistador tuvo que hacer frente a la fuerte resistencia y ataques del pueblo araucano. En uno de los muchos combates los **araucanos,** o **mapuches,** al mando de Lautaro dieron muerte a Valdivia. El virrey del Perú envió a su hijo García Hurtado de Mendoza, de veintidós años, para continuar la conquista. Éste vino acompañado del poeta y soldado Alonso de Ercilla y Zúñiga. En su gran poema épico *La Araucana,* Ercilla canta al valor de los indios araucanos y de su **cacique** Caupolicán. La resistencia indígena continuó y la pacificación de la Araucanía sólo se logró a partir de 1870.

Monumento a Pedro de Valdivia
(Santiago de Chile).

LA CONQUISTA DEL RÍO DE LA PLATA Y DEL PARAGUAY

En 1536 llegó a la boca del río de la Plata Pedro de Mendoza con el título de capitán general y **adelantado** para emprender la conquista de aquellas tierras. En un lugar de la costa oeste del río hizo levantar un fuerte al que llamó Santa María del Buen Aire, hoy Buenos Aires. Pero la hostilidad de los indígenas obligó a los españoles a evacuar el lugar en 1541, y la población quedó prácticamente destruida. Mendoza, enfermo, decidió volver a su patria, pero murió antes de llegar a España. Entretanto los pobladores se trasladaron a Nuestra Señora de Santa María de la Asunción, en el actual Paraguay. La ciudad había sido fundada en 1537. Allí se estableció el centro para la colonización de los territorios situados al sudeste de la América del Sur. En 1580 se logró levantar de nuevo la ciudad de Buenos Aires.

La colonización

LA ADMINISTRACIÓN DE LAS INDIAS

Consolidado el triunfo militar sobre los aborígenes, los españoles orientaron sus esfuerzos hacia el establecimiento de una administración de las posesiones americanas. La enorme extensión de los territorios conquistados no fue obstáculo para que se lograra una cierta armonía dentro de su administración. A ello contribuyó el hecho de que las Indias eran consideradas no como colonias sino como parte integral de la corona de Castilla. El monarca español, rey de una España unificada, era a la vez soberano de las Indias y autoridad máxima en la administración del Imperio.

Las principales instituciones y cargos creados por la monarquía española en América fueron los siguientes:

Casa de Contratación.   Fundada en Sevilla en 1503, sus fines fueron en un principio puramente comerciales. Controlaba la entrada y salida de mercancías y calculaba los ingresos de la corona. Más tarde se encargó también de supervisar la emigración hacia las Indias. A la Casa de Contratación se debe la preparación de excelentes mapas y de varias expediciones marítimas.

Consejo de Indias.   La autoridad del rey se ejercía a través del Consejo de Indias, principal institución de la administración de los territorios ultramarinos. Entre sus responsabilidades estaban la promulgación de

Leyes de Indias, la supervisión de la Iglesia, de la justicia y las finanzas, y el control del comercio y el transporte marítimo a través de la Casa de Contratación.

Gobernadores, audiencias y virreyes. La conquista había dado a algunos españoles gran poder y privilegios. A fin de controlar el individualismo peligroso de los conquistadores y de mantener la unidad del Imperio, la corona impuso el poder civil a través de funcionarios nombrados por el rey.

Cada provincia tenía un gobernador al frente. Las provincias eran independientes unas de otras y para darles unidad y cohesión se creó un poder intermedio: las **audiencias.** Ellas servían como altos tribunales de justicia, inspeccionaban la administración de ciudades y velaban por la aplicación de las leyes.

La necesidad de ejercer un control sobre éstas y otras instituciones dio origen al virreinato y al cargo de virrey. Los virreyes eran representantes directos del rey y las autoridades máximas en Hispanoamérica. Los primeros virreinatos fueron el de Nueva España, creado en 1535, que incluía casi toda la América Central, y el de Nueva Castilla o el Perú, creado en 1543, del que dependía casi toda la América del Sur. En el siglo XVIII se crearon dos virreinatos más: Nueva Granada (1739), con jurisdicción sobre las audiencias de Bogotá, Panamá y Quito; y el virreinato de la Plata (1776), del que dependían los actuales territorios de Argentina, Paraguay, Uruguay y Bolivia.

La administración local. La colonización española tuvo desde sus principios un carácter fundamentalmente urbano. La fundación de ciudades fue la primera tarea de los conquistadores. Cada ciudad estaba planificada de acuerdo a ciertas normas, siguiendo un modelo geométrico, en base a cuadras. Luego se asignaban terrenos dentro del sector urbano donde cada vecino levantaba su residencia.

Las ciudades contaban con un **cabildo,** o municipio, en el que participaban ciudadanos locales que ejercían diversas funciones, entre ellas la de alcalde y regidores. El cabildo y en especial el **cabildo abierto,** o asamblea del pueblo, jugaron un importante papel en el movimiento de independencia hispanoamericano.

LA CRISTIANIZACIÓN DEL NUEVO MUNDO

La cristianización del Nuevo Mundo fue una de las características primordiales de la conquista. Los españoles quisieron borrar desde un

La combinación de los ritos cristianos con los paganos en Chichicastenango (Guatemala).

principio la religión prehispánica. Destruyeron los templos dedicados a los dioses indígenas y prohibieron las prácticas religiosas paganas. Obligaron a los aborígenes a aceptar la fe católica, a asistir a misa y recibir los sacramentos. El resultado fue que junto a los ritos de la Iglesia continuó el culto a los antiguos dioses y esta combinación de elementos cristianos y paganos ha perdurado hasta hoy en muchos ritos y festividades religiosas a través de la América hispana.

La defensa de los indios.   La Iglesia a su vez fue protectora de los indios frente a los constantes abusos de los conquistadores. Un notable defensor de la causa de los indígenas fue el padre Bartolomé de las Casas, quien en sus escritos describió la crueldad de los colonizadores y la explotación y opresión de que eran objeto los indios. Notable fue también la labor de los jesuitas en pro de la educación de los indígenas, particularmente en las **reducciones** o pueblos de indios del Paraguay. Su expulsión de Hispanoamérica en 1768 dejó nuevamente a los aborígenes a merced del hombre blanco que lo requería como **mano de obra** barata.

Bartolomé de las Casas, defensor de los indígenas.

La conquista ideológica. La cristianización fue la base de la conquista ideológica que permitió imponer los valores europeos en el mundo conquistado. Frente a estos nuevos valores estaba la diversidad de las culturas indígenas. Este contacto entre lo español y lo autóctono americano dio origen a una nueva forma de ser, modificada a través del continente por factores locales e históricos. El mundo hispanoamericano de hoy es tan heterogéneo como heterogéneas son las culturas que le dieron origen.

LA SOCIEDAD COLONIAL

La conquista fue una empresa fundamentalmente masculina. Las primeras expediciones constaban exclusivamente de hombres. Pero a medida que se consolida el dominio español se observa la presencia cada vez más numerosa de españolas. Las primeras en llegar fueron las esposas de los conquistadores, pero luego se intensificó el traslado de mujeres solteras. Esta falta de mujeres hizo que el español se uniera desde un principio con la mujer indígena, lo que dio origen a un elemento étnico nuevo en la América hispana: el **mestizo**. El mestizo constituye en sí una nueva raza que integra la cultura y rasgos físicos del español y del indio. Al blanco y al indio se añadió el africano, traído como esclavo para sustituir al indio, cuya población había disminuido notoriamente por las guerras, las epidemias y la muerte prematura a causa de los trabajos forzados a que eran sometidos.

A medida que avanzaba la colonización se fueron delineando diversos grupos y estableciéndose una jerarquía social que en líneas generales fue la siguiente:

- Españoles nacidos en la Península
- **Criollos** o españoles nacidos en América
- Mestizos
- Mulatos (hijo de negro y blanco), zambos (hijo de negro e indio), negros libres
- Esclavos
- Indios

(El orden que he seguido obedece al pensamiento de algunos investigadores que consideran que el trato dado al indio era peor que el que recibían los negros y esclavos. Otros historiadores, sin embargo, sitúan al indio a continuación de los mestizos.)

LA ECONOMÍA Y EL COMERCIO

La economía.   La base de la economía interna era la agricultura y la ganadería, y en algunas regiones la minería. Los españoles introdujeron nuevos cultivos y animales y asimismo explotaron los ya existentes. En las minas el trabajo se concentró en la extracción del oro y la plata. Potosí, centro minero boliviano, fundado en 1545, fue durante la época colonial la ciudad más importante del continente y llevó el nombre de Villa Imperial.

La tierra y las minas eran trabajadas por los indios a través de dos sistemas establecidos por las autoridades coloniales:

1. La **encomienda** era el sistema según el cual un español—el **encomendero**—recibía, además de tierras, un grupo de indios que le pagaban tributo y trabajaban para él. Éste, a su vez, tenía la obligación de enseñarles la religión cristiana y de instruirlos conforme a las Leyes de Indias.

Esta fue una forma de esclavitud a la que muchos indios no sobrevivieron. La encomienda duró hasta fines del siglo XVIII, aunque el paternalismo y explotación que caracterizaban la relación encomendero-indígena persisten hoy en día en la relación **terrateniente**-trabajador agrícola en la mayoría de los países de Hispanoamérica.

2. La **mita,** un sistema de trabajo forzado, se utilizó preferentemente en las minas. En la mita participaban hombres entre dieciocho y cincuenta años y su servicio duraba un año. Después de un período de siete años podían ser llamados a trabajar nuevamente.

El comercio.   El comercio entre España y las Indias tenía su centro en Sevilla y era supervisado por la Casa de Contratación. Sólo los españoles tenían derecho a comerciar con las Indias, y éstos eran los primeros beneficiados. El tráfico lo realizaba una flotilla de naves acompañadas de navíos de guerra para protegerse de los piratas. Salían dos veces por año de Sevilla en dirección a Porto Bello (Panamá), Cartagena (Colombia) y Veracruz (México). Desde estos puertos las mercancías eran trasladadas por barco o a lomo de mula a otros lugares. Allí se concentraba también el oro y la plata que iba en dirección a España.

Las largas distancias desde los puertos de llegada hasta su destino final encarecían enormemente los productos. En un momento en que la demanda americana crecía rápidamente, los envíos eran a menudo insuficientes. Todo ello originó un intenso contrabando por parte de los rivales comerciales de España, que cruzaban el Atlántico con sus naves cargadas de mercancías.

La cultura del Nuevo Mundo

ESCUELAS Y UNIVERSIDADES

Los territorios colonizados por los españoles participan muy pronto del proceso cultural que vive la metrópoli. A la vez que se implantan nuevas instituciones políticas y administrativas, se crean organismos destinados a la extensión de la cultura. Surgen escuelas para la educación de españoles y nativos y las primeras universidades. Las Universidades de México y Lima fueron fundadas en el año 1553. En México y el Perú se fundaron escuelas para indios donde se enseñaba religión, latín, música, pintura y escultura.

La organización de las universidades era similar a la de las medievales europeas. Había cuatro facultades: artes, derecho, teología y medicina. En los lugares con mayor población indígena, por ejemplo México, Guatemala y el Perú, se enseñaban lenguas indígenas, especialmente a sacerdotes y maestros.

A partir del año 1700, aproximadamente, se crearon muchas instituciones dedicadas a la enseñanza y la cultura. En México se fundó la Escuela de Minería y la Academia de Bellas Artes; en Quito se creó un centro para la formación de arquitectos, escultores y pintores. Además, surgieron bibliotecas, jardines botánicos, museos de historia natural, un observatorio astronómico en Bogotá y un instituto de náutica en Buenos Aires.

PRIMERAS PUBLICACIONES

Después de las universidades vinieron las imprentas, la primera en México en el año 1535, luego otras. Y en el año 1767 comenzó a publicarse el primer periódico mexicano, la *Gaceta de México*. Años antes nació la *Gaceta de Lima* (1743). Los primeros diarios de América se publicaron también en Lima y México: el *Diario Erudito, Económico y Comercial* de Lima y el *Diario de México*. Después de 1750 comenzaron a aparecer las primeras publicaciones literarias y científicas en México, Bogotá y Lima.

LA LITERATURA

La influencia cultural de la Península se manifiesta también en la literatura. Las crónicas y poemas épicos, principales géneros literarios de la conquista, florecen tanto en la América española como en España. En un principio se trata de los propios conquistadores cuyos escritos relatan el impacto de sus campañas y sus reacciones frente a los habitantes y a la geografía del nuevo continente. Más tarde surgieron algunos escritores nacidos en América. Su obra integra elementos autóctonos, reflejando el punto de vista de un pueblo dominado. Entre los españoles encontramos los siguientes:

    1. Cristóbal Colón (1451–1506) y su *Diario de viaje,* en el que narra su encuentro con los indios del Caribe.

Alonso de Ercilla y Zúñiga, autor de *La Araucana.*

2. Hernán Cortés (1485–1547) y sus *Cartas de relación sobre la conquista de México,* dirigidas al rey.

3. Bernal Díaz del Castillo (1492–1581), miembro de las expediciones de Cortés, quien hace una narración detallada de los principales hechos de la conquista de México en *La historia verdadera de la conquista de Nueva España.*

4. Alonso de Ercilla y Zúñiga (1533–1594), soldado-poeta que participó en Chile en la campaña contra los araucanos. Es el autor de *La Araucana,* el poema épico más destacado de las Indias. En él, Ercilla describe la lucha constante entre conquistadores e indígenas y glorifica la resistencia y valor del indio que no se dejó dominar por los invasores españoles.

Entre los escritores nacidos en América hallamos a:

1. El Inca Garcilaso de la Vega (1539–1615), nacido en Cuzco, hijo de un español y de una princesa inca. En sus *Comentarios reales*

combina elementos históricos y fantásticos en que se intercalan leyendas y tradiciones indias.

2. Juan Ruiz de Alarcón (1581–1639), dramaturgo nacido en México. Su obra literaria se desarrolla en la Península, pero la fuerte presencia del elemento mexicano lo sitúa dentro del área de la literatura hispanoamericana.

3. Sor Juana Inés de la Cruz (1657–1695), nacida en México, célebre por su extensa obra poética en que se manifiesta la influencia del poeta español Góngora. De reconocido talento literario, **fue amonestada** por la Iglesia por su dedicación a las letras profanas y se le exhortó a que se consagrara a las escrituras de la Iglesia.

EL ARTE

La arquitectura.   Las primeras construcciones fueron rudimentarias, destinadas a satisfacer las necesidades básicas de vivienda. Más tarde y hasta el año 1600 aproximadamente, la arquitectura sigue los estilos

Edificio colonial español construido sobre cimientos indígenas (Cuzco, Perú).

Palacio de Torre Tagle: la mejor muestra de la arquitectura colonial en Lima, Perú. Construido en 1735, hoy es del Ministerio de Asuntos Exteriores.

Catedral de la Ciudad de México, cuya construcción se inició en 1573.

predominantes en Europa sin grandes modificaciones. La llegada de misioneros a evangelizar a los nativos dio un gran impulso a la construcción de iglesias y monasterios a través de toda la América española. La catedral de Santo Domingo, la primera en Hispanoamérica, combina diferentes estilos. En la catedral de Cuernavaca, México, se emplea el estilo gótico decadente. En 1573 comienza la construcción de la catedral de México, que sólo se completará al cabo de tres siglos.

Entre los años 1600 y 1800 predomina el estilo barroco con influencia **mudéjar.** En este último entran elementos del arte cristiano y de la ornamentación árabe. Al barroco y al mudéjar se agregan elementos de decoración indígenas que armonizan perfectamente con lo europeo. A este período corresponden la iglesia de San Francisco de Acatepec, el santuario de Ocotlán en México y la Iglesia de San Francisco de Lima.

La arquitectura barroca hispanoamericana se caracteriza, además, por su colorido. En México se empleó el azulejo de colores brillantes. En el Perú, las fachadas fuertemente decoradas de algunas iglesias están pintadas de brillantes colores.

Escena de la vida de San Francisco de Asís, de autor anónimo perteneciente al taller Basilio de Santa Cruz en Cuzco (Museo de la Iglesia de San Francisco, Santiago de Chile).

Inmaculada con San José y San Francisco, de autor anónimo del siglo XVIII (Museo de la Iglesia de San Francisco, Santiago de Chile).

La pintura. En líneas generales, difícilmente se puede diferenciar entre la pintura española y la colonial, dado que esta última siguió en casi toda América los mismos moldes de la metrópoli. Una de las más notables excepciones corresponde a la **pintura cuzqueña,** el resultado de una mezcla, de una fusión de lo europeo con lo americano. Menos elaborada que la europea, la pintura cuzqueña presenta, sin embargo, una estilización muy acentuada. En sus comienzos encontramos a un jesuita italiano, Bernardo Bitti, muy influido por lo europeo. Más tarde surgen formas más auténticas y diferenciadas cuyos principales creadores son indígenas, entre ellos Diego Quispe, Tito y Basilio Santa Cruz, Marcos Zapata y Juan Zapaca Inca, junto con otros pintores anónimos.

En Quito se dio un fenómeno similar al de Cuzco, pero centrado principalmente en la escultura. A partir del siglo XVIII aparecen algunos excelentes representantes de la **pintura quiteña.**

Glosario

adelantado. a person with the highest political, military, and judicial power over a certain region in America in the early days of the Spanish Conquest and colonial period. He often financed an expedition in exchange for land and honors

andaluces. people from Andalusia

araucano o mapuche. Araucanian Indians from Chile and Argentina

audiencias. tribunals responsible for law enforcement, which also exercised control over political authorities

cabildo. institution that had powers similar to those of a city council

cabildo abierto. general assembly of a *cabildo*

cacique. Indian chief

capitán general. captain-general, highest civil authority in a region

Casa de Contratación. Chamber of Commerce set up by the Spanish monarchs Isabella and Ferdinand

Consejo de Indias. institution created in 1509 with administrative and economic powers over Spanish America

criollos. Spaniards born in America

cuzqueña (pintura). style of painting developed in colonial Cuzco (Peru)

encomendero, *see* **encomienda**

encomienda. estates granted Spanish settlers. Indians living on the estates were in the charge of an *encomendero,* who looked after their interests and converted them to Christianity

extremeños. people from Estremadura

fue amonestada. was reprimanded

hidalgos. noblemen

Leyes de Indias. laws governing Spanish America

mano de obra. labor

mestizo. person of mixed Indian and Spanish descent

mita. institution that regulated the work of the Indians at mines and public works

mudéjar. Islamic-influenced art

quiteña (pintura). style of painting developed in colonial Quito (Ecuador)

reducciones. Indian villages created by Spanish missionaries during the colonial period

terrateniente. landowner

trazó una raya. drew a line

virreinato. viceroyalty, domain of a viceroy

virrey. viceroy

Cuestionario

CRISTÓBAL COLÓN

1. ¿Dónde y cuándo se cree que nació Colón?
2. ¿Qué propuso Colón al rey de Portugal?
3. ¿Quién apoyó oficialmente su proyecto?
4. ¿En qué fecha zarpó de España?
5. ¿Cómo estaba constituida la expedición?
6. ¿A qué lugar llegó en su primer viaje? ¿En qué fecha?
7. ¿Cuántos viajes más realizó Colón y en qué lugares desembarcó?
8. ¿Por qué se llamó Indias Occidentales al nuevo continente?

OTROS EXPLORADORES

1. ¿De dónde proviene el nombre América?
2. ¿Quién descubrió el océano Pacífico?
3. ¿Quién fue Fernando de Magallanes?
4. ¿Cuál fue la ruta seguida por Magallanes?
5. ¿Qué importancia tiene Juan Sebastián Elcano entre los exploradores?

LA COLONIZACIÓN

1. ¿Qué funciones tenía la Casa de Contratación?
2. ¿Qué funciones tenía el Consejo de Indias?
3. ¿Quiénes eran los representantes directos del rey?
4. ¿Por qué se dice que la colonización tuvo un carácter fundamentalmente urbano?
5. ¿Por qué se dice que la conquista fue una empresa fundamentalmente masculina?
6. ¿Qué es el mestizo?
7. ¿Por qué se trajo al africano a América?
8. ¿Qué grupos principales componían la sociedad colonial?
9. ¿Cuál era la base de la economía colonial?
10. ¿Qué se extraía principalmente en las minas?

11. ¿En qué consistían la encomienda y la mita?
12. ¿Qué ciudad española era el centro del comercio colonial?
13. ¿Quiénes tenían derecho a comerciar con las Indias?
14. ¿Cómo se realizaba el tráfico de mercancías?
15. ¿Qué consecuencias tuvo la centralización comercial?

LA CULTURA DEL NUEVO MUNDO
1. ¿Cuáles fueron las primeras universidades coloniales?
2. ¿Qué escuelas se fundaron y qué se enseñaba en ellas?
3. ¿Cómo estaban organizadas las universidades coloniales?
4. ¿Qué instituciones se crearon a partir del año 1700?
5. ¿Cuáles fueron los primeros periódicos y los primeros diarios?
6. ¿Cuáles fueron los principales géneros literarios durante la conquista?
7. ¿Cuál era su contenido?
8. ¿Qué escritores nacidos en España se destacan en este período?
9. ¿Qué escritores nacidos en América encontramos en el período colonial?
10. ¿Quién fue el autor de *La Araucana* y cuál es su contenido?
11. ¿Qué características tuvieron las primeras construcciones coloniales?
12. ¿Qué estilos siguió la arquitectura colonial hasta 1600?
13. ¿A qué tipo de arquitectura dio origen la evangelización?
14. ¿Qué estilo arquitectónico predominó entre los años 1600 y 1800?
15. ¿Qué características tuvo la arquitectura barroca hispanoamericana?
16. ¿Qué características tuvo la pintura cuzqueña?

Temas de redacción o presentación oral

1. Haz un breve análisis sobre las características de la conquista española, incluyendo la siguiente información:
   (a) Razones que movían a los hombres a iniciar el largo viaje a un continente desconocido
   (b) El rey de España y la Iglesia frente a la conquista
   (c) Los más notables conquistadores: región de donde procedían y extracción social
   (d) Los hombres que acompañaban a los conquistadores: regiones de donde procedían, nivel cultural y preparación militar
   (e) Composición de los grupos expedicionarios
   (f) El papel de los misioneros y sacerdotes
   (g) Duración de la conquista

2. Resume las principales ideas y hechos relativos a:
   (a) La conquista de México
   (b) La conquista del Perú

3. Compara la forma de colonización llevada a cabo por los españoles y la colonización inglesa en Norteamérica y otras regiones del mundo. ¿Qué diferencias y similitudes puedes observar?

4. ¿Qué aspectos positivos y negativos tuvo la colonización española en América? Expresa tu opinión.

5. Haz un breve comentario sobre el siguiente párrafo:
   "La cristianización del Nuevo Mundo fue una de las características primordiales de la conquista. Los españoles quisieron borrar desde un principio la religión prehispánica. Destruyeron los templos dedicados a los dioses indígenas y prohibieron las prácticas religiosas paganas. Obligaron a los aborígenes a aceptar la fe católica, a asistir a misa y recibir los sacramentos".

   Expresa tu opinión sobre el proceso de evangelización realizado por los españoles en América.

6. Elige y presenta oralmente o por escrito uno de estos dos temas:
   (a) El indio visto por los conquistadores españoles
   (b) Los conquistadores españoles vistos por los indígenas

7. Compara la contribución de la mujer a la colonización de la América anglosajona con lo ocurrido en la América española. ¿Qué diferencias o similitudes puedes observar?

8. Compara el desarrollo de la cultura (la literatura, las artes, la prensa) en la América española con el desarrollo cultural en la América anglo-sajona.

Práctica

1. Lee otra vez la información sobre Colón en las páginas 46–48 y luego, sin mirar el texto, completa este párrafo:
   Se cree que Colón nació en Génova _____ 1451 _____ llegó a Portugal _____ se estableció _____ contrajo matrimonio _____ concibió la idea _____ solicitó la ayuda _____ rechazó el proyecto de Colón _____ se dirigió a España _____ obtuvo el apoyo _____ le confirió el título _____ lo nombraba virrey _____ .

2. Elige el tiempo correcto del verbo, el **pretérito** o el **imperfecto,** según el contexto.
   El 3 de agosto de 1492 Colón (*zarpó/zarpaba*) del puerto de Palos con tres carabelas. Estas (*fueron/eran*) La Pinta, La Niña y la Santa

María. La tripulación la (*compusieron/componían*) 120 hombres. El 12 de octubre Rodrigo de Triana, que (*fue/era*) uno de los integrantes de la expedición, (*anunció/anunciaba*) tierra. Colón y sus hombres (*desembarcaron/desembarcaban*) en una isla a la que (*llamaron/llamaban*) San Salvador. Se (*trató/trataba*) de Guanahaní, una isla de las Bahamas. La expedición (*continuó/continuaba*) y (*llegó/llegaba*) a la isla de Cuba. . . .

3. Completa los espacios en blanco con el artículo definido—*el, la, los* o *las*—donde sea necesario.

   _____ base de _____ economía interna era _____ agricultura y _____ ganadería, y en algunas regiones _____ minería. _____ españoles introdujeron _____ nuevos cultivos y _____ animales y explotaron los ya existentes. En _____ minas _____ trabajo se concentró en _____ extracción del oro y _____ plata. Potosí, _____ centro minero boliviano, fue durante _____ época colonial _____ ciudad más importante del continente y llevó _____ nombre de _____ Villa Imperial.

4. Reemplaza las palabras en cursiva por otras similares. Haz otros cambios que sean necesarios.
   (a) Moctezuma II *envió* emisarios con magníficos *regalos* para Cortés pidiéndole que *se marchara*. Cortés destruyó sus *navíos* para *impedir* que sus hombres *escaparan*.
   (b) Francisco Pizarro era hijo *natural* de un capitán de familia hidalga y de *una labradora*. En 1502 *viajó* a América donde *integró* la expedición de Balboa que descubrió el mar del Sur.

5. En cada grupo de palabras elimina aquélla que no se relaciona con las otras palabras de la lista.
   (a) carabela, navío, bota, barco, nave
   (b) viaje, jornada, travesía, expedición, excursión
   (c) víveres, alimentos, comida, provisiones, fonda
   (d) descubrir, hallar, fundar, encontrar, dar con
   (e) hacerse cargo, responsabilizarse, tener un cargo, ponerse al frente, asumir la responsabilidad
   (f) quiteñas, atavíos, ropas, vestimentas, indumentaria
   (g) vocablo, palabra, vocal, término, locución
   (h) dios, deidad, divinidad, diablo, ser supremo

   Explica el sentido general de cada grupo de palabras y el significado específico de las palabras eliminadas.

6. Completa este cuadro con las palabras que faltan. Sigue el primer ejemplo.

conquistar	conquistador	la conquista
	descubridor	
explorar		
	fundador	
navegar		la navegación
tripular		

Forma oraciones con una palabra de cada grupo.

7. Une cada frase o verbo de la columna **A** con una frase de la columna **B** hasta completar un párrafo coherente sobre la primera vuelta al mundo. Los verbos están ordenados de la manera correcta.

A	**B**
(a) Fernando de Magallanes inició	el estrecho que lleva su nombre
(b) Salió de	la expedición
(c) Bordeó	el primer viaje alrededor del
(d) En 1520 descubrió	mundo
(e) Atravesó	las islas Filipinas
(f) Llegó a	la primera vuelta al mundo
(g) Murió	España en 1519
(h) Elcano se hizo cargo de	la costa de América del Sur
(i) Prosiguió	a manos de los indígenas
(j) Completó	el Pacífico
	el viaje de regreso a España

CAPÍTULO CUATRO

La formación de la personalidad hispanoamericana: Siglo XIX

CRONOLOGÍA

1808	La invasión de España y Portugal por tropas napoleónicas precipita la independencia de los territorios españoles en América.
1810	Se constituyen juntas de gobierno en las principales ciudades de Hispanoamérica para actuar en nombre de Fernando VII, depuesto por los franceses.
1812	En España, las Cortes de Cádiz aprueban la Constitución liberal.
	Se intensifica la campaña contra el ejército francés.
1813	Simón Bolívar entra triunfante en Caracas y es proclamado Libertador.
1814	Los franceses son derrotados en la Península y Fernando VII vuelve a ocupar el trono de España. Con él se restaura el absolutismo.
	En Hispanoamérica se intensifica la campaña por la emancipación.
1816	La Argentina se independiza oficialmente de España.
1818	Independencia definitiva de Chile.
1819	Bolívar entra en Bogotá donde proclama la República de Colombia o Gran Colombia.
1820	La escuadra libertadora del Perú al mando de Lord Cochrane zarpa de Valparaíso (Chile).
1821	México se declara Imperio independiente y se ofrece la corona a Fernando VII o a un príncipe de su familia.
1822	Agustín Iturbide es proclamado emperador de Nueva España (México) con el nombre de Agustín I.
	El general San Martín deja el mando del ejército libertador en manos de Bolívar.

Simón Bolívar, el Libertador, consiguió la independencia de Bolivia, Colombia, Ecuador, Venezuela y el Perú.

1823	Tras una rebelión, Agustín I de México abdica y es desterrado. México se convierte en república.
	Se establecen las Provincias Unidas de Centroamérica, que muy pronto se separarán para constituir repúblicas independientes.
1824	Guadalupe Victoria, primer presidente de México, que se constituye en república federal.
	En el Perú, la derrota de las tropas realistas consolida la independencia de este país sudamericano.
1829–1830	La Gran Colombia se divide en tres repúblicas independientes: Colombia, Venezuela y el Ecuador.
1836	Batalla del Alamo y batalla de San Jacinto. Texas es ocupado por los Estados Unidos.
1848	Texas es anexionado por los Estados Unidos. Sigue un conflicto armado entre este país y México que termina con el Tratado de Guadalupe: Nuevo México, Arizona y Alta California quedan en manos de los Estados Unidos.
1857–1860	Guerra de la reforma en México a causa de las Leyes de Reforma promulgadas por Benito Juárez.
1864	Maximiliano de Austria es designado emperador de México por Napoleón III.
1865–1870	Guerra de la Triple Alianza: El Paraguay se enfrenta al Brasil, Uruguay y Argentina. Desastrosas consecuencias para el Paraguay.
1867	Maximiliano de Austria es juzgado y fusilado en Querétaro.
1876–1911	Porfiriato: período dominado políticamente por el general Porfirio Díaz en México.
1879–1883	Guerra del Pacífico: Chile se enfrenta al Perú y Bolivia. La derrota peruano-boliviana lleva a la expansión territorial de Chile. Bolivia pierde su litoral.
1895	Campaña por la independencia de Cuba: el Ejército Libertador de Cuba derrota al ejército español.
1898	Estados Unidos declara la guerra a España. España pierde Cuba, Puerto Rico y las Filipinas.
1898–1902	Cuba es ocupada por tropas norteamericanas.
1900	El Congreso norteamericano establece una administración en Puerto Rico: un gobernador y un Consejo Ejecutivo nombrados por el presidente de los Estados Unidos.
1911	La rebelión generalizada en México obliga a Porfirio Díaz a renunciar. Francisco Madero, caudillo de la oposición, es elegido presidente de México.

La independencia hispanoamericana

La invasión de España por Napoleón en 1808 fue el factor clave que impulsó la independencia de las colonias hispanoamericanas. De la expresión de lealtad a Fernando VII, depuesto por los franceses, se pasará a la lucha por la emancipación política y económica de los territorios americanos. Desde México hasta el sur del continente cobra fuerza el movimiento independentista. Y los ejércitos de liberación se enfrentan a las fuerzas **realistas** que tratan de contener la rebelión. Dos ejércitos avanzan triunfantes a través de la América del Sur. Desde Venezuela, Bolívar dirige sus tropas a Nueva Granada (Colombia), Quito y Guayaquil. Y en Argentina San Martín inicia la campaña que dará libertad a Chile y al Perú. La lucha por la independencia mexicana se llevará adelante independientemente y culminará en 1821. En 1826 todos los territorios dependientes de la corona española en América—salvo Cuba y Puerto Rico—se habían independizado. El estallido revolucionario obedece a una serie de causas tanto internas como externas, que resumiremos a continuación.

CAUSAS INTERNAS

La rivalidad entre peninsulares y criollos.   Quizá éste haya sido el factor más determinante en la lucha por la independencia hispanoamericana. Los privilegios de los españoles nacidos en la Península eran causa de constantes fricciones. Los criollos criticaban la escasa participación que tenían en la vida pública y en la toma de decisiones. Los altos cargos públicos estaban reservados a los españoles nacidos en la Península. El control del comercio y de la economía era ejercido por la corona a través de sus representantes más directos, los peninsulares.

La censura ejercida por la Inquisición.   En materia de ideas la Inquisición ejercía un estricto control sobre la lectura de ciertos libros. Los escritos de los enciclopedistas franceses como Rousseau constituían lectura prohibida. La censura de éstas y otras obras era discutida por los criollos ilustrados, quienes sólo podían tener acceso a ellas de manera clandestina a través del contrabando que llegaba de Europa.

La expulsión de los jesuitas.   La expulsión de los jesuitas fue mal recibida en la América española. Desde su exilio, la Orden criticó severamente el absolutismo de la corona.

CAUSAS EXTERNAS

La influencia de la Ilustración.   Iberoamérica **no fue ajena a** las ideas de la Ilustración, movimiento cultural europeo cuyas características fueron la gran confianza en la razón, la crítica de las instituciones tradicionales, la difusión del saber y la idea de libertad. El pensamiento de la

Ilustración o **Siglo de las Luces** llegó al subcontinente a través de los criollos educados en Europa y de los contrabandistas que traían consigo libros proscritos por la Inquisición.

La independencia de las colonias inglesas de América del Norte. En 1776 se produjo la independencia de las colonias inglesas de Norteamérica y el nuevo espíritu libertario sirvió de ejemplo y dio forma a la idea de emancipación hispanoamericana.

La Revolución francesa. Las ideas de los revolucionarios franceses de 1789 prendieron también en la mente de los criollos. En Bogotá se imprimió secretamente la *Declaración de los derechos del hombre,* conjunto de principios que la Asamblea Constituyente francesa adoptó como fundamento de las instituciones humanas.

El debilitamiento de la monarquía. La crisis que venía afectando a la monarquía española, debilitada económicamente y perdidos su antiguo prestigio y su Imperio europeo, fue también un factor determinante de la independencia hispanoamericana.

La invasión francesa. Al producirse la invasión de la Península por las tropas napoleónicas los hechos se precipitaron. En 1810 se constituyeron juntas de gobierno en las principales ciudades de Hispanoamérica. Los criollos y españoles al frente de las juntas juraron lealtad al depuesto rey Fernando VII. En su nombre establecieron los nuevos gobiernos que se mantendrían mientras durara su cautiverio. Pero esta autonomía que surgió como reacción a la invasión francesa y en defensa de la corona iba a **desembocar en** las guerras de independencia entre los ejércitos libertadores y las fuerzas que representaban al rey. De esta lucha nacerían las actuales repúblicas hispanoamericanas.

LA LUCHA POR LA INDEPENDENCIA

Francisco Miranda. Francisco Miranda, precursor de la independencia hispanoamericana, nació en Caracas en 1750. Después de servir a la corona española en La Habana se dirigió a los Estados Unidos, donde se dedicó al estudio de las instituciones políticas y de la democracia. Influido por estas ideas pensó en la emancipación de las colonias hispanoamericanas y en la formación de una gran nación. Más tarde, en Inglaterra, hizo planes para la lucha por la independencia americana. En Francia tomó parte en el ejército de la Revolución. En 1806 dirigió una expedición libertadora que salió de Nueva York hacia Venezuela, pero

Toma del acta solemne de la independencia, Caracas, 5 de julio de 1811. Venezuela fue la primera colonia española que exigió independencia.

El general Francisco de Miranda, patriota venezolano, luchó no sólo por la independencia de su país, sino también en la revolución americana y francesa.

fue derrotado y regresó a Londres. En 1810 participó con Bolívar en una nueva expedición. En Venezuela fue recibido triunfalmente, pero dos años más tarde fue derrotado por las fuerzas realistas en La Guaira. Miranda fue hecho prisionero y llevado a España donde falleció en el año 1816.

La campaña de Bolívar. Simón Bolívar, "el Libertador", nacido en Caracas en 1783, es la figura más importante de la independencia hispanoamericana. Hizo estudios en España y viajó por Europa, donde

Lugar de nacimiento de Simón Bolívar, en Caracas, Venezuela.

absorbió las ideas de Rousseau. En 1810 participó con Miranda en el movimiento que creó la primera junta venezolana. Al caer Venezuela nuevamente bajo el dominio español, Bolívar organizó una nueva expedición. En 1813 derrotó al ejército realista y fue proclamado Libertador, pero los conflictos entre los patriotas lo hicieron refugiarse más tarde en Jamaica. Allí escribe la célebre *Carta* donde hace un análisis sobre la emancipación americana.

Al frente de un nuevo ejército Bolívar derrota a las fuerzas realistas y entra en Bogotá (1819), donde proclama la República de Colombia o Gran Colombia, que incluía los territorios de Nueva Granada y lo que es hoy Venezuela, a los que se incorporaría luego Quito. En 1822 el general José de San Martín dejó el mando del ejército en manos del Libertador. Bolívar entra en Lima en 1823. Su ejército vence a los realistas en Junín y su lugarteniente Sucre gana la batalla de Ayacucho (1824), con lo cual se consolida la independencia de los territorios sudamericanos. El Alto Perú pasaría a constituir una república independiente a la que se llamó Bolivia en honor del Libertador.

San Martín y el Ejército Libertador. José de San Martín, hijo de un oficial del ejército español, nació en la Argentina en 1778. Hizo estudios militares en España y tomó parte en la guerra contra Napoleón. Regresó a la Argentina, cuya junta de gobierno se había constituido en mayo de 1810. San Martín se puso al servicio de las autoridades de Buenos Aires y fue enviado a Mendoza, en la región de los Andes. Allí organizó el Ejército de los Andes para la liberación de Chile y el Perú.

En 1817 San Martín y O'Higgins cruzaron los Andes y llegaron a Chile, donde vencieron a los españoles en Chacabuco.

Con 5400 hombres cruzó la cordillera hacia Chile, derrotó a las tropas realistas en Chacabuco (1817) y entró victorioso en Santiago. Al año siguiente se libró la batalla de Maipú con el triunfo definitivo del Ejército Libertador.

San Martín no aceptó ser el gobernante de Chile y en su lugar se proclamó como Director Supremo al general Bernardo O'Higgins, chileno que había luchado junto a San Martín. San Martín y O'Higgins organizaron la **escuadra** libertadora del Perú, que al mando del almirante británico Lord Cochrane zarpó de Valparaíso el 20 de agosto de 1820. La guerra por la liberación del Perú seguiría con la ocupación de Lima por San Martín el 9 de julio de 1821. El 28 de aquel mismo mes se proclamaba la independencia del país andino. El general argentino se hizo cargo del poder con el título de Protector hasta 1822, cuando cedió el campo a Bolívar. Fue este último quien dirigió la batalla final contra los realistas que seguían dominando en la sierra (batallas de Junín y de Ayacucho, 1824).

LA INDEPENDENCIA DE MÉXICO

La rebelión del cura Hidalgo.   La guerra de independencia mexicana comenzó con la rebelión del cura Miguel Hidalgo en el pequeño pueblo de Dolores el 16 de septiembre de 1810. Hidalgo organizó un ejército de voluntarios en el que se alistaron criollos, mestizos e indios. Sus fuerzas sumaban muchos miles de hombres que, triunfantes, ocuparon

Con su "grito de Dolores" el padre Hidalgo dio comienzo a la Guerra de la Independencia Mexicana.

Guanajuato, Valladolid y más tarde Guadalajara, pero en 1811 sus fuerzas fueron derrotadas. Hidalgo fue hecho prisionero y fusilado.

El Acta Primaria de Independencia. José María Morelos y Pavón continuó la campaña independentista. Después de vencer en varias batallas a las fuerzas realistas convocó el Congreso de Chilpacingo (1813) que redactó el **Acta** Primaria de Independencia. Pero sorprendido por las tropas realistas fue hecho prisionero y ejecutado (1815). La lucha la siguió Francisco Javier Mina, guerrillero español, que tras una brillante campaña fue también fusilado (1817).

De la Constitución liberal a la independencia. El deseo de independencia crece con la vuelta al trono de Fernando VII que trata de imponer en la Península un régimen absolutista. Ante la rebelión de los elementos liberales españoles, el rey se vio obligado a acatar la Constitución liberal de 1812. Esta fue proclamada también en México, lo que causó gran preocupación entre los elementos conservadores mexicanos que veían amenazados sus privilegios. Los conservadores rebeldes—partidarios de la monarquía—eligieron como líder a Agustín Iturbide. En febrero de 1821 se aprobó el Plan de Iguala que proponía a Fernando VII como rey de Nueva España (México), cosa que no llegaría a ser realidad. Aquel mismo año se declaró la independencia e Iturbide convocó un congreso que redactaría la Constitución. Los seguidores de Iturbide proclamaron a su líder como emperador. Pero Agustín I no reinaría por mucho tiempo. Sus oponentes—Santa Anna, Guadalupe Victoria y otros insurgentes—consiguieron derrotar al nuevo gobierno.

Iturbide tuvo que abdicar y abandonar el país (más tarde volvería y sería ejecutado). México se convirtió en república (1823) con Guadalupe Victoria como primer presidente (1824–1829). En 1824 se promulgó el Acta Constitutiva por la que se adoptó el régimen federal.

La fragmentación de Hispanoamérica

LAS CAUSAS

A diferencia de los territorios ingleses de Norteamérica, que al emanciparse se constituyeron en una sola nación, las colonias hispanoamericanas se fragmentaron en varios estados independientes, afectados por luchas internas y por rivalidades entre sí. Las causas de esta fragmentación se atribuyen a una variedad de factores:

1. La forma misma de la colonización acentuó el separatismo. Las colonias comerciaban directamente con la metrópoli. Las relaciones entre un territorio y otro estaban fuertemente controladas por las autoridades peninsulares.

2. El neocolonialismo ejercido por las naciones más industrializadas, principalmente Gran Bretaña y después por los Estados Unidos, acentuaron la dependencia económica y política de las nuevas naciones independientes y contribuyeron a aumentar las divisiones ya existentes.

3. La estructura social que existía en Hispanoamérica en el momento de la emancipación era mucho más compleja que la de la América anglosajona. Frente a la elite criolla educada y los mestizos estaba la gran masa indígena para la cual la independencia nada cambiaba. La integración de elementos tan diversos resultaba mucho más difícil que en la América anglosajona, mucho más homogénea y con experiencia política.

4. Las enormes barreras geográficas—ríos, montañas, desiertos y selvas—hacían difíciles las comunicaciones y representaban un obstáculo más para la integración. Algunos de estos elementos de la geografía del subcontinente constituyen hoy en día fronteras naturales entre distintos países.

REPÚBLICAS INDEPENDIENTES

La comunidad de naciones que imaginó Simón Bolívar no llegó a ser realidad. La Gran Colombia se dividió y pasó a constituir las repúblicas independientes de Venezuela, Colombia y el Ecuador. El Perú se fragmentó y de su escisión nació Bolivia. El Río de la Plata se dividió en la Argentina, el Paraguay y el Uruguay. Los territorios de Centroamérica que en la época colonial dependían del virreinato de Nueva España (México) se separaron de éste y formaron las Provincias Unidas del Centro de América. Pero Centroamérica no logró consolidar su unificación. Al cabo de cinco años se dividió en cinco países independientes: Guatemala, Honduras, El Salvador, Nicaragua y Costa Rica.

Los Estados Unidos fue el primer país en reconocer en 1822 la independencia de algunas de las nuevas naciones. Un año después, Gran Bretaña designó cónsules en Buenos Aires, Montevideo, Santiago de Chile, Lima, Bogotá y México. La primera república en ser reconocida por España fue México, en 1836.

Desarrollo político

DE LA ANARQUÍA AL CAUDILLISMO

Las guerras de independencia alteraron enormemente el orden político hispanoamericano. El vacío dejado por las autoridades coloniales llevó en un principio a una verdadera anarquía. Las constituciones utópicas adoptadas por los criollos para regular la vida nacional no respondían a la realidad. La gran masa indígena y campesina, pobre e inculta, se había mantenido al margen de la lucha por la independencia y estaba lejos de comprender los ideales democráticos de los criollos **ilustrados.** Tampoco existía una clase media que diera la estabilidad política necesaria. De esta anarquía surgieron los líderes o caudillos latinoamericanos que a menudo ejercieron el poder de forma personal y despótica. El **caudillismo** y autoritarismo fue la tónica en la mayor parte de las repúblicas a partir de su emancipación.

CENTRALISTAS Y FEDERALISTAS

Al producirse la independencia, los cabildos o municipios pasaron a ser la principal autoridad dentro de cada ciudad o distrito. Su poder aumentó a medida que se consolidaba la independencia. Los cabildos se resistían a la unificación en torno a una autoridad nacional, ya que ello significaba la pérdida de su poder. Esta fragmentación de la autoridad dio origen a continuos enfrentamientos entre centralistas y federalistas. Los primeros aspiraban a la formación de un gobierno central fuerte con sede en la capital. Los federalistas, en cambio, representaban las aspiraciones de las provincias y de las zonas rurales. No deseaban ser gobernados desde la capital. Este fue el caso en países como la Argentina y el Perú. En otros Estados, México y Venezuela por ejemplo, los federalistas representaban el elemento revolucionario en rebelión contra el orden tradicional colonial, contra los grandes terratenientes y la oligarquía criolla.

Desarrollo económico y social

LIBERTAD DE COMERCIO

La independencia y la consiguiente eliminación de las barreras comerciales permitió a Hispanoamérica participar del comercio internacional. Se establecieron relaciones comerciales con los principales países de Europa Occidental y con los Estados Unidos. Sin embargo, el progreso hispanoamericano durante el primer tiempo fue limitado. Las condiciones en que vivía la población rural, pobre y **analfabeta,** no cambiaron sustancialmente en los primeros años de independencia.

MODERNIZACIÓN Y URBANIZACIÓN

En la segunda mitad del siglo XIX y comienzos de nuestro siglo la expansión del comercio internacional, centrado principalmente en Gran Bretaña, abrió nuevos mercados para las materias primas provenientes de Hispanoamérica. El aumento de las exportaciones contribuyó a la modernización y urbanización de los nuevos Estados. Las ciudades crecieron y se abrieron nuevas vías de comunicación. Algunos países, como la Argentina, el Uruguay y Chile, lograron enormes adelantos en el campo de la enseñanza. El progreso económico llevó a la formación de una clase media, lo que dio cierto grado de estabilidad política a naciones como la Argentina y Chile. Y a partir de la segunda mitad del siglo XIX se intensificó la emigración europea hacia Hispanoamérica, especialmente hacia la Argentina y el Uruguay, y en menor grado a Chile, Costa Rica, Cuba y Venezuela.

LA INFLUENCIA DE LOS ESTADOS UNIDOS

A fines del siglo XIX la hegemonía de Gran Bretaña en el subcontinente **se vio desafiada** por los Estados Unidos. El desarrollo industrial norteamericano necesitaba de nuevos mercados y de materias primas. Los capitales estadounidenses comenzaron a canalizarse en forma creciente hacia la América Latina. A partir de 1895 los Estados Unidos intervendrá directamente en la región.

Antonio López de Santa Anna encabezó las fuerzas armadas mexicanas que derrotaron a los americanos en el Álamo (marzo de 1836).

Benito Juárez (1806–1872), reconocido como uno de los más grandes y respetados políticos de México.

México

LAS LUCHAS INTERNAS

A partir de la consumación de la independencia en 1821 y por más de cincuenta años México vive una de las etapas más agitadas de su historia. La nueva república se debate en una continua lucha por definir su organización social y política. El país se divide entre aquéllos que desean conservar las estructuras centralizadas del régimen colonial y quienes aspiran a la creación de un Estado constitucional moderno, liberal y federal que permita transformar la sociedad y la economía. El conflicto entre las diferentes fuerzas—la Iglesia y el Estado, centralistas y federalistas, liberales y conservadores—sumado al personalismo de sus líderes, ocasiona una gran inestabilidad política y pobreza económica.

SANTA ANNA

Entre los caudillos de la época se destaca el general Santa Anna. Entre 1821 y 1855 Santa Anna ocupa seis veces la presidencia de México. Este período coincide con la creciente supremacía de los Estados Unidos. **Colonos** norteamericanos se establecen en Texas, territorio que la nueva república, ocupada en resolver sus conflictos internos, difícilmente podía controlar. Los colonos **se amotinan** y Santa Anna marcha a sofocar el levantamiento. Los norteamericanos son derrotados en el Álamo (1836) por los mexicanos. Pero el mismo año las fuerzas estadounidenses vencen al ejército de Santa Anna en San Jacinto. Texas queda así bajo el control de los Estados Unidos.

LA GUERRA ENTRE MÉXICO Y LOS ESTADOS UNIDOS

En 1845 el Congreso de Washington ratifica la anexión de Texas a la Unión. Este hecho lleva a un conflicto armado entre las dos naciones. El ejército de los Estados Unidos invade el territorio mexicano. El Tratado de Guadalupe Hidalgo (1848) pone fin al conflicto, pero como resultado los Estados Unidos se apropian de Nuevo México, Arizona, California y de otros territorios que constituirán los actuales estados de Utah, Nevada y Colorado, es decir, casi la mitad de la superficie total de México en aquel entonces.

LA REFORMA

Las reformas liberales que se decretaron después de la desaparición de Santa Anna afectaron principalmente a la Iglesia y a los elementos conservadores que la apoyaban. La ley obligó a la Iglesia y a las corporaciones civiles a vender las tierras que poseían (1856). Una nueva Constitución sometió las actividades eclesiásticas a la intervención del Estado (1857), lo que provocó una fuerte reacción de la jerarquía religiosa y los grupos tradicionales. Los conservadores se pronunciaron contra la Constitución y se rebelaron contra el gobierno. Benito Juárez, que había promulgado las Leyes de Reforma, se puso al frente de la legalidad republicana. El conflicto armado que siguió, llamado *guerra de la reforma,* duró tres años (1857–1860). Juárez se retiró a Veracruz, desde donde ejerció la presidencia del gobierno liberal. Después de varios **reveses** las fuerzas conservadoras fueron derrotadas y Juárez, símbolo de la resistencia liberal, entró en la capital.

El "reinado" de Maximiliano duró tan sólo tres años.

MAXIMILIANO DE AUSTRIA, EMPERADOR DE MÉXICO

La suspensión del pago de la deuda pública ordenada por Benito Juárez llevó a la intervención europea. México fue invadido por tropas francesas que ocuparon la capital. Napoleón III, emperador de Francia, ofreció la "corona mexicana" a Maximiliano de Austria. Benito Juárez dirigió la ofensiva republicana contra las fuerzas invasoras y sus aliados conservadores. Los monárquicos fueron derrotados finalmente en San Jacinto y Querétaro, y el emperador Maximiliano fue juzgado y fusilado el 19 de junio de 1867. Benito Juárez fue reelegido presidente constitucional.

EL PORFIRIATO

El período comprendido entre los años 1876 y 1911, dominado políticamente por el general Porfirio Díaz, se conoce en la actualidad

La emperatriz Carlota, mujer de Maximiliano.

con el nombre de *porfiriato*. Llegado a la presidencia a través de un **golpe de Estado,** Díaz gobernó el país con mano de hierro. Se rodeó de un grupo de tecnócratas y con su ayuda logró un importante grado de modernización para México: se construyeron caminos y ferrocarriles, se estimuló la industrialización y la actividad agrícola, se creó un sistema de enseñanza más moderno. A la vez se dio todo tipo de facilidades a los inversionistas extranjeros, principalmente a los capitales norteamericanos y británicos. El resultado de esto fue que las principales riquezas de México—entre ellas su petróleo y muchas de sus mejores tierras—pasaron a manos extranjeras.

El general Porfirio Díaz (1830–1915) murió en Francia, en el exilio.

La polarización en el campo. Porfirio Díaz contó con el apoyo de los grandes terratenientes, que gracias a los ferrocarriles y a la creciente demanda consiguieron ampliar el mercado para sus productos. Esto les permitió adquirir otras tierras compradas a los campesinos que no podían competir con los grandes rancheros. El campo se polarizaba cada vez más. Por un lado estaban los ricos terratenientes, y por otro lado los campesinos pobres que debían trabajar las tierras de otros a cambio de salarios miserables.

La rebelión contra Díaz. El empobrecimiento del campesinado mexicano y las condiciones de explotación a que estaba sometido llevaron a una fuerte división de la sociedad mexicana. Esto ocurría en un país donde 11 millones de personas, entre 15 millones, eran campesinos. En las zonas rurales hubo frecuentes protestas y levantamientos. Y al descontento de los desposeídos se sumó el resentimiento de las clases medias urbanas y de los intelectuales. Cuando en 1910 Porfirio Díaz quiso ser nuevamente elegido presidente de México, la rebelión se generalizó. En 1911 Díaz se vio obligado a renunciar y Francisco Madero, caudillo de la revolución, obtuvo la presidencia (ver cap. 5, pág. 122).

Francisco Morazán,
promotor de la
unidad centro-
americana.

América Central

LAS PROVINCIAS UNIDAS DE CENTROAMÉRICA

El 24 de junio de 1823 se establecen las Provincias Unidas de Centroamérica, agrupación que comprendía las actuales repúblicas de Guatemala, Honduras, El Salvador, Nicaragua y Costa Rica. El principal promotor de la idea unificadora fue el hondureño Francisco Morazán. La capital de las Provincias Unidas fue la ciudad de Guatemala.

REPÚBLICAS INDEPENDIENTES

La política liberal de Morazán provocó el levantamiento de las fuerzas conservadoras. Al frente de la rebelión se hallaba Rafael Carrera, joven guatemalteco que derrotó a Morazán en 1840. Carrera asumió la presidencia de la república independiente de Guatemala. Después de un breve exilio Morazán marchó a Costa Rica, desde donde trató de reconstruir la Federación. Pero su impopularidad llevó a una insurrección que determinó su fusilamiento (1842). En 1848 José María Castro declaró la independencia de Costa Rica. Honduras se había declarado independiente en 1838 y dos años después eligió a su primer presidente, el general Francisco Ferrera. En 1859, El Salvador, que se autogobernaba desde 1841, se declaró "república libre, soberana e independiente". Se inicia en este país la presidencia de Gerardo Barrios, liberal y progresista, que separa la Iglesia del Estado. Nicaragua abandonó la Federación en 1838 y proclamó su propia Constitución. Así nacieron las actuales repúblicas centroamericanas de Guatemala, Honduras, El Salvador, Nicaragua y Costa Rica. A excepción de esta última, vivirán a lo largo del siglo XIX momentos de gran agitación política, lo que dificultará enormemente su progreso económico y modernización.

República Dominicana, Cuba y Puerto Rico

REPÚBLICA DOMINICANA

La República Dominicana comparte con Haití la isla de Santo Domingo, a la que Cristóbal Colón bautizó como La Española. El siglo XVIII se había caracterizado por una serie de conflictos entre dominicanos y haitianos. Tras la independencia de la República Dominicana, las tensiones continuaron ante la amenaza de nuevas invasiones haitianas. El siglo XIX estuvo dominado políticamente por dictadores y caudillos de las principales familias del país.

CUBA

José Martí y la expedición libertadora. El 24 de febrero de 1895 y tras varios intentos de rebelión contra la corona española, el Ejército Libertador de Cuba derrotó a un gran ejército de españoles al mando de los mejores generales. El más conocido líder de la lucha revolucionaria cubana fue José Martí, poeta y escritor nacido en La Habana (1853–1895). Martí había sido **apresado** y desterrado por la administración española por sus actividades revolucionarias. En su destierro Martí organizó la expedición libertadora y en 1895 desembarcó cerca de Santiago de Cuba. En un enfrentamiento con los españoles Martí cayó mortalmente herido.

La ocupación norteamericana. Los Estados Unidos miraban con simpatía la lucha revolucionaria cubana. Se esperaba que la Cuba libe-

El polifacético José Martí: poeta y gran líder de la liberación cubana.

rada pasara a constituir un nuevo estado de la Unión. Cuba podía proveer a los Estados Unidos de azúcar y mano de obra barata. Por otra parte, la isla tenía para Norteamérica un valor estratégico. Washington declaró la guerra a España en 1898. Los españoles fueron derrotados y la isla de Cuba fue ocupada por tropas norteamericanas hasta 1902.

La Constitución republicana. Cuba promulgó su Constitución republicana. Los Estados Unidos agregó a ella la **Enmienda** Platt, que concedía a las fuerzas armadas estadounidenses el derecho de intervención. De hecho, este país intervino militarmente en la isla en más de una ocasión. Además, se estableció una base naval estadounidense en Guantánamo. En 1934 el presidente Roosevelt anuló la Enmienda Platt como señal de "política de buena vecindad". Pero Guantánamo continúa siendo hoy una base naval de los Estados Unidos en la isla de Cuba.

PUERTO RICO

La guerra entre los Estados Unidos y España terminó con la firma del Tratado de París, por el cual Puerto Rico, al igual que Cuba y las Filipinas, era ocupado por los Estados Unidos. La isla fue gobernada militarmente hasta 1900, año en que el Congreso estadounidense estableció una administración—un gobernador y un Consejo Ejecutivo— nombrados por el presidente estadounidense. Además, se establecía una

Cámara de elección popular. Algunos años más tarde se otorgó a los puertorriqueños la ciudadanía norteamericana (ver cap. 5, pág. 120).

Colombia, Venezuela y Ecuador

Finalizada la lucha por la independencia, en 1819 se crea bajo la dirección de Bolívar la República de Colombia, que incluía los actuales Estados de Colombia, Venezuela y el Ecuador y—desde 1822—Panamá. Debido a rivalidades regionales y políticas, Venezuela y el Ecuador se separaron y pasaron a constituir repúblicas independientes. Panamá siguió igual camino en 1903.

COLOMBIA

En Colombia el siglo XIX fue de gran inestabilidad económica y política, causada por rivalidades entre liberales y conservadores, conflictos entre la Iglesia y el Estado y oposición entre federalismo y centralismo. Sólo tras la coalición liberal-conservadora de 1886 Colombia logró una estabilidad que perduró hasta los años cuarenta.

Vista parcial del viejo Quito.

VENEZUELA

En Venezuela, los primeros años de vida independiente fueron también años de conflicto. Los enfrentamientos entre federalistas y centralistas impidieron que el país se estabilizara. Las luchas entre los caudillos locales y los intentos de rebelión continuaron durante la mayor parte del siglo XIX. Sólo a partir de 1908 Venezuela logró un cierto grado de estabilidad política que le permitió avanzar económica y socialmente.

ECUADOR

En el Ecuador, tras una larga etapa de agitación política, se instauró un régimen conservador (1860–1875) que logró notables progresos materiales. La modernización y avance económico del país se intensificó después de la revolución liberal de 1895.

Perú, Bolivia y Chile

PERÚ

El Perú no conoció la tranquilidad política hasta 1845. A partir de entonces el país entró en una etapa de paz y progreso económico gracias a la exportación de **guano y salitre.** Entre 1879 y 1883 se vio enfrentado a una guerra con Chile—la guerra del Pacífico—en la que el Perú perdió territorios situados al sur, entre ellos la provincia salitrera de Tarapacá. La guerra tuvo desastrosas consecuencias para su economía.

BOLIVIA

Bolivia, independiente desde 1825, ha tenido una larga historia de luchas internas y de agitación social. Ello ha hecho del país uno de los más inestables de la América Latina y uno de los más pobres del continente. En la guerra del Pacífico, sostenida por Chile contra el Perú y Bolivia, este último país perdió la rica provincia minera de Antofagasta y su litoral.

CHILE

Chile conoció a lo largo del siglo XIX una tranquilidad política sin igual en el continente. El país progresó económicamente y se convirtió en una gran fuerza dentro de América Latina. A ello contribuyó la expansión territorial lograda tras derrotar al Perú y Bolivia en la guerra

El Congreso de Tucumán (9 de julio de 1816), durante el cual las provincias argentinas se independizaron de España.

del Pacífico. Hacia el sur extendió sus fronteras más allá de la Araucanía hasta Tierra del Fuego, que hoy comparte con la Argentina.

Argentina, Uruguay y Paraguay

ARGENTINA

La Argentina se independizó oficialmente de España en 1816. Consolidada la independencia, el país se vio enfrentado a una lucha entre unitarios y federales. Los unitarios deseaban un gobierno fuerte centralizado en Buenos Aires. Los federales eran partidarios de la autonomía provincial. En 1835 asumió el poder Juan Manuel de Rosas, federalista, que gobernó el país con poderes dictatoriales por espacio de veinte años. Paradójicamente, durante su mandato Buenos Aires alcanzó la hegemonía que tanto **anhelaban** los unitarios. Rosas fue derrocado en 1852.

Un año después de la caída de Rosas, y a pesar de la oposición de Buenos Aires que **se regía** como un Estado independiente, se promulgó una Constitución de carácter republicano, representativo y federal. Pero las hostilidades entre las provincias y Buenos Aires continuaron durante algunos años.

En el período que va de 1862 a 1874 y durante la presidencia de Mitre, y más tarde de Sarmiento, la Argentina alcanzó un alto grado de desarrollo económico y social. Se fomentaron la agricultura, la ganadería y las comunicaciones, se abrieron las puertas a la inmigración y se dio gran impulso a la enseñanza.

En la segunda mitad del siglo XIX el comercio exterior argentino se intensificó grandemente. Gran Bretaña era el principal comprador de los productos agrícolas de las pampas argentinas y el más importante proveedor de tecnología. Con las exportaciones se fue creando una infraestructura económica sin igual en Hispanoamérica. Se construyó una red de ferrocarriles con la ayuda de ingenieros ingleses y escoceses y se abrieron nuevas fronteras hacia el norte y el sur del país.

El rápido progreso económico y la inmigración transformaron a Buenos Aires en una gran ciudad al estilo europeo. En 1880 el Congreso Nacional declaró a Buenos Aires capital de la república.

URUGUAY

El Uruguay nació a la vida independiente en el año 1828, lo que puso fin a las disputas territoriales y de poder con el Brasil y la Argentina. Sin embargo, las tensiones continuaron. En 1839 y 1852 el Uruguay se vio enfrentado a una guerra con la Argentina, que llegó a su fin con la caída de Rosas en el país vecino.

Durante la mayor parte del siglo XIX el país vivió una lucha constante entre las dos fuerzas políticas principales, los **colorados** que representaban los intereses comerciales, y los blancos, defensores de la gran propiedad. Sólo en el último tercio del siglo XIX desaparecieron las pugnas políticas tras una alianza entre ambos bandos. La subsiguiente expansión económica del Uruguay permitió la formación de una sociedad más estable y más justa que en otros Estados hispanoamericanos. Políticamente el país logró un grado de tranquilidad desconocido en la mayor parte del continente.

PARAGUAY

El Paraguay se independizó de España en 1811. La primera mitad del siglo XIX estuvo dominada por la dictadura de Rodríguez de Francia. Durante su gobierno y el de sus sucesores el país logró un considerable desarrollo económico. Este proceso fue interrumpido por la guerra contra la Triple Alianza, integrada por el Brasil, el Uruguay y la Argentina. La guerra (1865–1870) fue desastrosa para la república paraguaya ya que perdió una buena parte de su población y de su territorio. Terminada la guerra, el país, que hasta entonces había permanecido relativamente aislado internacionalmente, se abrió al comercio exterior. Al mismo tiempo nacían dos fuerzas políticas principales: el Partido Liberal y el Partido Colorado que representaban los intereses de la oligarquía. Estas dos fuerzas dominarán la vida política del Paraguay hasta fines de los años treinta.

La cultura

LA LITERATURA

La cultura francesa, símbolo del liberalismo al que aspiraban los revolucionarios criollos, adquiere mayor fuerza y prestigio en el siglo XIX. Su influencia se observa claramente en el campo de la literatura. Los temas que dominan la creación literaria de este siglo son América y sus paisajes, la política—en especial el caudillismo y la dictadura—y el **indigenismo.** Las formas, sin embargo, son europeas, imitación de los poetas y escritores de la época.

El primer período es de transición entre el neoclasicismo, basado en el orden y en la razón, y el romanticismo, que rompe con la disciplina y reglas clásicas y da libre expresión a los sentimientos. Ejemplos de neoclasicismo impregnado de romanticismo los encontramos en obras poéticas tales como *Silva a la agricultura de la zona tórrida* de Andrés Bello (1781–1865) y en el *Teocalli de Cholula* y *El Niágara* del cubano José María Heredia (1803–1839).

Andrés Bello, escritor, filósofo, poeta y estadista nacido en Caracas, fue una de las figuras más importantes de la cultura hispanoamericana del siglo XIX. Vivió largos años en Chile donde influyó grandemente en la vida política y cultural de esa nación. Una de sus obras más importantes fue la *Gramática de la lengua castellana* que continúa siendo hoy un texto clásico.

Las principales escuelas de la literatura hispanoamericana en esta época fueron:

El romanticismo americano. El romanticismo inspirado en temas americanos dominó la literatura del subcontinente durante la mayor parte del siglo XIX. Dos figuras notables del romanticismo hispanoamericano fueron:

1. Domingo Faustino Sarmiento (Argentina, 1811–1888), autor de *Facundo: civilización y barbarie,* la más conocida de sus obras. En ella Sarmiento relata las costumbres y la vida política argentina a través del **gaucho** Facundo Quiroga.

2. José Hernández (Argentina, 1834–1886), autor de *Martín Fierro,* una de las obras clave de la literatura hispanoamericana y una de las más originales del romanticismo hispánico. El poema condena la opresión y las injusticias que sufre el gaucho. Es una protesta social y un llamado a mejorar las condiciones de vida del hombre de la pampa. En 1879 se publicó la segunda parte de esta obra bajo el título *La vuelta de Martín Fierro.*

El indigenismo. Algunos escritores hispanoamericanos exaltaron en sus obras al indio y su pasado y condenaron su explotación y subyugación. Las obras más representativas de este período son:

1. *Tabaré,* de Juan Zorrilla de San Martín (Uruguay, 1855–1931), que evoca las primeras luchas entre conquistadores e indígenas en el siglo XVI.

2. *Cumandá,* de Juan León Mera (Ecuador, 1832–1894), una de las más notables muestras del indigenismo romántico.

3. *Enriquillo,* de Manuel de Jesús Galván (República Dominicana, 1834–1910), novela histórica sobre un cacique indio dominicano que luchó contra los conquistadores españoles hasta obtener la libertad de todos los indígenas de la isla.

El realismo. El realismo hispanoamericano es más bien una transición entre el romanticismo **costumbrista** y el naturalismo de fines del siglo XIX. Esta corriente literaria no llegó a alcanzar la originalidad del realismo europeo. Uno de los más destacados realistas en Hispanoamérica fue Alberto Blest Gana (Chile, 1830–1920), autor de numerosas novelas. *Martín Rivas* narra la vida social y las costumbres en

Santiago de Chile en el siglo XIX. *Durante la reconquista* es una novela histórica cuyo tema es la guerra por la independencia de Chile.

El modernismo.   A fines del siglo XIX nace un movimiento literario que tiene profunda influencia en la literatura castellana, tanto hispanoamericana como peninsular. Se trata del modernismo, inspirado fuertemente en la poesía francesa. Este movimiento se caracteriza por la musicalidad del verso, la elegancia de la forma, el gusto por lo exótico y la exaltación de la naturaleza. En su último período el modernismo mira hacia el hombre hispanoamericano y su medio. Esta orientación americanista se conoce con el nombre de mondonovismo.

Las dos figuras principales del modernismo hispanoamericano son:

1. José Martí (Cuba, 1853–1895), quien dedicó su vida a la liberación de su patria y murió combatiendo a las tropas españolas. Gran parte de su vida transcurrió en el exilio. En Nueva York, donde vivió algunos años, tuvo ocasión de observar y escribir sobre la vida estadounidense. Martí fue autor de numerosos poemas, ensayos y crónicas de carácter político, teatro, cartas, diarios y novelas. Entre sus muchas obras poéticas destaca *Versos libres,* de clara tendencia modernista.

2. Rubén Darío (Nicaragua, 1867–1916), que llegó a ser el más importante poeta modernista de Hispanoamérica. Su obra tuvo un profundo impacto en España y transformó la poesía de lengua castellana. Entre sus obras más famosas figuran *Azul, Prosas profanas, Cantos de vida y esperanza.* Esta última es una colección de poemas donde predomina lo hispánico y donde se observa, además, el **recelo** del autor hacia el creciente poderío de los Estados Unidos. Uno de aquellos poemas es *Oda a Roosevelt,* en cuyos versos el autor se refiere al presidente norteamericano de la siguiente manera:

> Eres los Estados Unidos
> eres el futuro invasor
> de la América ingenua que tiene sangre indígena,
> que aún reza a Jesucristo y aún habla en español.

EL ARTE

La pintura.   La pintura del siglo XIX sigue las líneas europeas pero a la vez refleja el creciente interés de los artistas hispanoamericanos por el mundo que los rodea. Sus obras muestran el color y la exuberancia del paisaje de la América hispana. Las figuras principales de la pintura de esta época son Prilidiano Pueyrredón (Argentina, 1823–1870), Juan Manuel Blanes (Uruguay, 1830–1901) y José María Velasco (México, 1840–1912).

El impresionismo también tuvo sus seguidores en el subcontinente, entre ellos Juan Francisco González (Chile, 1853–1933) y Armando Reverón (Venezuela, 1889–1954).

La litografía. El desarrollo de la litografía en la segunda mitad del siglo XIX dio lugar a una nueva forma de expresión artística. En Hispanoamérica sobresalió el mexicano José Guadalupe Posada (1851–1913), autor de numerosos grabados llenos de vida e ironía.

Glosario

Acta. act (*official document*)
analfabeta. illiterate
anhelaban. they longed for
apresado. imprisoned
caudillismo. authoritarian form of government led by a *caudillo,* or leader. In Spanish-speaking Latin America, the word often means a despotic government.
colonos. settlers
colorados. members of the Liberal Party of Uruguay
costumbrista. a follower of *costumbrismo,* literature of local customs and manners
desembocar en. to lead to
enmienda. amendment
escuadra. fleet
gaucho. inhabitant of the pampas of Argentina and Uruguay
golpe de estado. coup d'état
guano y salitre. guano and nitrates (*fertilizers*)
ilustrados. cultured, learned
indigenismo. Latin-American political and literary movement that champions the Indian population and its culture
no fue ajena a. was aware of, was in contact with
realistas. royalists
recelo. mistrust
reveses. setbacks

se amotinan. rise up, rebel
se regía. it was governed
se vio desafiada. found itself challenged
Siglo de las Luces. Age of Enlightenment

Cuestionario

LA FRAGMENTACIÓN DE HISPANOAMÉRICA

1. ¿Cuáles fueron las principales causas de la fragmentación de Hispanoamérica?
2. ¿Cómo se dividió la Gran Colombia? ¿El Perú? ¿El Río de la Plata? ¿Centroamérica?
3. ¿Cuál fue el primer país en reconocer la independencia de algunas de las nuevas naciones hispanoamericanas?
4. ¿Cuál fue la primera república hispanoamericana reconocida por España?

DESARROLLO POLÍTICO

1. ¿Cuál fue la consecuencia política de las guerras de independencia?
2. ¿Cuál había sido la actitud de los indígenas y campesinos durante la lucha por la independencia?
3. ¿A qué aspiraban los centralistas?
4. ¿Qué representaban los federalistas?

DESARROLLO ECONÓMICO Y SOCIAL

1. ¿Qué ocurrió en el sector del comercio internacional como resultado de la independencia hispanoamericana?
2. ¿Qué país europeo controlaba el comercio internacional en el siglo XIX?
3. ¿Qué consecuencias favorables tuvo el aumento de las exportaciones para Hispanoamérica?
4. ¿Hacia qué países se orientó la inmigración europea?
5. ¿De qué manera influyó el crecimiento económico de los Estados Unidos en América Latina?

AMÉRICA CENTRAL

1. ¿Qué países integraban las Provincias Unidas de Centroamérica?
2. ¿Cuál era la capital de la Federación?
3. ¿Cuál fue el resultado de la política liberal de Francisco Morazán?
4. ¿Cuál fue el destino final de la Federación?

REPÚBLICA DOMINICANA, CUBA Y PUERTO RICO

1. ¿Qué caracterizó el siglo XVIII desde el punto de vista político en la República Dominicana?
2. ¿Qué caracterizó el siglo XIX en el mismo país?

3. ¿Qué participación tuvo José Martí en la lucha por la independencia de Cuba?
4. ¿Cuál fue la actitud de los Estados Unidos hacia la lucha revolucionaria cubana? ¿Por qué?
5. ¿Qué fue la Enmienda Platt en la primera Constitución cubana?
6. ¿Qué tratado puso fin a la guerra entre los Estados Unidos y España?
7. ¿Cómo fue gobernado Puerto Rico después de 1900?

COLOMBIA, VENEZUELA Y ECUADOR
1. ¿Qué países integraron la República de Colombia o Gran Colombia en 1819?
2. ¿Cuáles fueron las causas de la inestabilidad económica y política de Colombia en el siglo XIX?
3. ¿Qué dificultades políticas tuvo Venezuela en el siglo XIX?
4. ¿De qué manera favoreció a Ecuador la revolución liberal de 1895?

PERÚ, BOLIVIA Y CHILE
1. ¿Qué consecuencias tuvo para el Perú la guerra del Pacífico?
2. ¿Qué consecuencias tuvo la misma guerra para Bolivia?
3. ¿Qué diferenciaba a Chile de otras naciones hispanoamericanas en el siglo XIX?

ARGENTINA, URUGUAY Y PARAGUAY
1. ¿Qué grupos se enfrentaron en la Argentina después de la independencia?
2. ¿Qué ocurrió con el comercio exterior argentino en la segunda mitad del siglo XIX?
3. ¿De qué manera beneficiaron las exportaciones a la Argentina?
4. ¿Qué facciones políticas se enfrentaron en el Uruguay durante la mayor parte del siglo XIX?
5. ¿Qué consecuencias tuvo para el Paraguay la guerra con la Triple Alianza?

LA CULTURA
1. ¿Qué temas dominaban la literatura del siglo XIX?
2. ¿Quién fue Andrés Bello?
3. ¿Cuál es el tema del poema *Martín Fierro*?
4. ¿Qué fue el indigenismo en la literatura?
5. ¿Qué realista se destacó en Hispanoamérica?
6. ¿Cuáles son las principales características del modernismo?
7. ¿Qué escritores hispanoamericanos se distinguieron en el movimiento modernista?
8. ¿Qué caracteriza a la pintura hispanoamericana en el siglo XIX?
9. ¿Qué aspecto del paisaje de la América hispana reflejan las obras de este período?
10. ¿Qué artista sobresalió en el campo de la litografía?

Temas de redacción o presentación oral

1. Resume las causas internas y externas de la emancipación hispanoamericana y analiza los principales acontecimientos que condujeron a la independencia.

2. Compara la situación política, económica y social en Hispanoamérica después de la independencia con la de los Estados Unidos después de su emancipación. ¿Qué diferencias y similitudes puedes observar? En tu opinión, ¿a qué se deben esas diferencias?

3. Resume brevemente lo ocurrido en México en el período siguiente a la independencia.
   (a) Luchas internas
   (b) Presidencia de Santa Anna: 1821–1855
   (c) La guerra entre México y los Estados Unidos
   (d) La Reforma
   (e) La intervención europea y Maximiliano de Austria
   (f) El gobierno de Porfirio Díaz (El porfiriato)

4. Comenta la siguiente oración: "Si Hispanoamérica no se hubiera dividido hoy sería una nación rica y poderosa".

5. "El intervencionismo extranjero en América Latina ha sido una constante a través de su historia". Comenta esta oración, dando ejemplos y analizando las posibles causas y las consecuencias políticas, económicas y sociales de este tipo de intervención.

6. Explica los siguientes conceptos en el contexto histórico hispanoamericano: caudillismo, neocolonialismo, criollos ilustrados, masa indígena y campesina.

7. Busca información sobre los siguientes movimientos literarios y explica el significado de cada uno de ellos. Relaciónalos con obras de la literatura hispanoamericana y de tu propio país cuando sea posible: neoclasicismo, romanticismo, indigenismo, realismo, modernismo.

Práctica

1. Lee otra vez la primera parte del pasaje que lleva por título "Repúblicas independientes" (págs. 83–84). Luego, sin mirar el texto, reconstrúyelo con esta información.

La comunidad de naciones que imaginó Bolívar _____. La Gran Colombia se dividió y _____ . El Perú se fragmentó y _____. El Río de la Plata se dividió en _____. Los territorios de Centroamérica _____ virreinato de Nueva España se separaron _____. Pero Centroamérica no logró _____. Al cabo de cinco años se dividió _____.

2. Observa estos dos grupos de oraciones pasivas:

- Los norteamericanos *son derrotados* en el Álamo por los mexicanos.
  México *fue invadido* por tropas francesas.
  El emperador Maximiliano *fue juzgado* y *fusilado* (por los republicanos).

- *Se construyeron* ferrocarriles.
  Se estimuló la industrialización.
  Se creó un sistema de enseñanza más moderno.

Recuerda: La construcción pasiva con *se* es más frecuente tanto en el lenguaje escrito como en el hablado. La pasiva con *ser* es poco frecuente en el lenguaje hablado y se usa más a menudo en el lenguaje escrito formal. Si el agente es importante (por ejemplo, *los mexicanos, tropas francesas*)—lo expresemos o no—debemos usar la pasiva con *ser.*

Transforma estas oraciones activas en pasivas con *ser:*
(a) España reconoció a México en 1836.
(b) Los norteamericanos vencieron a los mexicanos en San Jacinto.
(c) Los Estados Unidos ocupó Texas.
(d) El ejército norteamericano invadió el territorio mexicano.
(e) Benito Juárez promulgó las Leyes de Reforma.
(f) Los liberales derrotaron a los conservadores.
(g) Tropas francesas ocuparon la capital mexicana.
(h) Los terratenientes apoyaron a Porfirio Díaz.

3. Transforma estas oraciones activas en pasivas con *se.*
(a) Les dieron muchas facilidades a los extranjeros.
(b) Lograron un notable progreso económico.
(c) Modificaron el sistema de enseñanza.
(d) Confiscaron las propiedades de la Iglesia.
(e) Suspendieron el pago de la deuda pública.
(f) Establecieron una base naval en Guantánamo.
(g) Fomentaron la agricultura.
(h) Abrieron las puertas a la inmigración.

4. Para cada palabra de la columna **B** elige el verbo de la columna **A** con que se asocia más frecuentemente.

	A	**B**
(a)	resolver	la presidencia
(b)	sofocar	un régimen
(c)	promulgar	un conflicto
(d)	asumir	la guerra
(e)	gobernar	la ciudadanía
(f)	declarar	un levantamiento
(g)	otorgar	una ley
(h)	instaurar	un país

Forma oraciones con cada una de las expresiones anteriores.

5. Completa el cuadro que sigue con el o los sustantivos que corresponden a cada adjetivo, todos ellos relacionados con el tema político.

Sustantivo	Adjetivo
la política	político
_____	anárquico
_____	democrático
_____	despótico
_____	autoritario
_____	oligárquico
_____	centralista
_____	federalista

6. Elige el tiempo correcto del verbo.

   Los Estados Unidos (*simpatizaran, simpatizaban, simpaticen*) con la lucha revolucionaria cubana y deseaban que la Cuba liberada se (*convertirá, convirtió, convirtiese*) en un nuevo Estado de la Unión, ya que Cuba (*podía, pudo, pudiera*) proveer a los Estados Unidos de azúcar y mano de obra barata. Washington (*ha declarado, declarara, declaró*) la guerra a España en 1898. Los estadounidenses (*lograban, lograron, han logrado*) vencer a España y la isla (*fuera, había sido, fue*) ocupada por tropas norteamericanas hasta 1902.

SEGUNDA PARTE

Hispanoamérica contemporánea: entre la frustración y la esperanza

Pintada en recuerdo del Che Guevara en el vigésimo aniversario de su muerte.

CAPÍTULO CINCO

América Latina: un continente dividido

CRONOLOGÍA

1903	Panamá se separa de Colombia y se constituye en república independiente.
1911–1920	Revolución Mexicana.
1912–1932	La infantería de marina estadounidense ocupa Nicaragua.
1916–1924	Tropas norteamericanas ocupan la República Dominicana.
1917	Se promulga una nueva Constitución en México, una de las más avanzadas de la época. El Congreso de los Estados Unidos concede la nacionalidad norteamericana a los puertorriqueños.
1930	Se inicia el dominio político de la familia Trujillo en la República Dominicana.
1934–1940	Presidencia de Lázaro Cárdenas en México, el período más constructivo de la Revolución Mexicana.
1946–1955	Gobierno del general Juan Domingo Perón en la Argentina.
1952	Los puertorriqueños aprueban una Constitución que convierte a la isla en estado libre asociado con relación a los Estados Unidos.
1953	Se inicia en Cuba el alzamiento contra Fulgencio Batista.
1954	En el Paraguay llega al poder el general Alfredo Stroessner.
1959	Triunfo de la Revolución Cubana.
1960–1970	La guerrilla se extiende a casi toda Hispanoamérica.
1961	Los Estados Unidos rompen relaciones con Cuba. Las tropas anticastristas que desembarcan en playa Girón son rechazadas por los cubanos.
1962	Grave crisis entre los Estados Unidos y Cuba a causa de los misiles soviéticos instalados en la isla.
1965	Tropas norteamericanas intervienen en la República Dominicana.
1967	Muere el argentino Ernesto *Che* Guevara en la guerrilla boliviana.
1968–1975	Gobierno nacionalista del general Juan Velasco Alvarado en el Perú.

1970	Salvador Allende, candidato de la coalición de izquierda, es elegido presidente de Chile.
1973	Un golpe militar derroca al presidente Allende. Se instaura una dictadura dirigida por el general Augusto Pinochet.
	En el Uruguay se disuelve el Parlamento y el poder se centraliza en una junta militar, con poderes dictatoriales.
1976	En la Argentina la presidenta Isabel Perón es derrocada por un golpe militar. Se inicia una larga dictadura.
1979	En Nicaragua el levantamiento general contra Anastasio Somoza y la presión de la Organización de Estados Americanos obligan a éste a abandonar el país. El Frente Sandinista de Liberación Nacional establece una junta y un Consejo Provisional.

El problema económico

LA HEGEMONÍA DE LOS ESTADOS UNIDOS

Al comenzar nuestro siglo las economías hispanoamericanas se encuentran fuertemente ligadas a los países capitalistas, especialmente a Gran Bretaña. Pero la influencia europea disminuye frente al creciente poderío económico de los Estados Unidos. Las grandes empresas norteamericanas empiezan a ejercer un monopolio sobre ciertas ramas de la producción y de la comercialización. Su actividad se extiende a la agricultura, la minería, la industria manufacturera, los transportes y los servicios. Desde fines de la década de los veinte, las exportaciones latinoamericanas de alimentos y materias primas se dirigen principalmente hacia Norteamérica.

LA CRISIS MUNDIAL DEL 29
Y LA SEGUNDA GUERRA MUNDIAL

La crisis mundial del año 29 y la segunda guerra mundial afectaron seriamente a Latinoamérica en general, que dependía de la exportación de sus productos agrícolas y materias primas. Los precios bajaron y el comercio internacional se redujo considerablemente. Ello obligó a los países latinoamericanos a reorientar su política económica: aumentó el proteccionismo y el control del Estado en el comercio exterior y se estimuló la industrialización. Esta nueva política dio a algunos países, entre ellos la Argentina y México y—en menor grado—Colombia, Venezuela, Chile, un considerable grado de progreso económico. Se crearon industrias ligeras, especialmente de sustitución de importaciones. La producción aumentó y se diversificó. Pero los países más pequeños, las repúblicas de Centroamérica y del Caribe por ejemplo, continuaron

La mendicidad es un medio de vida para muchos pobres de América Latina.

dependiendo de sus exportaciones agrícolas.[1] Sin embargo, la bonanza de estos años no permitió crear las condiciones necesarias para salir del **subdesarrollo:** no se habían creado industrias básicas y ni las comunicaciones ni los servicios habían mejorado suficientemente. Al comenzar la segunda mitad del siglo XX Latinoamérica seguía siendo una región dependiente.

LA EXPANSIÓN DE LA ECONOMÍA CAPITALISTA

A partir de los años sesenta la expansión de la economía capitalista mundial beneficia principalmente a Europa occidental y el Japón. Crecen las inversiones de estos países en América Latina y la región encuentra nuevos canales de comercialización para sus productos. Algunos países hispanoamericanos defienden sus intereses nacionalizando algunas de sus industrias básicas: petróleo (Perú, Bolivia, Venezuela), cobre (Chile). La competencia europea y del Japón afecta particularmente a intereses estadounidenses.

EL ESTANCAMIENTO ECONÓMICO Y LAS TENSIONES SOCIALES

Las economías hispanoamericanas en general no se beneficiaron grandemente del *boom* económico de los años sesenta. Su crecimiento

---

[1]Simon Collier, Harold Blakemore, Thomas E. Skidmore (directores), *The Cambridge Encyclopedia of Latin America and the Caribbean,* pág. 216 (Simon Collier y Thomas E. Skidmore, redactores). Cambridge University Press, Cambridge, Inglaterra, 1985.

fue mucho menos notorio. Su papel continuó siendo el de proveedores de materias primas a precios baratos para el mundo industrializado. Mientras tanto aumentaba la pobreza y el descontento en el campo y las ciudades. La tensión social crecía día a día: protestas en el campo, **huelgas** en las fábricas, migración a las ciudades, ocupación ilegal de terrenos.

LA ECONOMÍA DE LIBRE MERCADO

Los regímenes militares de los años setenta quisieron controlar el descontento ciudadano a través de la expansión económica en base a una **economía de libre mercado.** El experimento, en un principio, tuvo un alto costo social, dado que muchas empresas fueron incapaces de competir con los productos extranjeros y debieron cerrar sus puertas, y el desempleo aumentó considerablemente. Más tarde, países como Chile y México conseguirían sanear sus economías a través de la creación de nuevas industrias y la diversificación de sus exportaciones. Otros países, entre ellos Argentina, seguirían similar camino.

LA CRISIS ENERGÉTICA

A fines de los setenta la recesión mundial ocasionada por el alza de los precios de los combustibles agravó aún más la situación económica, en especial en los países importadores de petróleo. La deuda externa de la América Latina aumentó de manera considerable en este período y algunos gobiernos **se vieron obligados a** renegociar sus pagos.

El problema político y social

DEL CAUDILLISMO A LA DEMOCRACIA

El caudillismo característico del siglo XIX fue cediendo gradualmente en favor de un sistema democrático. Al comenzar nuestro siglo países como Chile y la Argentina gozaban ya de un cierto grado de estabilidad política. Otros Estados—el Uruguay, Colombia y Costa Rica—se orientaban hacia formas democráticas de gobierno. Sin embargo, el caudillismo seguirá latente en Hispanoamérica y las fuerzas armadas interrumpirán frecuentemente la vía legal.

En México, el empobrecimiento del campesinado y las aspiraciones liberales llevaron a una larga guerra civil. La Revolución Mexicana, de la que nos ocuparemos más adelante, se inició en 1911 y no culminaría verdaderamente hasta 1940.

Como otras capitales de Hispanoamérica, Santiago de Chile creció como resultado de la industrialización.

LA PRESENCIA POLÍTICA DE LOS ESTADOS UNIDOS

El siglo XX se caracteriza, principalmente en sus comienzos, por la fuerte presencia política de los Estados Unidos en el subcontinente. El vecino del norte ejerce el papel de "árbitro" y en más de una ocasión interviene política y militarmente en la región. Como ejemplo citaremos los casos de Panamá y la República Dominicana.

Los Estados Unidos querían establecer una ruta comercial interoceánica a través del istmo de Panamá, territorio que formaba parte de Colombia. Al no llegar a un acuerdo con este último país, la administración norteamericana apoyó el movimiento de independencia panameño que existía desde mediados del siglo XIX. El 4 de noviembre de 1903 se proclamó la República de Panamá.

En la República Dominicana, una serie de levantamientos militares condujeron a la ocupación del país por tropas norteamericanas entre 1916 y 1924. En 1930, un nuevo golpe militar abre un largo período de gobierno personal dominado por la familia Trujillo. En 1963 tienen lugar las primeras elecciones libres en más de tres décadas, pero la intervención de las fuerzas armadas dominicanas termina el mismo año con el gobierno democrático y reformista de Juan Bosch. La sublevación popular en favor de Bosch lleva en 1965 a una nueva intervención de las tropas norteamericanas, lo que causó una verdadera crisis internacional.

Las luchas sindicales han sido una constante en la historia política de la América Latina.

EL CAMBIO SOCIAL DE PRINCIPIOS DE SIGLO

La industrialización en países como la Argentina, Chile, el Uruguay y México lleva a la expansión de las ciudades. Al mismo tiempo nace en el subcontinente una clase media y una clase trabajadora urbana. Se constituyen sindicatos obreros que más tarde tendrán considerable influencia política. Las luchas sindicales de principios de siglo fueron duramente reprimidas.

El proceso de cambio social se intensifica después de los años treinta. Los deseos de reforma crean grandes tensiones en algunas repúblicas. Y tras las aspiraciones de cambio surgen partidos políticos de fuerte base popular. En el Perú la Alianza Popular Revolucionaria Americana (APRA) llegó a ser después de 1930 el principal partido político del país y el primer partido de masas del continente.

LA INFLUENCIA DE LA IZQUIERDA Y LA REACCIÓN

La crisis internacional de 1929 y el consiguiente deterioro de las economías hispanoamericanas estimuló la formación de gobiernos de izquierda en algunas naciones. En Chile, por ejemplo, nació el Frente Popular, que llevó a la Presidencia a Pedro Aguirre Cerda. En ciertos países la influencia izquierdista se trató de apagar mediante la intervención militar y la represión.

"Evita" Perón, incansable luchadora y colaboradora política de su marido.

Juan Domingo Perón, presidente de la Argentina de 1946 a 1955 y de 1973 hasta su muerte en 1974.

LA SEGUNDA GUERRA MUNDIAL Y LA GUERRA FRÍA

Antes de finalizar la segunda guerra mundial todos los países latino-americanos se habían unido a la causa de **los Aliados,** incluso la Argentina, cuyos militares simpatizaban en un principio con **el Eje.** Más tarde, en la guerra fría contra la Unión Soviética, los Estados Unidos instan a las naciones latinoamericanas a tomar posiciones en contra de la **URSS.** Resultado de esta toma de posiciones fue el derrocamiento de regímenes reformistas como el del presidente Jacobo Arbenz (1951–1954) de Guatemala.[1] Argumentando que se trataba de un gobierno comunista, Washington—con el apoyo de elementos insurgentes cen-troamericanos—terminó con el experimento reformista guatemalteco.

EL NACIONALISMO

La clase obrera latinoamericana y sectores de la clase media se resen-tían de la creciente influencia de los Estados Unidos en los asuntos regionales. Como resultado surgieron a través del subcontinente movi-mientos de carácter nacionalista. Como ejemplo citaremos el caso ar-gentino.

---

[1]Simon Collier, et al. (directores), *The Cambridge Encyclopedia of Latin America and the Caribbean,* pág. 216 (Simon Collier y Thomas E. Skidmore, redactores). Cambridge University Press, Cambridge, Inglaterra, 1985.

En el año 1946 Juan Domingo Perón fue elegido presidente de la Argentina. El peronismo introdujo una serie de medidas sociales que favorecían a la clase trabajadora. En su labor social Perón contó con la ayuda de su esposa Eva Duarte, conocida popularmente como Evita.

Durante el gobierno de Perón se realizó un vasto programa de nacionalizaciones de empresas extranjeras y, en general, se restringió la iniciativa privada. En política exterior antagonizó con los Estados Unidos, puesto que Perón abogaba por una línea independiente para la Argentina, al margen del capitalismo y el comunismo. Quería hacer de su país una nación fuerte ante los ojos del mundo. Pero la oposición de la oligarquía argentina, de sectores de la clase media y del ejército, de los partidos democráticos, y las fricciones entre Perón y la Iglesia llevaron en 1955 a un golpe militar que lo derrocó. El peronismo, sin embargo, ha seguido jugando un papel muy importante en la política argentina.

LA GUERRA DE GUERRILLAS

En 1953 se inició en Cuba el alzamiento contra el régimen de Fulgencio Batista que culminó con el triunfo de la revolución en el año 1959. La Revolución Cubana, a la que nos referiremos en detalle más adelante, tuvo profundas repercusiones en el continente, especialmente en su etapa inicial. A partir de entonces América Latina tomaría mayor conciencia de su subdesarrollo. Los problemas se agudizan: los emigrantes de las zonas rurales vienen cada vez en mayor número a la ciudad en busca de trabajo. Pero la ciudad no puede satisfacer sus aspiraciones. Las industrias no tienen los empleos que ellos buscan. Viven en condiciones miserables, en **chozas,** sin agua ni electricidad. Aumenta

En los años sesenta, la guerrilla se extiende a casi todos los países de América Latina.

la mendicidad y la delincuencia. Las aspiraciones frustradas, la impaciencia y el deseo de cambiar radicalmente la sociedad hacen que en los años sesenta surja y cobre fuerza la lucha de guerrillas.

En Bolivia, el argentino Ernesto *Che* Guevara, antiguo combatiente de la Revolución Cubana, dirige la lucha guerrillera boliviana hasta su muerte en 1967. En el Uruguay, el Movimiento de Liberación Nacional (MLN), más conocido como los Tupamaros, realiza ataques armados contra instituciones estatales y financieras. En la Argentina, los Montoneros y el Ejército Revolucionario del Pueblo llevan a cabo acciones similares. Cientos de ejecutivos estadounidenses abandonaron el país ante la **ola de secuestros** y asesinatos de empresarios extranjeros. La guerrilla también afecta a Centroamérica, Colombia y Venezuela.

EL MILITARISMO

El militarismo se institucionaliza en varios países de la América del Sur. La intervención militar es la respuesta a la amenaza guerrillera y a la posibilidad de un triunfo de la izquierda. A veces, como en el Perú,

El militarismo, siempre presente en la América hispana. Jóvenes cadetes argentinos.

Salvador Allende Gossens, el primer marxista elegido jefe de estado de un país del Hemisferio Occidental.

El general Augusto Pinochet Ugarte, presidente de la junta militar en Chile desde 1973 hasta 1990.

tiene un carácter reformista y nacionalista. En otros casos, como en el Paraguay, Chile, el Uruguay y la Argentina, favorece a las oligarquías nacionales y a los intereses extranjeros.

1. El caso peruano. En 1968 un golpe militar evita la victoria del APRA en las elecciones presidenciales y se establece un gobierno militar de corte nacionalista. El gobierno del general Juan Velasco Alvarado (1969–1975) realizó un programa de nacionalizaciones y una reforma agraria y adoptó una política de no alineación. En 1975 un nuevo golpe de Estado llevó al poder a elementos derechistas del ejército. El nuevo régimen militar adoptó medidas conservadoras para hacer frente a la grave crisis económica que vivía el país. Las elecciones de mayo de 1980 pusieron fin a doce años de gobierno militar.

2. Las dictaduras del **Cono Sur.** En el Paraguay, la inestabilidad política que siguió a la guerra del Chaco contra Bolivia (1932–1935) y a la guerra civil de 1947 culminó con la llegada al poder del general Alfredo Stroessner en 1954, quien gobernó el país con poderes dictatoriales hasta 1989 (ver cap. 8, pág. 195).

En Chile, triunfó en las elecciones presidenciales de 1970 el candidato de la coalición de izquierda Salvador Allende. Su programa de gobierno pretendía llevar a Chile al socialismo a través de la vía democrática. Allende tuvo que hacer frente a una fuerte oposición interna y externa organizada por los partidos de derecha y agencias norteamericanas. Todo ello, sumado a las divisiones dentro de la izquierda y a un cierto grado de improvisación por parte del gobierno, causó gran inquietud política y serios trastornos a la economía de la nación. El país se

Palacio presidencial de La Moneda, en Santiago de Chile, bombardeado durante el golpe militar de 1973.

polarizó políticamente y el 11 de septiembre de 1973 un golpe militar derrocó al presidente Allende que murió en el ataque al palacio presidencial. La junta militar que se estableció, presidida por el general Augusto Pinochet, implantó un régimen basado en la supresión de las libertades públicas. Miles de chilenos fueron encarcelados, muchos de ellos torturados y asesinados; y miles debieron exiliarse en Europa y otros países.

Aquel mismo año de 1973 se disolvió el Parlamento en el Uruguay y el poder se centralizó en una junta integrada por militares.

En la Argentina, un golpe militar derrocó en 1976 a la presidenta Isabel Perón y se intensificó en el país la lucha antiguerrillera. El régimen militar instaura la represión y la tortura. A pesar de las protestas de organizaciones de derechos humanos, miles de personas mueren o desaparecen a manos de grupos paramilitares. Como en Chile y el Uruguay muchos argentinos marchan al exilio. Las dictaduras del Cono Sur se institucionalizan y se prolongan más allá de lo que muchos imaginaban (ver cap. 8, págs. 195–96).

Puerto Rico, Estado Libre Asociado

La soberanía de los Estados Unidos sobre Puerto Rico, ratificada por el Tratado de París de 1899 (ver cap. 4, pág. 93), se reafirmó cuando en 1917 el Congreso estadounidense otorgó a los puertorriqueños la ciudadanía norteamericana y dejó el poder ejecutivo a cargo de un gobernador nombrado por el presidente de los Estados Unidos. El poder legislativo quedó constituido por dos cámaras de elección popular dependientes del Congreso norteamericano.

En 1950 Washington autorizó a Puerto Rico a que redactara su propia Constitución. Esta Constitución estableció un gobierno puertorriqueño elegido por sufragio universal por un período de cuatro años, además de dos cámaras legislativas, las cuales no podrían dictar leyes relativas a política exterior y **aranceles,** importación y exportación, inmigración y emigración, y defensa. Los intereses puertorriqueños en la Cámara de Representantes de los Estados Unidos estarían representados por un comisionado elegido cada cuatro años. De acuerdo con el nuevo texto, Puerto Rico pasaba a ser un estado libre asociado.

La Constitución fue ratificada en 1952 por la gran mayoría de los puertorriqueños. En un referéndum posterior, realizado en 1967, el 60,4 por ciento de los votantes de la isla apoyó la idea del estado libre asociado, frente a un 39 por ciento que era partidario de la integración de Puerto Rico en los Estados Unidos como un estado más de la Unión. Sólo un 0,6 por ciento estaba a favor de la independencia.

Esta situación, sin embargo, no cuenta con el apoyo de la comunidad internacional. En 1978, el Comité de Descolonización de la ONU aprobó una resolución en favor del traspaso total de poderes al pueblo puertorriqueño.

La Revolución Mexicana

EL GOBIERNO DE FRANCISCO MADERO (1911–1913)

Francisco Madero encabezó el movimiento que derribó a Porfirio Díaz (presidente de la República en 1876, 1877–1880 y 1884–1911), que gobernó el país con poderes dictatoriales (ver cap. 4, págs. 88–90). Madero representaba las aspiraciones liberales que anhelaban la reforma política y fiscal y la creación de una sociedad más próspera y más igualitaria. Pero el experimento liberal tuvo muy corta duración. Sus seguidores, impacientes ante la lentitud de las reformas, le negaron su apoyo. Mientras tanto, en el campo continuaba el alzamiento del campesinado que pedía la reforma agraria y mejores condiciones de vida; la clase media, desilusionada del experimento liberal y temerosa de la agitación social, apoyó el alzamiento contra Madero. Madero fue arrestado y asesinado (1913) y el general Victoriano Huerta ocupó el poder.

Monumento a la Revolución Mexicana, Ciudad de México.

LA GUERRA CIVIL

La rebelión del campesinado contra el gobierno federal se intensificó. Emiliano Zapata se puso al frente del movimiento campesino del sur. En el norte la revolución fue impulsada por Francisco Villa—conocido popularmente como *Pancho* Villa—Venustiano Carranza y Álvaro Obregón. **Se desató** una sangrienta guerra civil; millares de personas murieron en los enfrentamientos. Aldeas y ciudades sufrieron las consecuencias de la lucha armada y la vida económica del país se alteró enormemente.

Carranza afianzó su poder en el distrito federal y en las principales ciudades (1917–1920). Durante su gobierno convocó en Querétaro el congreso que promulgó la Constitución de 1917, aún vigente. A esta Constitución se incorporaron los objetivos principales de la revolución: se reconoció el derecho de los trabajadores a organizarse, incluido el derecho de huelga; se redujo la influencia de la Iglesia excluyéndola de la educación pública y de las actividades políticas; la tierra y el subsuelo pasaron a ser propiedad del Estado. Esto último abriría el camino para el reparto legal de tierras entre los campesinos—que de hecho ya había comenzado—y para la nacionalización de los recursos minerales y otros productos del subsuelo.

Emiliano Zapata, líder de la
Revolución Mexicana.

Doroteo Aranga, conocido
como "Pancho Villa".

LA RECONSTRUCCIÓN NACIONAL

El conflicto volvió a resurgir. Zapata siguió luchando por el ideal
revolucionario hasta ser asesinado por orden de Carranza (1919). El
asesinato de Emiliano Zapata fue organizado por un coronel que por su
acción recibió la cantidad de cincuenta mil pesos y fue ascendido a
general. Pero en 1920 Carranza también sería asesinado. Con su muerte
llega a su fin la etapa más violenta de la revolución y se inicia la reconstrucción nacional.

Tras la desaparición de Carranza asume el poder el general Álvaro
Obregón, triunfante en las elecciones de 1920. Obregón intentó recon-
ciliar el país y llevó a cabo una serie de transformaciones: se impulsó la
educación popular y la cultura en general y continuó la política agraria

de su antecesor. A Obregón lo sucedió Plutarco Elías Calles y a éste nuevamente Obregón, que se presentó a la reelección a pesar de que la Constitución no lo permitía. Obregón ganó las elecciones, pero no logró asumir el poder ya que fue asesinado. Tras algunos gobiernos interinos llegó a la presidencia Lázaro Cárdenas.

EL GOBIERNO DE LÁZARO CÁRDENAS (1934–1940)

Con Lázaro Cárdenas se inició el período más constructivo de la Revolución Mexicana: estimuló la organización sindical, repartió tierras entre los campesinos y nacionalizó la industria petrolera y los ferrocarriles. Cárdenas fue fiel a los principios democráticos y a la Revolución y se preocupó genuinamente por el bienestar del pueblo mexicano. A partir de Lázaro Cárdenas, México entra en un período de estabilidad política que contrasta fuertemente con la agitación social y las **luchas de poder** en otras naciones hispanoamericanas.

El despegue económico y el predominio casi absoluto del Partido Revolucionario Institucional (PRI) (fundado en 1928–1929) en todos los organismos de poder han contribuido a apagar las tensiones. No obstante, en más de una ocasión se ha recurrido a la represión, como ocurrió en 1968 con ocasión de los disturbios estudiantiles **en vísperas de** los Juegos Olímpicos, cuando la fuerza pública respondió asesinando a cientos de manifestantes en la plaza de las Tres Culturas, en Tlatelolco. *final (1)*

La Revolución Cubana *parte 2*

FULGENCIO BATISTA

En el año 1933 entra Fulgencio Batista en el escenario político cubano al derrocar al presidente de aquel entonces. Desde ese momento y hasta 1958 Batista estará directa o indirectamente al frente del gobierno de Cuba. Su primer período fue progresista e introdujo algunas reformas sociales. En 1952 quiso ocupar de nuevo la presidencia, pero los electores no lo apoyaron; mediante un golpe de Estado ocupó otra vez el poder. Gobernó en forma dictatorial y los cubanos se opusieron violentamente a su régimen.

EL TRIUNFO DE LA REVOLUCIÓN

El 26 de julio de 1953 se inició el levantamiento contra la dictadura de Batista. El joven abogado Fidel Castro, al frente de un grupo de jóvenes, asaltó el cuartel Moncada en Santiago de Cuba. La operación fue un fracaso. Fidel Castro, su hermano Raúl y otros supervivientes fueron encarcelados. Luego de una amnistía los revolucionarios se exiliaron en México. En 1956 regresaron a la isla y organizaron la lucha guerrillera en la Sierra Maestra, provincia de Oriente, hasta derrocar al régimen de Batista. Los revolucionarios entraron en La Habana el 1º de enero de 1959.

CUBA: REPÚBLICA SOCIALISTA

Antes de la Revolución, Cuba dependía política y económicamente de los Estados Unidos. Para acabar con esa dependencia el régimen de Castro nacionalizó todos los sectores de la economía, lo que afectó a intereses locales pero principalmente a empresas estadounidenses. En 1960 los Estados Unidos suspendió la ayuda económica a Cuba; Cuba buscó apoyo en la Unión Soviética. Un año después se produjo el desembarco de anticastristas en playa Girón, que constituyó un fracaso. Castro declaró a Cuba República Socialista. Los Estados Unidos rompieron relaciones con el gobierno cubano (1961). En 1962 se produce una grave crisis a causa de los misiles soviéticos instalados en Cuba.

EL PROGRAMA REVOLUCIONARIO

Durante el primer período de la Revolución, entre 1959 y 1965, más de medio millón de cubanos de todas las clases sociales abandona-

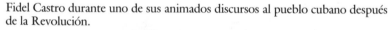

Fidel Castro durante uno de sus animados discursos al pueblo cubano después de la Revolución.

ron la isla y se establecieron en los Estados Unidos. Entre ellos había muchos profesionales y obreros cualificados. A pesar de ello, el programa revolucionario se siguió aplicando rigurosamente:

1. Se eliminó prácticamente la propiedad privada a través de un extenso programa de nacionalizaciones.

2. Se suprimieron los incentivos materiales al **rendimiento** en el trabajo. Pero a partir de los años setenta, el bajo rendimiento laboral y la disminución de la producción obligaron a reintroducir incentivos materiales. En todo caso, las diferencias salariales en Cuba son muy reducidas.

3. La eliminación de la propiedad privada y la supresión de los incentivos salariales llevaron a la desaparición de los grandes contrastes sociales. No existe en Cuba una minoría económica privilegiada del tipo que se da en otras naciones latinoamericanas. Pero sí se ha formado una minoría dirigente integrada por los altos funcionarios del Partido Comunista y los oficiales del ejército revolucionario.

4. Se realizó un programa de reforma agraria que eliminó los latifundios.

5. Se llevó a cabo un extenso programa de construcciones de viviendas.

6. Se realizó una reforma educativa que acabó prácticamente con el analfabetismo e hizo gratuita y obligatoria la enseñanza. Hoy Cuba cuenta con excelentes escuelas y universidades y sus profesionales tienen un alto nivel de preparación.

7. Se creó un servicio nacional de salud gratuito, con lo cual la atención sanitaria llegó a todos los niveles de la población.

8. Se crearon numerosas industrias básicas, muchas de ellas orientadas hacia el sector agrícola.

9. Se intensificó y modernizó la actividad agrícola, especialmente el cultivo del azúcar, principal producto de exportación cubano.

El avance social alcanzado por Cuba **no ha estado exento de** problemas ni de críticas. Los opositores del régimen, fuera y dentro de Cuba, no cesan de denunciar la limitación de las libertades individuales en la isla; el control del gobierno sobre la prensa y otros medios de comunicación; el racionamiento de alimentos y productos básicos; y la falta de incentivos materiales en el trabajo. A estas críticas se agregaba el envío, hasta hace unos años, de tropas cubanas a países de África y la acusación de envío de armas a la guerrilla centroamericana. Esta acusación hecha con insistencia por distintas administraciones estadounidenses era negada reiteradamente por el gobierno cubano.

Al descontento por la limitación de las libertades públicas se sumaba la incapacidad del régimen en el campo económico, situación que se veía agravada por el bloqueo económico impuesto por los Estados Unidos. A pesar de la enorme ayuda soviética, Cuba no conseguía el progreso que el pueblo cubano esperaba. Algunos sectores de la población se sentían frustrados, y fue así como en 1980 se produjo una nueva ola de emigración de cubanos descontentos con el régimen. Castro autorizó la salida de quienes querían abandonar la isla. Con la ayuda de los Estados Unidos unos 130 000 cubanos se exiliaron en ese país (ver cap. 8, pág. 194).

La crisis centroamericana

Los golpes militares y las dictaduras han sido la norma en Centroamérica durante la mayor parte de nuestro siglo. A excepción de Costa Rica y Panamá, ninguna de las repúblicas centroamericanas ha podido modernizarse ni lograr estabilidad política. Económicamente dependen casi exclusivamente de la explotación de productos agrícolas tales como el plátano, el café, el algodón y el azúcar. En países como El Salvador, Honduras y Guatemala, la sociedad se encuentra fuertemente dividida. Los empresarios agrícolas y las minorías dirigentes gozan de un alto nivel de vida, mientras que las clases bajas viven en condiciones extremadamente primitivas: existe una alta tasa de mortalidad infantil, desnutrición, desempleo y gran escasez de viviendas adecuadas. Esto ha creado gran descontento y tensiones sociales.

En los años sesenta y setenta la guerrilla que se extendió por la América hispana afectó de manera especial a Centroamérica. La lucha antiguerrillera se intensificó y la violencia política alcanzó grandes proporciones. Las fuerzas de seguridad actuaron indiscriminadamente y entre sus víctimas hubo estudiantes, trabajadores, políticos, sacerdotes y, sobre todo, campesinos.

En El Salvador la lucha guerrillera ha sido llevada por el Frente Farabundo Martí para la Liberación Nacional (FMLN), de clara inspiración marxista; en Guatemala, país de larga tradición guerrillera, cuatro grupos constituyeron la Unidad Revolucionaria Nacional Guatemalteca (URNG); en Honduras la actividad guerrillera ha sido más bien esporádica. El único grupo más o menos regular es el Movimiento Popular de Liberación, que ha circunscrito sus operaciones a las ciudades.

Una pintada de apoyo a Nicaragua en una ciudad de España.

Desde la década del setenta la mayor concentración de fuerzas gue-
rrilleras ha estado en Centroamérica. En El Salvador y Guatemala la
violencia llegó a ser particularmente brutal y se intensificó a partir de un
hecho ocurrido en 1979: el triunfo de la Revolución Sandinista en
Nicaragua.

NICARAGUA: DE LA DICTADURA
A LA REVOLUCIÓN

Parte 3

Entre 1912 y 1932 Nicaragua fue ocupado por la infantería de marina de los Estados Unidos. En la lucha contra la ocupación se distinguió el general Augusto César Sandino, asesinado en 1934 por orden de
Anastasio Somoza (*Tacho*), comandante en jefe de la Guardia Nacional
creada durante la ocupación norteamericana. Dos años después el
mismo Somoza derrocó el gobierno constitucional y tomó el poder.
Gobernó en forma dictatorial hasta que en 1956 fue asesinado. Lo
sucedió su hijo Luis Somoza. Tras una interrupción, el clan familiar
vuelve al poder al ser elegido presidente Anastasio Somoza hijo, conocido como Tachito (1967). Como sus antecesores, éste gobernó de
manera autoritaria y represiva y se enriqueció enormemente con la
ayuda internacional que Nicaragua recibió después del terremoto de
1972.

Unos "contras" gozan de un momento de descanso en sus esfuerzos para derrocar el gobierno sandinista de Nicaragua.

EL TRIUNFO SANDINISTA

Los grupos opositores—la guerrilla sandinista, trabajadores, estudiantes, campesinos y hasta los empresarios—se unieron en contra de Somoza y denunciaron la corrupción y los abusos de su régimen. Los Estados Unidos suspendieron la ayuda económica y militar a Nicaragua ante la transgresión de los derechos humanos por parte de las fuerzas del gobierno. En 1979 la Organización de Estados Americanos (OEA) pidió la dimisión de Somoza. Ante la insurrección popular, éste abandonó el país. Se exilió primeramente en los Estados Unidos y más tarde en Paraguay, donde fue asesinado. El Frente Sandinista de Liberación Nacional ocupó Managua, disolvió el Congreso y la Guardia Nacional, reemplazándola por un Ejército Popular Sandinista. Una junta y un Consejo Provisional se hicieron cargo del país.

LA CONTRARREVOLUCIÓN

Las acciones del gobierno sandinista se orientaron desde un principio hacia una transformación de la economía y la sociedad nicaragüense muy similar a la realizada en Cuba en los primeros años de la Revolución. Esto provocó el distanciamiento de la administración estadounidense con respecto al régimen sandinista y su posterior apoyo a las fuerzas contrarrevolucionarias, más conocidas como "la contra". El gobierno estadounidense calificaba al régimen nicaragüense de marxista leninista y lo acusaba de fomentar la insurrección en Centroamérica con la ayuda de Cuba y la Unión Soviética. Nicaragua negaba categóricamente dichas acusaciones, mientras gastaba valiosos recursos económicos en contener la guerrilla contrarrevolucionaria y se preparaba militarmente para una posible invasión. México, Costa Rica y otros países hispanoamericanos hacían grandes esfuerzos para llegar a una solución pacífica de este conflicto que amenazaba la paz del continente. Esos esfuerzos contaban con el apoyo de muchos países que simpatizaban con las aspiraciones de cambio del pueblo nicaragüense y deseaban que éste se realizara en el marco de la democracia (ver cap. 8, págs. 191–94).

La cultura contemporánea

LA LITERATURA

La novela: los inicios. En la novela, a partir de 1920, el interés de los escritores se orienta hacia la propia realidad social y política hispanoamericana:

1. *Los de abajo,* de Mariano Azuela (México, 1873–1952), tiene como tema central la Revolución Mexicana. El autor analiza este acontecimiento histórico a través de uno de sus personajes.

2. *Doña Bárbara,* de Rómulo Gallegos (Venezuela, 1904–1969), simboliza la lucha entre la civilización y la barbarie.

3. *Don Segundo Sombra,* de Ricardo Güiraldes (Argentina, 1886–1927) es una descripción idealizada de la vida del gaucho argentino convertido en trabajador al cuidado de la tierra y del ganado.

La nueva novela: primera generación. A partir de los años cuarenta la novela hispanoamericana entra en un proceso de profunda transformación. Los nuevos novelistas hispanoamericanos dan libre curso a la imaginación y la fantasía. La novela de la América hispana deja de ser un mero documento de la realidad para transformarse en una verdadera actividad creativa. Ello no significa que la nueva generación no se interese por el medio que la rodea; muy por el contrario. El mundo mágico de la nueva narrativa es el mundo hispanoamericano, con todas sus

Jorge Luis Borges fue quizá el más internacional de los literatos latinoamericanos de su generación. Fue también profesor de inglés y de literatura americana en la Universidad de Buenos Aires.

incongruencias y contradicciones. El autor llama al lector a participar activamente en la interpretación de esa realidad fantástica.

Al llegar los años sesenta la prosa hispanoamericana ha alcanzado universalidad y en los medios periodísticos y literarios se comienza a hablar del *boom* de la novela latinoamericana. Sería imposible citar aquí a todas las figuras de este movimiento. Son muchas. Sólo nos limitaremos a mencionar a los más importantes y algunas de sus obras más representativas.

1. Jorge Luis Borges.   Nació en Buenos Aires en 1899. Entre 1914 y 1920 vivió con su familia en Ginebra donde aprendió el francés y el latín. Después de la primera guerra mundial pasó algún tiempo en España antes de volver a Buenos Aires en 1921. A la edad de cuarenta años comenzó a perder la vista a causa de una enfermedad hereditaria.

Borges, hombre de cultura universal, fue director de la Biblioteca Nacional de la Argentina y catedrático de Literatura inglesa en la Universidad de Buenos Aires, cargo que ocupó hasta 1973. Invitado por numerosas universidades extranjeras, pasó los últimos años de su vida entre Buenos Aires, Londres y París. La Universidad de la Sorbona le otorgó el título de doctor *honoris causa*. En 1961 había obtenido el premio Internacional de Literatura. En 1980 obtuvo el premio Cervantes, el más importante de la literatura en lengua castellana. Aquel mismo año recibió el premio Internacional Cino del Duco. Fue varias veces candidato al premio Nobel. Borges murió en Ginebra en 1986.

Su obra poética en la década del veinte incluye, entre otros libros, *Fervor de Buenos Aires* y *Luna de enfrente,* versos intelectuales y muy bien elaborados en los que se destaca la excelencia de la metáfora.

En los años cuarenta alcanza fama universal con sus relatos *Historia universal de la infamia, Ficciones* y *El Aleph,* entre los más representativos.

La limitación intelectual del hombre frente a sus propias aspiraciones intelectuales es un tema que se repite a través de la obra de Borges. El escritor argentino fue a menudo criticado por su posición política no comprometida con los movimientos de izquierda latinoamericanos.

2. Miguel Ángel Asturias. Nació en la ciudad de Guatemala en 1899. Durante la dictadura de Estrada Cabrera (1898–1920) el escritor guatemalteco debió abandonar el país. Residió en París. En 1933 regresó a su patria. Fundó la Universidad Popular (1942) y se desempeñó como diplomático en algunos países de Latinoamérica. En 1967 obtuvo el premio Nobel de Literatura. Murió en 1974.

Miguel Ángel Asturias fue un destacado representante del indigenismo, movimiento literario que defendió los valores indígenas y denunció la explotación del aborigen americano. Ejemplo de ello es su obra *Hombres de maíz.* Su experiencia política bajo la dictadura de Estrada Cabrera se refleja claramente en la que es, sin duda, su mejor novela, *El señor presidente.*

3. Alejo Carpentier. Nació en La Habana, Cuba, en 1902. Su padre era un arquitecto francés y su madre rusa. Realizó estudios secundarios en Francia. Se inclinó luego por la música y el periodismo. En Cuba fue encarcelado por razones políticas durante la dictadura de Machado en 1928. Se trasladó a Francia donde residió durante largos años. En 1977 obtuvo el premio Cervantes. Murió en 1981.

Como otros novelistas hispanoamericanos Carpentier tiene un interés especial por la historia. *El siglo de las luces,* considerada la mejor de sus novelas, tiene como tema la Revolución Francesa y su influencia en Guadalupe, donde llegan las ideas revolucionarias a través de su protagonista Victor Hugues. *La consagración de la primavera* es otra novela histórica que comienza durante la guerra civil española y termina con la invasión de cubanos a la playa Girón.

La nueva novela: segunda generación. El movimiento narrativo que comenzó en la década del cuarenta alcanza su apogeo entre los años sesenta y ochenta. La nueva novela latinoamericana rebasa los límites

El colombiano Gabriel García Márquez, uno de los escritores latinoamericanos de más fama mundial.

nacionales y logra prestigio internacional. Los autores del llamado *boom* comparten una actitud crítica hacia la sociedad latinoamericana. Muchos de ellos abandonan sus países de origen y buscan el exilio voluntario, principalmente en España y Francia.

La obra más representativa de este período es *Cien años de soledad* (1967), del colombiano Gabriel García Márquez. A partir de esta obra la prosa latinoamericana alcanza una dimensión universal. Los autores de ésta y la anterior generación son leídos con avidez en distintos idiomas.

1. Julio Cortázar.   Nació en Bruselas en 1914. Desde 1918 vivió con su familia en Buenos Aires donde realizó sus estudios. Trabajó como maestro en una escuela rural y posteriormente como profesor universitario. Durante el gobierno de Perón tuvo que abandonar el país (1951). Residió en París durante largos años y obtuvo la nacionalidad francesa en 1981. Murió en 1984.

Julio Cortázar es conocido principalmente por sus novelas *Los premios* y *Rayuela. Rayuela,* su obra más ambiciosa, se puede leer de diversas maneras, de forma convencional o, como propone el autor, empezando por el capítulo 73, volviendo a los capítulos 1 y 2, de allí al capítulo 116, etcétera. Esto da al lector una nueva perspectiva de los hechos que se narran.

2. Gabriel García Márquez.   Nació en Aracataca, Colombia, en el año 1928. Hizo estudios de derecho, pero más tarde se dedicó al periodismo. Residió en Barcelona durante algunos años. En 1982 obtuvo el premio Nobel.

La novela más famosa de García Márquez es sin duda *Cien años de soledad.* La obra transcurre en un pueblecito imaginario llamado Macondo. La realidad que el autor nos presenta es una realidad fantástica y exagerada. Sus personajes son extraordinarios. Sus temas evocan los mitos y tradiciones de nuestra civilización. La obra contiene referencias bíblicas, autobiográficas e históricas. Estos elementos, unidos a una cuidadosa técnica literaria y a un hábil uso del lenguaje, hacen de *Cien años de soledad* una de las novelas más importantes de nuestro tiempo.

La obra de García Márquez es extensa y entre sus muchas otras obras se destacan *El coronel no tiene quien le escriba, El otoño del patriarca, Crónica de una muerte anunciada, El amor en los tiempos del cólera* y *Del amor y otros demonios.*

3. Mario Vargas Llosa.   Nació en la ciudad de Arequipa, Perú, en 1936. Hizo estudios de Letras en la Universidad de Lima y más tarde obtuvo su doctorado en Madrid. Invitado frecuentemente por instituciones extranjeras, ha residido durante largos períodos fuera del Perú y recientemente se nacionalizó español. El 24 de marzo de 1994 fue elegido miembro de la Real Academia Española.

El primer éxito de Vargas Llosa fue *La Ciudad y los perros,* publicada en 1962. La novela transcurre en un colegio militar de Lima. La obra fue bien recibida por el mundo literario. En Lima, sin embargo, las reacciones fueron más variadas. En el colegio Leoncio Prado se quemaron públicamente mil quinientos ejemplares de la novela. Sus personajes y el mundo que el autor relata estaban muy próximos a la realidad y ello no les gustó a las autoridades de la institución militar. A través de ésta y de sus obras posteriores Vargas Llosa nos presenta su propia visión de la sociedad de su país natal. Otros títulos destacados del mismo autor son *Conversación en la Catedral, Pantaleón y las visitadoras, La tía Julia y el escribidor* y *La guerra del fin del mundo.*

4. Otros novelistas contemporáneos.   Otros destacados narradores hispanoamericanos contemporáneos son: Juan Carlos Onetti (Uruguay, 1909–1994), Ernesto Sábato (Argentina, n. 1911), Mario Benedetti (Uruguay, n. 1920), Juan Rulfo (México, 1918–1986), José María Arguedas (Perú, 1911–1969), Augusto Roa Bastos (Paraguay, n. 1918), Carlos Fuentes (México, n. 1928), José Donoso (Chile, n. 1924), José Lezama Lima (Cuba, 1910–1976) y Guillermo Cabrera Infante (Cuba, n. 1929), cuya producción se ha desarrollado principalmente en el exilio.

La poesía.   En los primeros años de nuestro siglo se deja sentir todavía en el ambiente poético hispanoamericano la influencia del modernismo de Rubén Darío (ver cap. 4, pág. 100). Más tarde los poetas de la América hispana se orientarán hacia otras tendencias literarias como el neorromanticismo y el surrealismo. La obra poética hispanoamericana es variada y extensa. Aquí sólo nos ocuparemos de las figuras más relevantes.

1. Gabriela Mistral. Su verdadero nombre era Lucila Godoy. Nació en Coquimbo, Chile, en 1889. Se dedicó a la enseñanza, desempeñándose como maestra primaria. Posteriormente ocupó cargos diplomáticos en distintos países. En 1945 obtuvo el premio Nobel de Literatura. Murió en 1957.

La poesía de Gabriela Mistral trata de temas como el amor, la muerte y el sentimiento de la vida. Sus principales obras son *Desolación, Ternura, Tala* y *Lagar*. Su creación literaria evoluciona hacia el humanitarismo en el que **descuella** el amor a los niños, a quienes dedicó algunos de sus libros.

2. César Vallejo. Nació en Santiago de Chuco, un pequeño pueblo del Perú situado a más de 3000 metros de altitud. De extracción humilde, desempeñó diversos oficios después de terminar sus estudios secundarios. Más tarde realizó estudios de Filosofía y Letras. Fue encarcelado por sus actividades políticas. Abandonó el Perú en 1923 y residió en París donde permaneció hasta su muerte en 1938.

César Vallejo es considerado uno de los valores más representativos de la literatura hispánica. En *España, aparta de mí este cáliz*, el poeta expresa la tragedia de la guerra civil española con gran fuerza y sentimiento. Anteriormente había publicado *Trilce*, obra en la que expresa la angustia existencial a través de un lenguaje innovador y a veces de difícil comprensión. La angustia y el sufrimiento del hombre son también los temas de sus *Poemas humanos*, la última de sus obras.

3. Pablo Neruda. Su verdadero nombre era Neftalí Reyes. Nació en Parral, Chile, en 1904. Era hijo de un ferroviario. En su adolescencia abandonó su pueblo natal y se trasladó a Santiago donde comenzó su obra poética. Participó activamente en la vida política, llegando a ser un destacado miembro de la izquierda chilena. Ocupó diversos cargos diplomáticos, el último de ellos como embajador del gobierno de Salvador Allende en París. En 1971 obtuvo el premio Nobel de Literatura. Murió en Chile en 1973 enormemente afectado por el derrocamiento y muerte de Allende, ocurridos pocos días antes.

Pablo Neruda es considerado uno de los más importantes poetas de lengua castellana de nuestro siglo. Su extensa obra incluye más de treinta libros de poemas, que van desde la expresión de los sentimientos del poeta a la mujer amada, al canto apasionado a la América india, y al realismo de los versos inspirados en su ideal político. Del lirismo romántico de *Veinte poemas de amor y una canción desesperada*, publicado en

Pablo Neruda, poeta
chileno y embajador
de su país en Francia
durante la presidencia
de Allende.

1924, el poeta evoluciona hacia nuevas formas de expresión. En *Residencia en la tierra* el lenguaje rompe con las reglas expresivas tradicionales. Su obra más ambiciosa es *Canto general*. En él Neruda evoca la geografía e historia de América y nos ofrece su propia interpretación lírica y comprometida de la realidad americana. Más tarde publica *Odas elementales, Memorial de Isla Negra* y *Fulgor y muerte de Joaquín Murieta*. Esta última es una obra teatral. Sus memorias, inacabadas, aparecieron después de su muerte con el título de *Confieso que he vivido*. La soledad y tristeza del poeta por la ausencia de la mujer a quien amó se reflejan en los primeros versos del poema XX de su *Veinte poemas de amor y una canción desesperada*.

> Puedo escribir los versos más tristes esta noche.
> Escribir, por ejemplo: 'La noche está estrellada,
> y tiritan, azules, los astros, a lo lejos.'
> El viento de la noche gira en el cielo y canta.
> Puedo escribir los versos más tristes esta noche.
> Yo la quise, y a veces ella también me quiso.

4. Octavio Paz.   Nació en Michoacán, México, en 1914. Participó activamente en la guerra civil española junto al bando republicano. Fue

Octavio Paz, poeta y
ex diplomático mexicano.

diplomático. En 1968 renunció a su puesto de embajador en la India en protesta por la matanza estudiantil de Tlatelolco (ver cap. 5, pág. 123). Obtuvo el premio Ollyn Yliztli en 1981, el premio Cervantes en 1982 y el premio Nobel de Literatura en 1984. Octavio Paz es autor, entre otras obras, de *El arco y la lira, Libertad bajo palabra* y *Topoemas*. Es también un destacado ensayista.

5. Otros poetas contemporáneos. En el período de transición entre el modernismo y la vanguardia encontramos las voces femeninas de Juana de Ibarbourou (Uruguay, 1895–1979), autora de *Las lenguas de diamante, Raíz salvaje, La rosa de los vientos*. En esta última obra la escritora se orienta hacia la nueva poética de vanguardia y a un incipiente surrealismo. Alfonsina Storni (Argentina, 1892–1938) se aleja también del lenguaje barroco del modernismo para adoptar formas poéticas de mayor intelectualidad y sencillez. Su obra inicial, en la que sobresale *El dulce sueño,* tiene un hondo contenido psicológico. En *Mascarilla y trébol,* escrita veinte años después (1938), encontramos a una poetisa más racional y más fría.

Ya de lleno en la poesía de vanguardia, aunque con cierta influencia modernista en su obra inicial, encontramos al chileno Vicente Huidobro (1893–1948), fundador del creacionismo, doctrina que proclama la total autonomía de la actividad creadora del poeta. Su obra más conocida es *Altazor,* una de las creaciones más originales de la poesía de nuestro siglo.

A través de América Latina nace una nueva forma de poesía llamada coloquial o conversacional, cuyos iniciadores fueron el chileno Nicanor Parra (n. 1914) y el nicaragüense Ernesto Cardenal (n. 1925). Esta forma de expresión está atenta a la renovación formal y estética y a la vez toma conciencia de la realidad histórica y social latinoamericana. Es una poesía comprometida que es al mismo tiempo ensayo y crónica.

La actividad literaria de Nicanor Parra no se ha interrumpido desde la publicación de su primer libro *Cancionero sin nombre* (1937). Con su obra *Poemas y antipoemas* (1954), Nicanor Parra pasó a ocupar un lugar importante dentro de la poesía en lengua castellana.

Ernesto Cardenal, sacerdote y ex ministro de Cultura del gobierno sandinista (ver págs. 203 y 218), es uno de los nombres de mayor prestigio en la creación poética hispánica actual. Entre sus obras figuran *Hora O, Oración por Marilyn Monroe y otros poemas, Homenaje a los indios americanos* y *Vida en el amor.*

EL ARTE

Los muralistas mexicanos. La toma de conciencia de los escritores hispanoamericanos con la propia realidad encuentra su paralelo en la expresión artística de los muralistas mexicanos. De ellos, los más representativos son José Clemente Orozco (1833–1949), Diego Rivera (1886–1957) y David Siqueiros (1896–1974).

Con la Revolución Mexicana se extiende a través de México el arte muralista inspirado en temas autóctonos, interpretados con la visión propia del hombre latinoamericano. El objetivo primario de este arte era la educación popular. A través del lenguaje pictórico se intentaba llevar al pueblo mexicano una nueva interpretación de la historia y la sociedad.

El muralismo se extendió a otros países de la América española. En México se puede apreciar en numerosos edificios públicos: Orozco en la Universidad y el Museo de Historia de México, Rivera en el Palacio Nacional de México y Siqueiros en el Museo Histórico de Chapultepec. Su influencia y su prestigio se hicieron notar también en los Estados Unidos. Rivera, por ejemplo, ejecutó magníficos murales en este país, como los del *Detroit Institute of Arts,* cuyo tema principal es la industria automovilística.

Mural de Siqueiros en Chapultepec.

La pintura y el dibujo. Paralelamente al desarrollo del muralismo, en los años cuarenta se perfilaban otros artistas hispanoamericanos cuya creación seguía el destino del arte universal. Entre los más sobresalientes encontramos al cubano Wilfredo Lam (n. 1902) y al chileno Roberto Matta (n. 1912). La obra de ambos creadores muestra una fuerte influencia surrealista.

La resistencia al didacticismo del muralismo y a su mensaje político y social se manifiesta en el guatemalteco establecido en México Carlos Mérida (n. 1891) y en el mexicano Rufino Tamayo (1899–1991). La obra del primer artista deja ver la influencia del surrealismo frente a otras formas de expresión. El segundo se inspira inicialmente en el arte popular mexicano pero más tarde, en Nueva York, adopta formas de vanguardia.

A partir de la segunda guerra mundial el arte abstracto encuentra seguidores a través de Hispanoamérica. Entre las figuras más importantes sobresale el uruguayo Torres-García (1874–1949), cuya influencia se extendió más allá de su país. En la Argentina surgieron pintores de fuerte tendencia abstraccionista, entre ellos Emilio Pettoruti (1892–

Familia andina, del venezolano
Hector Poleo.

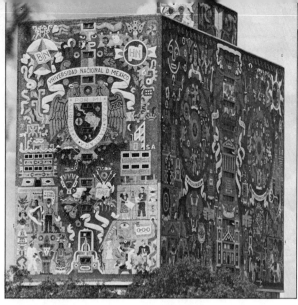

Mural de Juan O'Gorman en la Biblioteca
Central de la Universidad Nacional
Autónoma de México, D.F. Los murales
están formados por más de 7 millones
y medio de mosaicos de piedra.

1971) y Xul Solar (1887–1963). En Chile se destaca Nemesio Antúnez
(1918–1993).

La arquitectura.   La arquitectura hispanoamericana de principios de
siglo continúa siendo una imitación del estilo europeo. Sin embargo,
desde 1930 comienza a surgir un estilo propio de arquitectura moderna
al que más tarde se incorporan elementos autóctonos. Los mejores
ejemplos de este nuevo estilo se dieron en México en los años cincuenta.
En la Universidad de México se reproducen formas precolombinas,
como las **canchas de balonmano** que tienen forma de pirámides toltecas. El exterior de algunos edificios muestran las obras de los muralistas mexicanos.

La influencia de México se extendió a otros países latinoamericanos. La Universidad de Caracas es un ejemplo del nuevo estilo de
arquitectura venezolana. La Plaza de la República en La Habana es otra
muestra de estilo contemporáneo.

La música folklórica.   El despertar político de los años sesenta dio
lugar a un renacimiento del folklore nacional en los diferentes países,
especialmente de la canción. Las emisoras de radio, muchos de cuyos
programas estaban dedicados a la difusión de los últimos éxitos norteamericanos, comenzaron a dedicar más espacio a la música autóctona.

Grupo folklórico andino.

La nueva conciencia política y social de la juventud latinoamericana encontró expresión en la nueva canción. Impulsados por el renacimiento del folklore y por los ideales de cambio, se formaron grupos que fusionaban elementos musicales tradicionales con otras formas de expresión musical, en cuya interpretación se utilizaban algunos instrumentos autóctonos. La letra de las canciones tenía un contenido político y social. La nueva canción protesta, como se la llamó, alcanzó un desarrollo notable en Chile, la Argentina y el Uruguay.

Glosario

Aliados, los. the Allies
aranceles. customs tariffs or duties
canchas de balonmano. handball courts
Cono Sur. Southern Cone, the area formed by the territories of Argentina, Chile, Paraguay and Uruguay
chozas. shanties, shacks
descuella. stands out
economía de libre mercado. free-market economy
Eje, el. the Axis powers
en vísperas de. on the eve of
huelgas. strikes
luchas de poder. power struggles
no ha estado exento de. has not been free from
ola de secuestros. wave of kidnappings
rendimiento. output, performance
se desató. broke out
se vieron obligados a. they were forced to
subdesarrollo. underdevelopment
URSS (Unión de Repúblicas Socialistas Soviéticas). the Soviet Union

Cuestionario

EL PROBLEMA ECONÓMICO

1. ¿De qué manera afectaron a Latinoamérica la crisis mundial del 29 y la segunda guerra mundial?
2. ¿Cómo se benefició la América Latina de la expansión de la economía capitalista en los años sesenta?
3. ¿Cómo era la situación social en el campo y las ciudades en la mayoría de los países hispanoamericanos en aquella época?
4. ¿Cómo quisieron controlar el descontento los regímenes militares de los años setenta?

EL PROBLEMA POLÍTICO Y SOCIAL

1. ¿En qué consistía el papel de los Estados Unidos en los comienzos del siglo XX?
2. ¿En qué consistió la intervención norteamericana en Panamá?
3. ¿Qué transformaciones sociales ocurrieron en algunos países latino-americanos como resultado de la industrialización?
4. ¿Qué efectos tuvo la guerra fría en Latinoamérica?
5. ¿Cuáles fueron algunas de las medidas de carácter nacionalista adoptadas por Perón en la Argentina?
6. ¿Qué efectos tuvo la Revolución Cubana en el resto de la América Latina?
7. ¿Qué características comunes tuvieron las dictaduras de Chile, la Argentina y el Uruguay?

PUERTO RICO, ESTADO LIBRE ASOCIADO

1. ¿Cuándo obtuvieron los puertorriqueños la nacionalidad norteamericana?
2. ¿Cómo estaba organizada la administración de la isla antes de 1950?
3. ¿Qué estipula la Constitución puertorriqueña con respecto a la administración de la isla?
4. ¿Cuándo fue ratificada la Constitución?
5. ¿Cómo están divididas las opiniones puertorriqueñas con respecto al tipo de relación que debe tener la isla con los Estados Unidos?

LA CRISIS CENTROAMERICANA

1. ¿Cuál ha sido el panorama político, económico y social en Centroamérica durante la mayor parte de nuestro siglo?
2. ¿De qué manera ha afectado a Centroamérica la lucha guerrillera?
3. ¿Cuáles han sido los países más afectados?
4. ¿Qué hecho contribuyó a la intensificación de la guerrilla?

LA CULTURA CONTEMPORÁNEA

1. ¿Cuáles fueron las características de la novela hispanoamericana después de los años cuarenta?

2. ¿Qué autores se destacan en la primera generación de novelistas? ¿Qué temas tratan estos autores?
3. ¿Qué ocurre con la novela hispanoamericana entre los años sesenta y ochenta?
4. ¿Qué autores se destacan en la segunda generación de novelistas?
5. ¿Cuáles son los poetas hispanoamericanos más importantes? ¿Qué temas tratan algunos de estos autores?
6. ¿Quiénes fueron los principales muralistas mexicanos?
7. ¿Cuál era el propósito del arte muralista?
8. ¿Qué influencia se observa en la arquitectura hispanoamericana de principios de siglo?
9. ¿Qué cambio se observa después de 1930?
10. ¿Qué ocurrió con la creación folklórica en los años sesenta?
11. ¿Qué es la nueva canción o canción protesta?
12. ¿Qué tipos de instrumentos utiliza?

Temas de redacción o presentación oral

1. Resume brevemente los principales acontecimientos de la Revolución Mexicana. Incluye la siguiente información:
   (a) Francisco Madero: su papel en la revolución
   (b) El alzamiento contra Madero: sus causas
   (c) La rebelión del campesinado: principales caudillos y las consecuencias de la guerra civil
   (d) Gobierno de Carranza y promulgación de la Constitución de 1917
   (e) Muerte de Zapata y Carranza
   (f) Las presidencias de Alvaro Obregón y Lázaro Cárdenas

2. Resume los hechos que condujeron a la Revolución Cubana y haz un breve análisis de su desarrollo posterior; incluye los siguientes puntos:
   (a) Gobierno de Fulgencio Batista
   (b) Levantamiento contra Batista
   (c) La lucha guerrillera y el triunfo de la Revolución
   (d) Las nacionalizaciones
   (e) Reacción de los Estados Unidos
   (f) Acercamiento de Cuba a la Unión Soviética
   (g) Desembarco de anticastristas en playa Girón
   (h) Rompimiento de relaciones entre los Estados Unidos y Cuba
   (i) El programa revolucionario
   (j) Críticas que se hacen al gobierno de Cuba

3. Haz un breve comentario sobre una de estas dos opiniones:
   (a) Todo Estado debe tener el derecho a darse el gobierno que desee sin la interferencia de otros países.
   (b) La intervención de un Estado en los asuntos internos de otro país se justifica cuando las libertades están amenazadas.

4. El empleo de la violencia para conseguir objetivos políticos se da hoy con mayor fuerza en Hispanoamérica. ¿Qué opinas tú sobre esta forma de acción? ¿Crees que tiene justificación? ¿Cuáles serían las alternativas?

5. "Las tensiones sociales y la agitación política en Latinoamérica son el resultado de las condiciones de pobreza en que vive gran parte de la población". ¿Estás de acuerdo con esta afirmación? Expresa tu opinión.

6. ¿Existe la canción protesta en tu país? ¿Qué opinas sobre este tipo de manifestación?

7. Busca información sobre algún escritor hispanoamericano contemporáneo—novelista o poeta—y refiérete a su vida y su obra. Analiza alguna obra que hayas leído.

Práctica

1. Lee esta información biográfica.

Alejo Carpentier nació en Cuba en 1902. Su padre era un arquitecto francés y su madre rusa. Realizó estudios secundarios en Francia. Se inclinó luego por la música y el periodismo. En Cuba fue encarcelado por razones políticas durante la dictadura de Machado en 1928. Se trasladó a Francia donde residió durante largos años. En 1977 obtuvo el premio Cervantes. Murió en 1981.

Escribe un texto biográfico sobre el escritor argentino Ernesto Sábato. Usa esta información:

Lugar y fecha de nacimiento:		Rosas, Argentina, 24 de junio de 1911.
Estudios universitarios:		Universidad de Buenos Aires.
	1937:	Obtiene el título de Doctor en Ciencias Físico-Matemáticas.
	1938:	Gana una beca de la Asociación para el Progreso de las Ciencias. Hace estudios en el Laboratorio Curie de París.
Actividad académica:		Profesor de la Universidad de la Plata.
		Enseña Física Superior.
Otras actividades:		
	1942:	Abandona las ciencias por la literatura.
Obras importantes:		*El túnel* (1948).
		Sobre héroes y tumbas (1961).
Premios:		Premio de honor de la Sociedad Argentina de escritores.
		Premio Miguel de Cervantes (1984).

2. Escribe tu autobiografía. Incluye esta información:

Lugar y fecha de nacimiento
Breve información familiar
Lugar donde realizaste tus estudios de enseñanza básica
Lugar donde realizas/realizaste tus estudios de enseñanza media/universitarios, fechas
Actividades en las que has participado, académicas o relacionadas con algún trabajo
Premios o distinciones
Otra información de interés

3. Observa el uso de *que* y *quien* en las frases que siguen.
   - En 1953 se inició el alzamiento *que* culminó con la revolución.
   - Castro fue una de las personas *que* dirigió el alzamiento.
   - El período *de que* nos ocuparemos se inició en 1911.
   - El presidente *a quien* derrocaron salió del país.
   - Esto llevó a una intervención, *lo que* causó una crisis internacional.

   Recuerda: La función fundamental de los pronombres relativos tales como *que* y *quien* es unir dos frases y evitar así la repetición. *Que* es el pronombre relativo más usado en español, para personas y cosas. *Que* se emplea con preposiciones (*de, con, a, en*) para referirse a cosas o lugares. *Quien* o *quienes* se usa después de una preposición para referirse a personas. *Lo que* (o *lo cual*) es una forma neutra que se utiliza para referirse a ideas o frases completas.

   Completa los espacios en blanco con *que, lo que, quien* o *quienes*.
   (a) En 1973 hubo un golpe militar _____ derrocó al presidente.
   (b) Las dictaduras duraron mucho más de _____ muchos imaginaban.
   (c) Los países _____ más se beneficiaron fueron los industrializados.
   (d) Las personas a _____ más afectó la situación fueron los campesinos.
   (e) Madero fue el presidente con _____ se inició el período constructivo de la revolución.
   (f) La situación económica se deterioró enormemente, _____ afectó principalmente a los trabajadores.
   (g) La crisis a _____ nos referíamos se inició en los años setenta.
   (h) El gobierno _____ siguió sólo duró un año.
   (i) La persona de _____ te hablé es mexicana.
   (j) En 1960 hubo elecciones _____ dieron el triunfo a la oposición.

4. Completa los espacios en blanco con la preposición que corresponda según el contexto.

La soberanía _____ los Estados Unidos _____ Puerto Rico fue ratificada _____ el Tratado de París _____ 1899. _____ 1917 el Congreso otorgó _____ los puertorriqueños la ciudadanía norteamericana y dejó el poder ejecutivo _____ cargo _____ un gobernador nombrado _____ el presidente _____ los Estados Unidos. El poder legislativo quedó constituido _____ dos cámaras _____ elección popular.

5. Observa el uso de pronombres en estas oraciones.

El gobierno estadounidense calificaba al régimen nicaragüense de marxista leninista y *lo* acusaba de fomentar la insurrección.

Las fricciones entre Perón y la Iglesia llevaron a un golpe militar que *lo* derrocó.

La Universidad de la Sorbona *le* (a Jorge Luis Borges) otorgó el título de doctor honoris causa.

Recuerda: Los pronombres de complemento directo (*direct object pronouns*) se usan para sustituir a un nombre de persona o cosa. Para la tercera persona de singular y plural, ellos son *lo, la, los, las*. En muchas partes de España se usa *le* en lugar de *lo* para referirse a personas de sexo masculino. Si el complemento es indirecto (*indirect object pronoun*), siempre se usa *le* o *les*. Estudia estos ejemplos:

- Conozco *ese lugar.*   Conozco *a Luis.*
  Lo conozco.   *Lo* conozco.
- La universidad otorgó un premio *al escritor/a la escritora.*
  La universidad *le* otorgó un premio.

Reemplaza las palabras en cursiva por uno de estos pronombres: *lo, la, los, las, le, les*.

Ejemplos: Borges escribió *esta novela.*
   La escribió Borges.

   La universidad otorgó el premio *a Borges.*
   La universidad *le* otorgó el premio.

(a) Los militares derrocaron *al presidente.*
(b) El pueblo demostró su confianza *al presidente.*
(c) Díaz ganó *las elecciones.*
(d) Los guerrilleros secuestraron *al empresario.*
(e) Los trabajadores cerraron *la fábrica.*
(f) El gobierno aumentó los salarios *a los trabajadores.*
(g) Los argentinos desean recuperar *las islas.*
(h) Los británicos derrotaron *a los argentinos* en el conflicto armado.

146 ■ Hispanoamérica contemporánea: entre la frustración y la esperanza

CAPÍTULO SEIS

La lucha por el desarrollo

La base económica

MÉXICO

De la superficie total de México sólo alrededor del 15 por ciento es cultivable. El maíz y el frijol, productos importantes en la dieta mexicana, se cultivan con fines comerciales y también de subsistencia. En la actualidad se observa un predominio de los cultivos comerciales, entre ellos algodón, caña de azúcar, café, trigo, arroz, alfalfa y plátanos.

La cría de ganado tiene mayor importancia en el centro, norte y noroeste, mientras que en las regiones montañosas se da la explotación forestal. En el noroeste y en el golfo de México hay abundante pesca con fines comerciales.

La abundancia de minerales tales como el plomo, el cinc, el cobre, la plata, el oro, ha permitido a México desarrollar una importante industria dedicada a la explotación de estos productos, tal como ha sucedido con la explotación del petróleo del golfo de México, que hoy en día constituye la base de la economía mexicana.

Los principales centros industriales son la ciudad de México, Guadalajara y Monterrey. En la ciudad de México y sus alrededores está concentrado el 40 por ciento de la industria de transformación del país.

AMÉRICA CENTRAL Y LAS ANTILLAS

La economía de Centroamérica y las Antillas es predominantemente agrícola. América Central exporta principalmente café y plátanos. Las Antillas dependen mayormente de la exportación de cultivos tropicales, principalmente azúcar, tabaco, café y cacao, además de la

La mujer latinoamericana tiende a ocupar puestos que no requieren estudios ni especialización.

Los productos de la tierra
constituyen una importante
fuente de ingresos para América
Latina.

El café es uno de los principales productos
de exportación de Colombia.

explotación de algunos recursos minerales como el níquel y la bauxita.
La mayor parte de estos productos se exportan a los Estados Unidos, el
Canadá y Europa.

Entre los países de esta región Puerto Rico y Cuba son los que han
alcanzado un mayor grado de industrialización. Puerto Rico exporta
fundamentalmente productos manufacturados.

Principales productos de exportación de los países de América Central y las Antillas

País	Producto
Guatemala	café
El Salvador	café
Honduras	plátanos, café
Nicaragua	café, algodón
Costa Rica	plátanos, café
Panamá	plátanos
Cuba	azúcar, tabaco
República Dominicana	azúcar
Puerto Rico	productos manufacturados

Obreras chilenas en una compañía de exportación de fruta.

AMÉRICA DEL SUR

Países de la zona andina. La economía de los países andinos está basada principalmente en la explotación de sus recursos agrícolas, principalmente el café; minerales tales como cobre, plata, estaño, cinc; y el petróleo y sus derivados. Los países de la zona andina son esencialmente proveedores de materias primas para el mundo industrializado.

**Principales productos
de exportación de los países
de la zona andina**

País	Producto
Venezuela	petróleo crudo y derivados
Colombia	café
Ecuador	petróleo crudo
Perú	cobre, plata, cinc
Bolivia	gas natural, estaño
Chile	cobre, productos agrícolas

Países de la zona atlántica. La economía de los países de la zona atlántica está basada mayoritariamente en la explotación de sus recursos agrícolas y ganaderos. La Argentina, entre ellos, ha alcanzado un importante grado de industrialización, lo cual la sitúa en un contexto aparte dentro de los **países en vías de desarrollo.** A las industrias tradicionales como las de alimentos y textiles se han sumado otras como la industria siderúrgica y la automovilística. La producción de petróleo ha llegado a cubrir prácticamente sus necesidades.

**Principales productos de
exportación de los países
de la zona atlántica**

País	Producto
Paraguay	algodón, soja
Argentina	trigo
Uruguay	carne

El mundo rural

LA DIVISIÓN DE LA TIERRA

En la mayoría de los países hispanoamericanos la tierra está concentrada en muy pocas manos. Según estadísticas oficiales, un 1,5 por ciento de los propietarios agrícolas posee más del 50 por ciento de las tierras. Esta enorme concentración de la propiedad agrícola es herencia colonial. Recordemos que la corona española repartía las tierras conquistadas entre los colonizadores. Más tarde, la usurpación de las tierras pertenecientes a las comunidades indígenas y la expropiación de los bienes de la Iglesia acentuó aún más esta distribución desigual.

Muchas de estas tierras son explotadas de manera arcaica y no producen lo suficiente. A menudo pertenecen a familias muy ricas y poderosas que no se interesan por la actividad agrícola. No existe en general en Hispanoamérica una clase media rural. Esta tremenda desigualdad ha dado origen a través de la historia del subcontinente a grandes conflictos, como fue el caso de la Revolución Mexicana. La redistribución de la tierra era uno de los objetivos fundamentales de la Revolución.

Muchos de los gobiernos hispanoamericanos reconocen hoy la necesidad de llevar a cabo programas de reforma agraria. Varios ya los han realizado, algunos con éxito, otros no. En muchos casos la situación del **campesinado** ha mejorado, especialmente cuando la redistribución de la tierra ha ido acompañada de asistencia técnica y financiera. Pero la falta de recursos económicos y personal especializado a menudo no ha permitido prestar al nuevo propietario la ayuda necesaria. Por consiguiente, la reforma agraria no ha dado los resultados esperados. La productividad en muchos casos ha bajado y las condiciones de vida de los campesinos no han cambiado sustancialmente.

Un campesino junto a su tierra. Para él, como para muchos otros, la agricultura constituye un medio de subsistencia.

EL TRABAJO DE LA TIERRA

La agricultura constituye el medio de vida para una gran parte de la población hispanoamericana. A pesar de ello, la proporción de población que se dedica a la agricultura es relativamente baja si se la compara con la de otras regiones del mundo en desarrollo, por ejemplo Africa. En algunos países—Argentina, Uruguay, Chile—menos del 20 por ciento de la población participa en labores agrícolas. En los países más pobres, como la República Dominicana, Honduras y Guatemala, esa proporción gira en torno al 50 por ciento.

La agricultura de subsistencia. En muchas partes de Hispanoamérica la actividad agrícola continúa siendo de subsistencia, es decir, el campesino produce para el consumo familiar. A menudo el trabajo se hace a mano y con herramientas muy rudimentarias; o se emplean bueyes o caballos para **tirar el arado.** La pobreza de la mayoría de estos campesinos no les permite comprar fertilizantes para sus tierras. Tampoco reciben créditos agrícolas ni ayuda técnica. En su mayor parte se trata de campesinos analfabetos e ignorantes, **temerosos** de la burocracia local. Subsisten gracias a su experiencia y su propio esfuerzo. Conocen las condiciones climáticas locales y los productos que pueden cultivar. Para evitar que sus sembrados sean afectados por condiciones meteorológicas adversas—lluvias, sequías, heladas—cultivan más de un producto: maíz, papas, frijoles, calabazas. Si uno de ellos resulta dañado otros pueden resistir. La labor agrícola se complementa con la cría de animales para el consumo doméstico: gallinas, patos, pavos, gansos; ovejas, cabras, cerdos, **cuyes,** según la región.

La actividad del campo es una tarea de toda la familia: hombres, mujeres y niños trabajan lado a lado y **de sol a sol.** En algunas regiones más remotas de la América Latina no existen escuelas y los niños en edad escolar a menudo cuidan de los animales o realizan otras tareas livianas. La obligatoriedad de la enseñanza en las zonas más pobres de Latinoamérica es sólo nominal, ya que la participación de los niños es frecuentemente indispensable para la economía familiar.

El minifundio.   Frente a la agricultura de subsistencia se da un número cada vez mayor de minifundios o pequeñas propiedades agrícolas dedicadas al cultivo comercial. El trabajo se hace también a nivel familiar y ocasionalmente se emplea mano de obra externa. En la Argentina, Colombia y el Ecuador existe un gran número de propiedades agrícolas de este tipo. El café y el tabaco, por ejemplo, se cultivan a menudo en pequeñas **granjas** o **fincas** y no en grandes plantaciones.

El latifundio.   Las grandes **haciendas** o latifundios dedicados al cultivo de productos de exportación o a la cría de ganado en gran escala están controlados en gran medida por empresas extranjeras. Así ocurre en la América Central, por ejemplo, donde las grandes plantaciones de plátanos pertenecen a compañías norteamericanas, que realizan también la comercialización. El trabajo de estas haciendas está relativamente mecanizado y en ellas se emplea frecuentemente **mano de obra temporera** durante la cosecha. Los jornaleros o trabajadores agrícolas reciben un salario diario llamado **jornal.**

La pesca

La pesca como medio de subsistencia ha existido en Hispanoamérica desde tiempos precolombinos. En nuestra época encontramos a lo largo de la costa pequeñas comunidades dedicadas a la pesca como actividad de subsistencia o como complemento a sus ingresos econó-

La pesca es una importante fuente de recursos para algunos países hispanoamericanos.

micos. El pescado se vende a nivel local a la llegada de las lanchas pesqueras o en los mercados de los pueblos y ciudades más cercanas. Allí donde la pesca es más abundante, los productos del mar son transportados en frigoríficos hasta las grandes ciudades para su comercialización.

LA PESCA A NIVEL INDUSTRIAL

En algunos países la pesca ha alcanzado un alto grado de industrialización. El pescado se lleva a plantas de transformación situadas a veces en los mismos puertos. Allí se convierte en **harina de pescado,** que luego se exporta. En el Perú ésta era una **fuente de divisas** muy importante hasta 1972, pero la aparición de la corriente de El niño, que afectó a la corriente natural de Humboldt, tuvo desastrosas consecuencias para la pesca, pues el volumen de peces disminuyó notablemente. Por otra parte, la pesca masiva e incontrolada también contribuyó al deterioro de esta actividad económica. La producción de pescado en Chile es la más importante de Hispanoamérica. Con una costa de 4500 kilómetros, este país tiene una gran variedad de productos del mar.

Trabajadores dentro de una fundición de cobre.

La minería

Latinoamérica en general es una región rica en minerales. De los metales que se explotan el cobre es el más importante. Le sigue el hierro. Conjuntamente estos dos metales representan dos tercios del valor de la producción minera latinoamericana. Otros productos minerales de importancia son la plata, el cinc, la bauxita, el oro, el plomo y el estaño.

Hasta los años cincuenta la industria minera estaba en gran medida en manos de empresas extranjeras. A su vez, los países industrializados, de donde provenían estas empresas, ejercían un gran control sobre la producción y los precios. Las economías latinoamericanas, algunas de las cuales dependían fuertemente de sus exportaciones minerales, no estaban obteniendo suficientes beneficios de la explotación de sus riquezas. Las ganancias de las compañías extranjeras eran excesivas y sus inversiones en el país donde operaban eran muy limitadas. Esto llevó a la nacionalización de la industria minera en países como Bolivia, Cuba, Chile, el Perú y Nicaragua.

LA DISTRIBUCIÓN DE LA INDUSTRIA MINERA

La industria minera es muy importante en algunos países y casi insignificante en otros. Chile es el principal productor de minerales en toda la América Latina. Le siguen mucho más atrás el Perú, el Brasil, México, Venezuela y Bolivia. Chile produce principalmente cobre y su explotación emplea una alta tecnología, convirtiendo a este país en uno de los primeros productores de este metal en el mundo. Una sola mina—Chuquicamata, situada en el desierto de Atacama en el norte del país—produce la mitad del cobre chileno.

El Perú exporta cobre y plata en cantidades importantes. México es uno de los mayores productores de plata del mundo y tiene, además, importantes reservas de otros minerales. Venezuela es un país rico en minerales, aunque muchos de ellos están todavía sin explotar. Aparte del petróleo, su principal riqueza es el hierro. Bolivia es el tercer productor mundial de estaño, aunque desde principios de la década del ochenta su importancia ha disminuido a causa del **agotamiento de las reservas** y los altos costos de extracción.[1]

La energía

El petróleo y el gas natural son las dos más importantes fuentes de energía en la América Latina, tanto en lo que respecta a producción como a consumo. Tal como ocurre con los metales, los recursos energéticos están distribuidos de manera irregular. Hay países ricos en petróleo y gas natural que se han convertido en grandes exportadores a nivel mundial, por ejemplo Venezuela y México. Hay otros países con escasas reservas de energía que se ven obligados a importar para **hacer frente a la demanda** interna. Es el caso de Centroamérica, Cuba, Puerto Rico y algunos países sudamericanos. El alza de los precios del petróleo que comenzó en la década del setenta, si bien favoreció a los países exportadores de energía, perjudicó enormemente las economías de las naciones importadoras.

PRODUCCIÓN Y CONSUMO

El principal exportador de energía en la América Latina es Venezuela. México es también un importante país exportador. El Ecuador, Bolivia y el Perú producen mucha más energía comercial de la que consumen. En la Argentina y Colombia la producción y el consumo marchan casi paralelamente. El petróleo representa desde comienzos de la década del ochenta una cuarta parte del valor total de las exportaciones de la América Latina. Gran parte de su explotación está en manos de compañías estatales. Su comercialización está también fuertemente controlada por el Estado.

---

[1]Simon Collier, et al. (directores), *The Cambridge Encyclopedia of Latin America and the Caribbean,* págs. 56–63 (David Fox, redactor). Cambridge University Press, Cambridge, Inglaterra, 1985.

PETRÓLEOS MEXICANOS

El petróleo es la actividad más importante dentro de la economía mexicana. Fue nacionalizado en 1938. La empresa paraestatal Petróleos Mexicanos (PEMEX) explota y comercializa el crudo y sus derivados. Desde 1974 México es **autosuficiente** en materia de energéticos. Los Estados Unidos importa gran cantidad de energía mexicana. En 1979 comenzó a funcionar el **gaseoducto** de Cactus-Monterrey, que lleva gas natural desde México a su vecino del norte.

Gracias a su situación ventajosa México pudo obtener grandes préstamos de la banca internacional para financiar nuevos proyectos. Sin embargo, al finalizar el *boom* del petróleo en 1981, este país tuvo serias dificultades para hacer frente a su **deuda externa.** Fue necesario introducir un programa económico de emergencia que tuvo un alto costo social.

PETRÓLEOS DE VENEZUELA

Venezuela es uno de los grandes productores de petróleo del mundo. Fue impulsor de la Organización de Países Exportadores de Petróleo (OPEP) y es actualmente uno de sus más importantes miembros. Hasta 1976 la industria del petróleo estaba en manos de empresas extranjeras. Después de su nacionalización, Petróleos de Venezuela (PDVSA) explota y comercializa el crudo y sus derivados. Gracias a su petróleo los venezolanos han gozado de un alto nivel de vida en el contexto latinoamericano. Venezuela tiene el más alto nivel de ingresos per cápita en Latinoamérica. Sin embargo, su gran deuda externa y la baja en los precios del petróleo en la década del ochenta crearon serias dificultades a la economía venezolana.

La industria y el comercio

LA INDUSTRIA

El desarrollo industrial en Hispanoamérica ha sido lento e irregular. A nivel mundial su producción industrial es insignificante si se la compara con la de los Estados Unidos o Europa occidental. Un solo país, el Japón, supera la producción industrial de toda América Latina y el Caribe tomados conjuntamente. Los esfuerzos hechos por los distintos países para crear una industria nacional sólida y estable no han producido los resultados deseados. Varios factores han contribuido a dificultar el **despegue industrial** latinoamericano:

1. La falta de capitales, tanto nacionales como extranjeros. La inversión extranjera ha sido mayor en los países con más población, por ejemplo México y la Argentina, que ofrecen la posibilidad de un mercado más amplio. En los países pequeños, por ejemplo Honduras, El Salvador y Guatemala, la inversión ha sido mucho más limitada. El mayor o menor control del Estado sobre los capitales extranjeros ha sido también un factor determinante.

2. El bajo nivel de vida de la población y el reducido mercado limita y hace más cara la producción. Por consiguiente los precios de los productos manufacturados son más altos. Productos fabricados bajo licencia en Latinoamérica pueden costar dos veces más que en el país de origen.

Para ampliar el mercado y reducir los costos se formaron asociaciones tales como el Mercado Común Centroamericano (MCCA) en 1960. Su objetivo era fomentar el desarrollo a través de la integración económica de sus miembros: Guatemala, El Salvador, Honduras, Costa Rica y Nicaragua, con una población total de 18 millones de habitantes en la actualidad. En 1966 se creó el Pacto Andino (PA), una especie de mercado común que agrupaba a Chile, Ecuador, Colombia, Perú y Venezuela, con objetivos similares a los del MCCA. Sin embargo, las altas tarifas intrarregionales y la distribución desigual del crecimiento económico han limitado el éxito de estas asociaciones.

3. El proteccionismo de los países de la región y de los países industrializados—sumado a los altos precios de los productos manufacturados—impide que los países latinoamericanos puedan exportar sus productos a esas naciones.

4. Los precios de las materias primas y alimentos que exporta la América Latina son controlados por las naciones industrializadas. La región no recibe un precio justo por sus exportaciones, lo que limita el ingreso de divisas. Por consiguiente no existen los fondos necesarios para la industrialización.

5. Latinoamérica debe dedicar gran parte de sus ingresos al pago de la deuda externa. Ello impide destinar suficientes fondos al desarrollo industrial.

6. América Latina depende fuertemente de los países industrializados, especialmente de los Estados Unidos, en lo que se refiere a tecno-

logía. De allí procede la maquinaria y el conocimiento técnico necesarios para la creación de nuevas industrias.

DISTRIBUCIÓN DEL CRECIMIENTO INDUSTRIAL E INVERSIONES

A pesar de las muchas dificultades, algunos países han logrado crear una extensa red de industrias de sustitución de importaciones. El crecimiento industrial ha favorecido principalmente a los países más grandes: México y la Argentina. En los países intermedios—Colombia, Venezuela, Chile, el Perú—el crecimiento, aunque significativo, ha sido menor. Los países pequeños de la América Central y las Antillas—con la excepción de Cuba—han experimentado mucho menor avance.

Las inversiones extranjeras en Hispanoamérica provienen especialmente de los Estados Unidos. No obstante, en la actualidad se observa una participación cada vez mayor de capitales europeos y japoneses.[1] Asimismo, ha habido un aumento en el número de empresas multinacionales que operan en la región. La relación entre los distintos gobiernos y las compañías multinacionales origina frecuentes tensiones. Por un lado, éstas tratan de conseguir el máximo de ganancias. El Estado, por su parte, intenta controlar las utilidades e inversiones de las compañías en el país y limitar la exportación de capitales.

EL COMERCIO

El comercio de exportación latinoamericano se basa principalmente en la venta de materias primas a los países industrializados, mientras que las importaciones corresponden fundamentalmente a productos manufacturados. Las ventas al exterior **están sujetas a** las restricciones que las naciones desarrolladas impongan a la entrada de productos procedentes de Latinoamérica. Por otra parte, los precios son también fijados por los países ricos, a través de las compañías extranjeras que explotan y comercializan muchos de los productos latinoamericanos.

El principal socio comercial de la América Latina continúa siendo los Estados Unidos, aunque el comercio con otras regiones—Oriente Medio y el Japón por ejemplo—ha aumentado considerablemente tanto en lo que respecta a exportaciones como importaciones (principalmente petróleo de los países árabes). Las ventas a Europa occidental disminu-

---

[1]Simon Collier, et al. (directores), *The Cambridge Encyclopedia of Latin America and the Caribbean,* págs. 70–73 (R. N. Gwynne, redactor). Cambridge University Press, Cambridge, Inglaterra, 1985.

yeron con la creación de la Comunidad Económica Europea (CEE), al restringirse la importación de frutas tropicales y de carne argentina a los países de la Comunidad. Algunas naciones hispanoamericanas, sin embargo, han encontrado nuevos mercados para sus productos en Europa oriental y en las emergentes economías de Asia.

La recesión de los años ochenta afectó a las exportaciones latinoamericanas. A la vez, la falta de divisas impuso severas restricciones a las importaciones de productos manufacturados procedentes de los Estados Unidos y otros países industrializados.

El transporte

LOS FERROCARRILES

No existe realmente en Hispanoamérica una red de ferrocarriles como la de los Estados Unidos o Europa occidental. Muchas de las líneas, algunas ya en desuso, se construyeron para transportar mercancías desde los centros de producción hasta los puertos o la capital. El desarrollo ferroviario fue escaso, excepto en la Argentina, el Uruguay, Chile y Cuba. En la actualidad el transporte por ferrocarril se ha reducido notoriamente. Ello se debe a la acelerada expansión del sistema de carreteras, a los altos costos de manutención de las líneas—muchas de ellas construidas en terreno de difícil acceso—y a la necesidad de importar gran parte del material ferroviario.

El ferrocarril del Sur, Chile.

Puerto de Valparaíso, Chile.

LAS CARRETERAS

Desde la aparición del automóvil los gobiernos de la región han destinado una buena parte de sus recursos económicos a la construcción de carreteras. A nivel nacional el sistema se ha expandido enormemente, uniendo las grandes ciudades con zonas antes aisladas. El número de automóviles crece aceleradamente. Sin embargo, la red de carreteras es insuficiente y una gran parte de ellas están sin pavimentar y son intransitables en ciertas épocas del año. Su distribución a través de Hispanoamérica también es irregular. México y la Argentina, los dos países más grandes, tienen la red más extensa. Venezuela cuenta con el más moderno sistema de carreteras de la región. Modernas autopistas unen a Caracas con las principales ciudades del país.

A nivel internacional hay escasas conexiones entre un punto y otro del continente. La carretera Panamericana, que desde México avanza a través de Centroamérica y a lo largo de la América del Sur, no se ha completado en su totalidad. Entre los proyectos está la construcción de la carretera marginal de la Selva que unirá a Colombia con Panamá. Y la frontera del Perú quedará unida a la costa noreste del Brasil a través de la carretera Transamazónica.

EL TRANSPORTE MARÍTIMO

El transporte por mar no ha cesado de tener importancia en la América Latina. Desde la época colonial y hasta la aparición del transporte aéreo y del automóvil, la vía marítima constituía prácticamente el único lazo entre los distintos países del área. En años recientes algunos

El transporte fluvial ha tenido escaso desarrollo en Hispanoamérica (río Calle; Calle, Chile).

países han modernizado sus puertos y aumentado el número de barcos para transporte de carga. Cuba, el Ecuador y Venezuela han ampliado considerablemente su flota marítima. En la Argentina la construcción de barcos ha alcanzado importantes niveles.

EL TRANSPORTE AÉREO

Dadas las enormes distancias y la complicada geografía regional, el transporte aéreo ha logrado un importante desarrollo en toda la América Latina. Las principales ciudades latinoamericanas—Buenos Aires, Santiago, Lima, Caracas, ciudad de México—se encuentran unidas a través de una extensa red de líneas aéreas. Todos los países cubren sus rutas nacionales con sus propios aviones y la mayoría cuenta con, por lo menos, una línea aérea internacional. Las principales líneas de aviación del mundo tienen un servicio regular de vuelos con la América Latina.

EL TRANSPORTE FLUVIAL

El **transporte fluvial** en la América hispana no ha logrado el desarrollo que debería tener. Las posibilidades comerciales de los ríos navegables—el Amazonas, el Paraná, el Paraguay, el Orinoco, el Magdalena—no se han explotado suficientemente. En su mayoría estos ríos se encuentran alejados de los principales centros de población. El estuario del Plata—formado por los ríos Paraná y Uruguay—es una importante vía fluvial para la Argentina y el Uruguay.

Música indígena cerca de las pirámides aztecas de Teotihuacán.

Pisac, a pocos kilómetros de Cuzco, es uno de los muchos centros de atracción turística del Perú.

EL TRANSPORTE URBANO

El creciente número de automóviles ha creado serios problemas de congestión en las grandes ciudades de Hispanoamérica. El tráfico de vehículos aumenta día a día, con los consiguientes problemas ambientales: alto grado de contaminación atmosférica en algunas ciudades y ruido excesivo. La ciudad de México y Santiago de Chile son los ejemplos más extremos de este tipo de situación. Para paliar el problema algunos países han invertido fondos en la construcción de modernas autopistas que permitan el flujo rápido de vehículos desde los lugares de trabajo hasta los barrios y ciudades dormitorios. Caracas, donde el automóvil es el medio de transporte más utilizado, cuenta con un moderno sistema urbano de carreteras. Algunas ciudades—Buenos Aires, ciudad de México, Santiago, Caracas—tienen también un sistema de transporte subterráneo, llamado "subte" en Buenos Aires y "metro" en las otras ciudades.[1]

El turismo

Hispanoamérica ofrece enormes posibilidades para el desarrollo turístico. La variedad de su clima, la belleza de sus paisajes y su herencia histórica no han sido explotados suficientemente. La mayoría de los países de la región no cuentan con los recursos económicos necesarios para crear una infraestructura turística: carreteras, hoteles y servicios complementarios. La recesión mundial de los años ochenta, la inestabilidad política latinoamericana y la actividad guerrillera han sido también factores negativos en el fomento del turismo.

[1]Datos relativos al transporte provienen principalmente de Simon Collier, et al. (directores), *The Cambridge Encyclopedia of Latin America and the Caribbean,* págs. 78–87 (J. P. Dickenson, redactor). Cambridge University Press, Cambridge, Inglaterra, 1985.

Las atracciones turísticas de la América hispana son innumerables: ruinas arqueológicas precolombinas como las de México, Guatemala o el Perú; selvas tropicales en Colombia, Venezuela, el Ecuador; fértiles llanuras y lagos en la Argentina, Chile; playas de clima tropical en México, Centroamérica, el Caribe; tierras altas de clima templado en Bolivia, el Perú, Ecuador.

Glosario

agotamiento (de las reservas). exhaustion (of reserves)
autosuficiente. self-sufficient
campesinado. peasantry
cuyes. guinea pigs
de sol a sol. from sunrise to sunset
despegue industrial. takeoff of industrial development
deuda externa. foreign debt
están sujetas a. are subject to
fincas. farms
fuente de divisas. source of foreign currency
gaseoducto. gas pipeline
granjas. farms
hacer frente (a la demanda). to meet (the demand)
haciendas. large farms
harina de pescado. fish meal, ground dried fish used as fertilizer and animal food
jornal. day's wage
mano de obra temporera. temporary labor
países en vías de desarrollo. developing countries
temerosos. fearful
tirar el arado. to pull the plow
transporte fluvial. river transportation

Cuestionario

LA BASE ECONÓMICA
1. ¿Qué productos cultiva México con fines comerciales?
2. ¿Qué productos minerales explota?
3. ¿Cuál es la base de la economía mexicana?
4. ¿Cómo se puede definir la economía de la América Central y las Antillas? ¿Por qué?
5. ¿Cuál es la base de la economía de los países andinos?
6. ¿Cuál es la base de la economía de los países de la zona atlántica?

EL MUNDO RURAL
1. ¿Qué factores han contribuido a la concentración de la tierra en Hispanoamérica?

2. En líneas generales, ¿qué resultados han tenido los programas de reforma agraria? Explica las razones.
3. ¿Qué comparación se puede hacer entre el porcentaje de población dedicada a la agricultura en Hispanoamérica con lo que ocurre en otras regiones del Tercer Mundo?
4. ¿A qué se llama agricultura de subsistencia? ¿Cuáles son las características de este tipo de actividad?
5. ¿Qué significa la palabra minifundio? ¿En qué países hispanoamericanos abunda este tipo de propiedad?
6. ¿Qué tipo de corporaciones controlan muchos de los latifundios productivos en Latinoamérica? ¿Qué ejemplo se da en el texto?

LA PESCA

1. ¿Cómo se comercializa el pescado en las pequeñas comunidades?
2. ¿Cómo se realiza la comercialización en los lugares donde la pesca es abundante?
3. ¿Qué efecto tuvo la corriente de El niño en el Perú?
4. ¿En qué país latinoamericano se da el mayor volumen de pesca? ¿Qué factor contribuye a esto?

LA MINERÍA

1. ¿Qué problemas existían en el sector minero latinoamericano hasta los años cincuenta? ¿Qué medidas se adoptaron para resolverlos?
2. ¿Cuál es el principal país productor de minerales en Latinoamérica? ¿Qué produce fundamentalmente?
3. ¿Qué otros países hispanoamericanos tienen importantes riquezas minerales? ¿Qué minerales producen?

LA ENERGÍA

1. ¿Qué efectos tuvo el alza de los precios del petróleo en Hispanoamérica?
2. ¿Qué porcentaje del total de sus exportaciones representa el petróleo para Latinoamérica?
3. ¿Quién explota y comercializa en su mayor parte el petróleo latinoamericano?
4. ¿En qué situación se encuentra México en lo que respecta a la energía? ¿Y Venezuela? ¿Qué circunstancias especiales se han dado y se dan en cada país?

Temas de redacción o presentación oral

1. Compara en líneas generales la distribución y trabajo de la tierra en Hispanoamérica con lo que ocurre en tu propio país.
2. Haz un análisis sobre la importancia de la energía en el mundo moderno.

3. Analiza los factores que han contribuido a dificultar la industrialización en la América Latina. Refiérete a las causas internas y externas, dando ejemplos cuando sea posible.

4. ¿Qué factores pueden haber facilitado la industrialización de los Estados Unidos, Gran Bretaña u otros países del mundo desarrollado?

5. ¿Crees que la América Latina pueda llegar a convertirse en una región desarrollada y sin los contrastes sociales que hoy existen? ¿Qué factores tendrían que intervenir?

6. Resume brevemente las características del transporte en Hispanoamérica:
   (a) Los ferrocarriles
   (b) Las carreteras
   (c) El transporte marítimo
   (d) El transporte fluvial
   (e) El transporte aéreo
   (f) El transporte urbano

   Haz una comparación con las características del transporte en tu propio país o región.

7. Describe los atractivos turísticos de una región o país de habla española que tú conozcas personalmente o a través de tus lecturas.

8. Imagina que trabajas en un organismo de promoción turística en tu país. Escribe un breve folleto en español o da una charla sobre los atractivos del lugar donde vives u otro sitio de interés turístico que tú conozcas.

Práctica

1. Observa el uso del **pretérito perfecto** en este texto.

   A pesar de las dificultades algunos países *han logrado* crear una red de sustitución de importaciones. El crecimiento industrial *ha favorecido* principalmente a los países más grandes. En los países intermedios el crecimiento *ha sido* menor. Los países de la América Central y las Antillas *han experimentado* mucho menor avance.

   Recuerda: El **pretérito perfecto** se emplea normalmente para referirse a una acción ocurrida en el pasado reciente o a un hecho que tiene relación con el presente. El texto anterior se refiere a la industrialización que ha experimentado Hispanoamérica *hasta ahora*.

   Pon los **infinitivos** en la forma correcta del **pretérito perfecto**.

   Los países hispanoamericanos (*hacer*) enormes esfuerzos por industrializarse. Algunos gobiernos (*abrir*) las puertas a los inversionistas extranjeros. Los países mayores, como México y la Argentina, (*ver*) crecer su capacidad industrial. Pero en los países pequeños las inversiones (*ser*) limitadas. Las naciones centroamericanas, por ejemplo, (*descubrir*) que la integración económica es esencial para atraer capitales y es así como (*poner*) todas sus esperanzas en el Mercado Común Centroamericano. Desafortunadamente, el problema político (*romper*) el diálogo entre algunos países del área y las tradicionales rivalidades (*volver*) a surgir. Por otra parte, los efectos de la recesión económica (*hacerse*) sentir seriamente. La crisis (*afectar*) a todos por igual, aunque la capacidad de recuperación sea mayor en unos que en otros.

2. Compara las dos oraciones que siguen.
   - La tierra *está concentrada* en pocas manos.
   - Los productos del mar *son transportados* en frigoríficos.

   Recuerda: **Ser** + **participio** es una construcción pasiva (ver pág. 105) que indica una acción; **estar** + **participio** indica una condición o el resultado de una acción. En ambas construcciones el participio concuerda en género (masculino o femenino) y número (singular o plural) con el sustantivo.

   Completa estas frases con *ser* o *estar* + participio, según el contexto:
   (a) Los precios (*fijar*) por los países ricos.
   (b) La deuda (*pagar*).
   (c) Los productos agrícolas (*exportar*) a los Estados Unidos.
   (d) Los productos manufacturados (*traer*) del extranjero.
   (e) Las negociaciones (*terminar*).
   (f) El conflicto (*solucionar*).
   (g) El pescado (*llevar*) a los mercados.
   (h) La nueva carretera ya (*construir*).

3. Completa estas oraciones con la palabra o expresión más adecuada, en singular o plural, según el contexto: *divisa, recurso, fuente, producto manufacturado, desarrollo, ingreso, inversionista, crecimiento, materia prima, agotamiento.*
   (a) Las naciones hispanoamericanas son países en vía de _____.
   (b) Debido a la recesión el _____ económico ha sido muy lento.
   (c) Las exportaciones son fundamentales para el ingreso de _____ _____.
   (d) Los _____ extranjeros no quieren arriesgar sus capitales.
   (e) El comercio exterior latinoamericano se basa en la exportación de _____.
   (f) Los países hispanoamericanos importan _____ de los países industrializados.
   (g) Venezuela es un país rico en _____ energéticos.
   (h) El _____ de las reservas ha llevado al cierre de muchas minas.

(i) El _____ per cápita en la América Latina es muy inferior al de los Estados Unidos.

(j) El petróleo es la principal _____ de divisas para México.

4. Completa este texto con las palabras que te parezcan más adecuadas.

En la mayoría de los países _____ la tierra está _____ en muy pocas manos. _____ estadísticas oficiales, un 1,5 por ciento de los _____ agrícolas posee _____ del 50 por ciento de las _____. Esta enorme _____ de la propiedad agrícola es _____ colonial. Recordemos que la _____ española repartía las tierras _____ entre los colonizadores. Más _____, la usurpación de las tierras _____ a las comunidades indígenas y la expropiación de los _____ de la Iglesia acentuó _____ más esta _____ desigual.

5. Completa los espacios en blanco con una de estas palabras o expresiones, sin repetir ninguna: *ya que, por consiguiente, si bien, sin embargo, a pesar de, aunque*.

_____ muchos países han realizado programas de reforma agraria, éstos no han dado los resultados esperados. No ha habido asistencia técnica, y _____ ha disminuido la producción. En algunas naciones, _____, se ha observado cierto progreso, _____ éste ha sido limitado. Los campesinos no solicitan ayuda de las organizaciones financieras, _____ a menudo no entienden la burocracia local. Hay quienes afirman que, _____ este cuadro negativo, la situación tiende a mejorar y parece haber cierta esperanza para el futuro.

6. Completa los espacios en blanco con la preposición correcta: *por* o *para*.

(a) _____ evitar que sus sembrados se vean afectados _____ las lluvias o las sequías cultivan más de un producto.

(b) La labor agrícola se complementa con la cría de animales _____ el consumo doméstico.

(c) Las grandes haciendas están a menudo controladas _____ empresas extranjeras.

(d) Los productos son llevados _____ los campesinos a las ciudades _____ su comercialización.

(e) Hay países que _____ no tener suficiente petróleo se ven obligados a importar _____ hacer frente a la demanda interna.

(f) El gaseoducto pasa _____ la frontera hacia los Estados Unidos.

(g) _____ no tener trabajo se vieron obligados a emigrar a la ciudad.

(h) _____ tener un trabajo necesitas cierta experiencia.

CAPÍTULO SIETE

Los hispanoamericanos

Diversidad e integración étnicas

A través de este libro hemos empleado por conveniencia y costumbre los términos *latinoamericano* e *hispanoamericano* para referirnos a los habitantes de las tierras colonizadas por España. Sin embargo, ninguna de las dos palabras refleja **por sí sola** la verdadera entidad del hombre que mayoritariamente puebla las Américas de México al sur. Desde un punto de vista cultural y étnico éste no es ni latino ni hispano, **sino más bien** un elemento nuevo que integra en sí un **abanico de culturas** y razas diferentes. El amerindio, el español y el hombre traído del Africa como esclavo se han integrado en mayor o menor grado de acuerdo a circunstancias históricas, económicas y políticas.

LA COMPOSICIÓN ÉTNICA

Es difícil determinar con exactitud la composición étnica de los distintos países. Los censos nacionales son a menudo inexactos. Los **prejuicios raciales** y el mayor o menor prestigio de ciertos grupos sociales llevan muchas veces a ocultar la verdadera identidad étnica. ¿Qué cánones podrían permitir clasificar a un individuo como indígena o como mestizo? La población aborigen, por ejemplo, va desde la integración total al resto de la sociedad hasta el aislamiento extremo, como es el caso en las regiones más remotas de la selva amazónica. Por eso, las cifras que se dan a continuación sólo servirán para dar una idea general sobre los grupos predominantes en distintas regiones del continente.

1. El mestizo, mezcla de indio y blanco, constituye el grupo mayoritario en Hispanoamérica. El 70 por ciento o más de la población de

El mestizo constituye el grupo mayoritario en Hispanoamérica.

México, Nicaragua, Paraguay y Venezuela es mestiza. En Honduras y El Salvador las cifras son de un 90 por ciento aproximadamente.

2. La presencia del mulato y del africano es más fuerte en la zona del mar Caribe, en países como la República Dominicana, Cuba, Colombia, Venezuela, Panamá y Nicaragua. En la República Dominicana constituye la mayoría. En esta isla caribeña se estima que hay un 73 por ciento de mulatos y un 11 por ciento de negros. Las cifras son muy inferiores en los otros países.

3. Los países andinos—Bolivia, el Perú, el Ecuador—y Guatemala tienen una gran proporción de amerindios. En Bolivia y Guatemala el 54 por ciento de la población es indígena.

4. El blanco es el grupo predominante en la Argentina, el Uruguay y Costa Rica, con cifras superiores al 90 por ciento en cada país.[1]

LA INTEGRACIÓN RACIAL

Naturalmente, los diversos grupos que hemos mencionado no se dan en forma aislada. La unión étnica y la interacción cultural de los distintos elementos de la sociedad es constante y lleva a distintas formas de integración. Por otra parte, no debemos olvidar que la esencia de los hispanoamericanos se ha visto modificada por la llegada de inmigrantes de distintos países de Europa, del **Lejano Oriente** y del **Medio Oriente.** Aunque su número nunca alcanzó la importancia que tuvo en los Estados Unidos, su contribución al desarrollo social, económico y cultural de la América Latina sería difícil de ignorar.

LOS INDÍGENAS

Los indígenas de la América Latina representan hoy en día una minoría en relación al total de la población: unos 26 millones frente a 360 millones aproximadamente, incluido el Brasil. Desde la llegada de los europeos el indio **ha estado sometido** a varias calamidades. El **exterminio concertado,** las enfermedades traídas desde Europa y la explotación sistemática del indio han reducido drásticamente sus números.

Como en los tiempos coloniales, el indio de hoy vive al margen de la sociedad y no participa mayormente en la toma de decisiones. En el Perú, el gobierno militar nacionalista que tomó el poder mediante un

---

[1]*Nuestro Mundo 85/86.* Banco de información OMNIDATA EFE. Agencia EFE, Espasa Calpe, Madrid, 1985.

Niños quechuas (Perú).

golpe de Estado en 1968 quiso incorporar a la población indígena a la vida nacional. Su política fue bien intencionada pero mal dirigida y no dio los resultados esperados. A comienzos de los años setenta, el **quechua,** la lengua que habla casi la mitad de la población peruana, pasó a ser idioma oficial junto con el castellano. En Nicaragua, luego de la revolución sandinista, el gobierno tuvo que enfrentar la resistencia de los indios misquitos a los que trató de incorporar al proceso revolucionario. Paraguay es la única república donde un idioma indígena—el guaraní—ha conseguido mantener una posición cultural estable. Una gran parte de la población paraguaya utiliza el idioma de los indios guaraníes, además del castellano.

En años recientes ha habido un despertar de la conciencia indígena que puede tener importantes repercusiones para el futuro de la América Latina. El término *indio,* **usado despectivamente** por tanto tiempo, está adquiriendo una nueva connotación al ser utilizado por los indios mismos para reafirmar con orgullo su identidad. Este despertar, aunque ciertamente limitado a los grupos más radicales interesados en la "liberación nacional" del indígena, está teniendo diversas manifestaciones a través del continente:

1. Congresos internacionales, como el celebrado en el Canadá en 1975, en el que también participaron grupos estadounidenses, o el primer congreso indígena sudamericano que tuvo lugar en el Perú en 1980.

2. En México, uno de los candidatos a las elecciones presidenciales de 1982 se identificó a sí mismo como indio.

3. En Guatemala la guerrilla cuenta con una sólida base indígena.

4. En los países andinos, los movimientos de reivindicación quechua y **aymará** no reconocen las fronteras establecidas entre el Ecuador, el Perú y Bolivia.

Las exigencias son prácticamente las mismas de norte a sur del continente:

1. Los indios piden que se les devuelvan sus tierras.

2. Piden el reconocimiento de los idiomas nativos.

3. Desean que el sistema de enseñanza se adapte a sus propias necesidades.

4. Quieren que se ponga fin a la discriminación y a los abusos y que se les proteja contra la violencia de elementos no indígenas.

5. Exigen que se les dé mayor participación en todas aquellas decisiones que les conciernen.[1,2]

La afirmación de la identidad indígena y los movimientos de reivindicación cobraron mayor fuerza a partir de 1992, con motivo de cumplirse los 500 años de la llegada a América de Cristóbal Colón. Aquel mismo año, Rigoberta Menchú, una mujer indígena guatemalteca, obtenía el premio Nobel de la Paz por su defensa de los derechos humanos y los derechos de los indios en particular.

LA CONTRIBUCIÓN AFRICANA

La importación de esclavos africanos a las Américas se inició con la colonización y duró más de tres siglos. A fines del siglo XVI los africanos constituían un importante núcleo social en las colonias españolas. La América hispana absorbió el 9 por ciento de los esclavos llegados de Africa hasta 1870, lo que equivale aproximadamente a 1 500 000 esclavos. En Norteamérica el porcentaje fue de un 6 por ciento.

---

[1]"Central American Indians" por David Stephen y Phillip Wearne, págs. 21–22 (Resumen por Rodolfo Stavenhagen), Informe No. 62. Minority Rights Group, Londres, abril de 1984.

[2]"What Future for the Amerindians of South America?" por Hugh O'Shaughnessy y Stephen Corry, págs. 7–11, Informe No. 15. Minority Rights Group, 2ª edición, Londres, julio de 1977.

El trato inhumano sufrido por los esclavos es evidente en este grabado.

La presencia africana fue mínima en las tierras altas de Centro-américa y Sudamérica, donde los españoles encontraron abundante mano de obra indígena. Pero en las tierras tropicales de la costa y en las islas del mar Caribe la población aborigen era mucho menor; fue allí donde se concentró el mayor número de esclavos provenientes de Africa. Se los ocupaba preferentemente en las minas, en las plantaciones de azúcar y en el cultivo de otros productos tropicales de gran demanda.

En un principio, la mayoría de los esclavos procedían de África Occidental, pero a medida que el comercio se intensificaba se los buscó en otras regiones del continente negro. Una gran parte eran hombres jóvenes. Muchos de ellos **perecían en la travesía** o morían a edad muy temprana como resultado del trabajo forzado o de las enfermedades que contraían.

Los primeros países en abolir la esclavitud en Hispanoamérica fue-ron aquéllos donde la presencia del esclavo no era importante para la economía: Chile en 1823, las Provincias Unidas de Centroamérica en 1824 y México en 1829. En Venezuela, Colombia y el Perú se abolió a mediados del siglo pasado. En Cuba perduró hasta 1886.[1]

[1]Simon Collier, et al. (directores), *The Cambridge Encyclopedia of Latin America and the Caribbean,* págs. 138–42 (Anthony McFarlane, redactor). Cambridge University Press, Cambridge, Inglaterra, 1985.

En el proceso de integración del africano a la nueva sociedad blanca y mestiza muchas de las tradiciones africanas se han perdido. Persisten, sin embargo, rasgos generales de la cultura africana que unidos al elemento español e indígena han hecho más rica nuestra sociedad. Naturalmente, esta contribución cultural es más evidente en aquellos países donde la presencia negra es mayor: la República Dominicana, Cuba, Panamá, Nicaragua, Colombia y Venezuela. La música, el baile, la canción, las creencias y prácticas religiosas, así como las artes plásticas y la literatura muestran claramente su influencia. La integración del negro a la sociedad hispanoamericana no se ha llevado a cabo sin dificultades. Aunque persisten ciertos prejuicios, su grado de asimilación ha sido mucho mayor que la del indígena.

LA INMIGRACIÓN EXTRANJERA

La inmigración extranjera a Hispanoamérica no tuvo las características ni la importancia que tuvo la inmigración a los Estados Unidos. La América hispana, donde la tierra estaba concentrada en pocas manos y donde hasta mediados del siglo pasado todavía existía la esclavitud, no ejercía una fuerte atracción sobre los posibles inmigrantes. En cambio, en los Estados Unidos la expansión territorial y la industria naciente requerían de nuevos elementos dispuestos a participar activamente en el desarrollo del país. Norteamérica facilitó la inmigración, particularmente europea, y dio tierras a los inmigrantes con la condición de que la cultivaran, mientras que los países hispanoamericanos, salvo excepciones, no tuvieron una política definida al respecto. Por lo tanto, la llegada de extranjeros a la región fue irregular y tendió a concentrarse en ciertos países. Esta corriente migratoria hacia Hispanoamérica ha procedido de diversos puntos del globo, aunque en su mayor parte ha sido europea.

La inmigración oriental. Ante la reducción del tráfico de esclavos entre los años 1840–1870, Cuba importó más de 100 000 coolíes chinos para sustituir la mano de obra africana en las plantaciones.[1] En la actualidad la población de origen asiático, que se calcula en un 1 por ciento, se encuentra bien integrada al resto de la sociedad cubana.

Un número similar de coolíes chinos fue traído al Perú en el mismo período. Allí se les ocupó preferentemente en la extracción de guano y

---

[1]Simon Collier, et al. (directores), *The Cambridge Encyclopedia of Latin America and the Caribbean*, pág. 146 (Alistair Hennessy, redactor). Cambridge University Press, Cambridge, Inglaterra, 1985.

en la construcción de ferrocarriles. Muchos de ellos sucumbieron a los malos tratos y a los trabajos inhumanos que debían realizar. Hoy en día la comunidad chino-peruana se encuentra bien establecida y participa activamente en todos los aspectos de la vida nacional.

México también cuenta con una pequeña comunidad de origen asiático y en mucha menor proporción también otros países de la América Central y del Sur.

La inmigración japonesa se concentró principalmente en el Brasil, pero algunos países de habla española, entre ellos México y la Argentina, recibieron también inmigrantes del lejano Japón.

La inmigración europea. La corriente migratoria europea se dirigió principalmente a la Argentina y Uruguay, y en menor grado a Chile, Costa Rica, Cuba y Venezuela. Entre 1857 y 1930 se establecieron en la Argentina 6 millones de personas, la mayor parte de ellos europeos. Procedían en su mayoría de Italia y de España. También entraron portugueses, alemanes, yugoslavos, franceses, austríacos e ingleses. Esta masiva inmigración convirtió a la Argentina en el país más cosmopolita de la América Latina. La población del Uruguay es también mayoritariamente europea. En la región sur de Chile se estableció una pequeña pero influyente comunidad alemana y croata. En Venezuela la distribución racial ha cambiado por la llegada, después de la segunda guerra mundial, de casi un millón de inmigrantes europeos. El Paraguay tiene una importante comunidad de origen alemán. Frente a la actual inestabilidad política y social de Hispanoamérica y a los escasos incentivos económicos, la llegada de europeos prácticamente ha cesado.[1]

La inmigración árabe. Los primeros años de nuestro siglo vieron llegar a la América Latina un gran número de inmigrantes árabes. Palestinos, sirios y libaneses se establecieron a lo largo de las Américas, donde el comercio se constituyó en su principal actividad. Muchos de ellos eran cristianos que abandonaban los territorios en conflicto bajo el control del Imperio turco. Esta inmigración, que tuvo su apogeo en las dos primeras décadas de nuestro siglo, nunca se ha detenido totalmente. Colombia, Chile, la Argentina y los países centroamericanos y del Caribe cuentan con una importante e influyente comunidad árabe. Chile tiene alrededor de 250 000 personas de origen palestino, además de numerosos libaneses y sirios. Los árabes hispanoamericanos, como otros extranjeros, están plenamente integrados a la vida nacional.

---

[1]*Nuestro Mundo 85/86*. Banco de información OMNIDATA EFE. Agencia EFE, Espasa Calpe, Madrid, 1985.

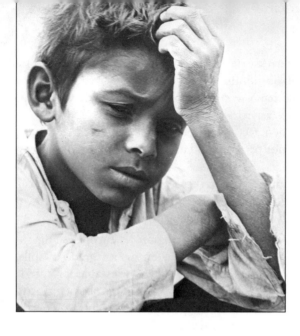

Las consecuencias de la pobreza y la explosión demográfica se reflejan en la cara de este niño.

La demografía

LA EXPLOSIÓN DEMOGRÁFICA

Desde hace treinta años la población de Latinoamérica ha venido creciendo aceleradamente. Hasta los años cuarenta el crecimiento latinoamericano no parecía causar gran preocupación, pero a partir de los cincuenta la **explosión demográfica** ha alcanzado altos niveles. Esto ha transformado a la América Latina en una de las regiones más conflictivas del mundo, dada la lentitud del desarrollo económico frente a un crecimiento demográfico mucho más rápido. El siguiente cuadro estadístico nos da una idea clara sobre el crecimiento de Latinoamérica entre 1950 y 1990 y sus proyecciones para el futuro. Las cifras, que provienen de la **ONU,** incluyen también al Brasil, cuya población en 1990 era de 150 368 000 habitantes.

Población de América Latina por regiones (en millares)*

Región	1950	1980	1990	2000
América Central continental	36 101	92 538	122 382	155 709
Caribe	17 476	31 919	38 215	45 222
América del Sur tropical	85 092	198 181	252 196	313 210
América del Sur templada	25 437	41 067	46 505	51 605
Total para América Latina	164 053	363 704	459 298	565 747

*Organización de las Naciones Unidas.

Niños y jóvenes constituyen el elemento predominante en la sociedad hispanoamericana.

ÍNDICES COMPARATIVOS

El aumento de la población en Latinoamérica ha sido mayor que en África o Asia. Ello se explica por la disminución de los **índices de mortalidad** frente a los **índices de natalidad,** que han continuado siendo elevados. No obstante, se espera que la tendencia general se oriente a la disminución del crecimiento demográfico desde una **tasa** actual de aproximadamente 2,4 por ciento anual a 1,9 por ciento para el año 2000.[1] En los Estados Unidos la **tasa de crecimiento natural** se sitúa alrededor del 1,0 por ciento.

Es interesante observar que el aumento de población es mucho mayor en Centroamérica y México y en las zonas tropicales de Sudamérica que en las regiones de clima templado del sur del continente. En México, por ejemplo, la tasa de crecimiento en 1985–1990 fue de 2,2 por ciento, en Colombia y Venezuela fue de 2,1 y 2,6 por ciento respectivamente y en la Argentina y Chile—países de clima templado— fue de 1,3 y 1,6 por ciento respectivamente, en el mismo período.

El descenso de las tasas de mortalidad ha hecho que la población latinoamericana sea hoy mucho más joven. En México casi el 40 por ciento de la población total del país tiene menos de quince años, frente a un 6 por ciento de mayores de sesenta años. El mexicano medio sólo tiene una **esperanza de vida** de 68,9 años frente a 75,5 años para el ciudadano medio estadounidense.[2]

[1]Simon Collier, et al. (directores), *The Cambridge Encyclopedia of Latin America and the Caribbean.* Cambridge University Press, Cambridge, Inglaterra, 1985.

[2]Las cifras relativas a las tasas de crecimiento y a la población menor de 15 años provienen de *Anuario Iberoamericano 1992*, págs. 204 (Estados Unidos), 256 (México), 84 (Colombia), 404 (Venezuela), 32 (Argentina), 134 (Chile). Agencia EFE, Fundación EFE, Madrid, 1992.

Como se verá en el cuadro siguiente, los 284 700 000 habitantes de la América española se encuentran desigualmente distribuidos; 88 598 000 corresponden a México, 32 322 000 a la Argentina y 32 978 000 a Colombia. Es decir, a estos tres países corresponde casi el 50 por ciento de la población total de Hispanoamérica. El resto se reparte entre diecisiete países.

Población de Hispanoamérica por país—1991 (en millares)*

País	Población	País	Población
Argentina	32 322	México	88 598
Bolivia	7 333	Nicaragua	3 871
Colombia	32 978	Panamá	2 418
Costa Rica	3 015	Paraguay	4 277
Cuba	10 608	Perú	22 332
Chile	13 173	Puerto Rico	3 600
Ecuador	10 587	República Dominicana	7 170
El Salvador	5 252	Uruguay	3 094
Guatemala	9 197	Venezuela	19 735
Honduras	5 138	**Total**	284 699

*Anuario Iberoamericano 1992, págs. 27, 45, 79, 97, 113, 129, 147, 165, 235, 251, 269, 285, 301, 317, 351, 365, 381, 399; Agencia EFE, Fundación EFE, Madrid, 1992.

LA DENSIDAD

En términos generales, la densidad es baja. Las densidades más bajas corresponden a la región del Caribe y a Centroamérica. Puerto Rico tiene la mayor densidad de Hispanoamérica, 404 habitantes por kilómetro cuadrado. Le sigue El Salvador con 249. En los otros países de la América Central las cifras oscilan entre 29 en Nicaragua y 84 en Guatemala. México sólo llega a 45 habitantes por kilómetro cuadrado. En general los países de la América del Sur tienen muy bajos niveles de densidad.[1] De acuerdo a estas cifras Hispanoamérica no está sobrepoblada. Existen grandes áreas del continente prácticamente deshabitadas. Claro que muchas de ellas corresponden a selvas, montañas y desiertos. La Amazonia, los Andes, el desierto de Atacama en el norte de Chile y sur del Perú, y la Patagonia tienen escasa población.[2]

---

[1]*Anuario Iberoamericano 1992*, Agencia EFE, Fundación EFE, Madrid, 1992.

[2]*Nuestro Mundo 85/86*, págs. 1210 (Puerto Rico), 496 (El Salvador), 924 (Nicaragua), 755 (Guatemala), 847 (México). Banco de información OMNIDATA EFE. Agencia EFE, Espasa Calpe, Madrid, 1985.

MOVIMIENTOS MIGRATORIOS INTERIORES Y URBANIZACIÓN

Uno de los fenómenos que ha caracterizado a Latinoamérica en general desde los años cincuenta hasta hoy ha sido el rápido proceso de urbanización. El aumento de la población y el bajo nivel de vida en el campo han traído a millares de latinoamericanos hacia las ciudades en busca de mejores condiciones de vida. Pero las ciudades no pueden satisfacer sus necesidades básicas y los nuevos inmigrantes pasan a **engrosar** la gran masa de **desocupados, subempleados y mendigos,** tan común en las grandes urbes latinoamericanas. Habitan en condiciones miserables en las afueras de las ciudades, en aglomeraciones de casuchas improvisadas, sin agua ni electricidad. Se las conoce como **villas miseria** en Buenos Aires, **callampas** en Santiago de Chile, **barriadas** en Lima, **ciudades perdidas** en la ciudad de México: diferentes nombres para designar estas viviendas de madera, **barro y lata** que como un **cinturón de pobreza** rodean las grandes ciudades de la América Latina. Pero la esperanza es fuerte y la llegada de los inmigrantes no cesa. Las ciudades siguen creciendo sin control. La ciudad de México tiene hoy más de 21 millones de habitantes; al ritmo de crecimiento actual tendrá 35 millones a finales de siglo. Buenos Aires tiene 10 millones de habitantes. El 40 por ciento de los uruguayos y el 35 por ciento de los argentinos y chilenos viven en la capital de sus países.

La Argentina, Uruguay, Chile y Venezuela son los países con mayor población urbana en Hispanoamérica. Pero el proceso de urbanización ha alcanzado a todo el continente. En la actualidad sólo un tercio del total de los latinoamericanos viven en zonas rurales. El crecimiento de las ciudades ha sido más lento en los países centroamericanos y en las naciones más pobres de la América del Sur, como Bolivia y Paraguay.

Principales ciudades de Hispanoamérica y su población (en millares)*

País	Ciudad	Población
Argentina	Buenos Aires	10 728 (1985)
Colombia	Bogotá	4 234 (1985)
Chile	Santiago	4 385 (1990)
México	Ciudad de México	21 000 (1989)
Perú	Lima	6 100 (1989)
Venezuela	Caracas	3 373 (1989)

*Anuario Iberoamericano 1992, págs. 28 (Buenos Aires), 80 (Bogotá), 130 (Santiago), 252 (Ciudad de México), 318 (Lima), 400 (Caracas). Agencia EFE, Fundación EFE, Madrid, 1992.

MOVIMIENTOS MIGRATORIOS EXTERIORES

Causas económicas. La emigración de latinoamericanos a otros países ha obedecido tradicionalmente a motivos económicos, como suele ser el caso en la emigración a los Estados Unidos. Dentro de Latinoamérica también hay movimientos migratorios desde los países más pobres a los más ricos: colombianos a Venezuela, paraguayos a la Argentina, bolivianos a Chile. La mayoría de los emigrantes proceden de las capas más bajas de la sociedad, generalmente desocupados y sin estudios, y a menudo tienen que cruzar ilegalmente las fronteras.

Frente a este tipo de emigración se da un número menor pero muy importante de profesionales y técnicos que abandonan sus lugares de origen y se dirigen a los países industrializados donde esperan conseguir mejores sueldos y condiciones de trabajo. Los Estados Unidos ha absorbido una cantidad apreciable de médicos, dentistas, enfermeras, ingenieros y otros profesionales latinoamericanos.

Causas políticas. Las circunstancias políticas también han llevado a miles de latinoamericanos más allá de sus fronteras. Después de la Revolución Cubana miles de ciudadanos abandonaron la isla, estableciéndose principalmente en la Florida. En 1970 se estimaba que había 600 000 cubanos en los Estados Unidos.[1] En 1980 llegaron a la Florida otros 130 000 refugiados procedentes de Cuba. En los años setenta las dictaduras militares de Sudamérica obligaron a un gran número de chilenos, argentinos y uruguayos a buscar asilo en Europa y otros países. La lucha guerrillera en la América Central también ha producido su cuota de refugiados. Salvadoreños y guatemaltecos han debido buscar protección en las naciones vecinas, así como en los Estados Unidos.

Los hispanoamericanos en los Estados Unidos

Según datos de 1991, 22,4 millones de hispanoamericanos habitan en los Estados Unidos. Ello equivale al 9 por ciento de la población total del país. Esta cifra no incluye a los **indocumentados.** En ella tampoco figura otro importante grupo hispano, los puertorriqueños, que tienen la nacionalidad estadounidense. Por ello se estima que en la

---

[1]Simon Collier, et al. (directores), *The Cambridge Encyclopedia of Latin America and the Caribbean,* pág. 147 (Ina Rosenthal-Urey, redactora). Cambridge University Press, Cambridge, Inglaterra, 1985.

actualidad el número real de hispanos sobrepasa los 25 millones. Más del 60 por ciento de ellos son de ascendencia mexicana y habitan preferentemente en las regiones del sudoeste y del Pacífico. El 60 por ciento de todos los puertorriqueños residen en los Estados Unidos, la mayor parte de ellos en Nueva York y Chicago. Florida es el lugar de mayor concentración de personas de ascendencia cubana y también existe un núcleo importante en Nueva York.

La población hispana en EE.UU. según su lugar de origen—1990*

México	13 495 938
Puerto Rico	2 727 754
Cuba	1 430 932
Otros territorios hispanos	5 086 435
Total	22 741 059

*Oficina de Censos, Departamento de Comercio de los Estados Unidos.

Según datos proporcionados por el Consejo Nacional de la Raza, grupo que defiende los intereses de los hispanos en los Estados Unidos, entre 1980 y 1990 la población hispana creció en un 53 por ciento, tasa de crecimiento superada solamente por la de los asiáticos e isleños del Pacífico, y muy superior a la de los afronorteamericanos, que fue de un 13 por ciento.

DISTRIBUCIÓN DE LA POBLACIÓN HISPANA EN EE.UU.

En los últimos años la población hispana se ha concentrado preferentemente en las zonas metropolitanas. Según datos de la Oficina de Censos de los Estados Unidos, obtenidos para el año 1990, las siguientes ciudades tienen grandes concentraciones de poblaciones hispanas:

Población hispana (en millones y como porcentaje de la población total)

Los Ángeles	4,8	32,9%
Nueva York	2,8	14,7%
Miami	1,1	33,3%
San Francisco	0,9	15,5%
Chicago	0,9	10,9%

Después de la capital de México, Los Ángeles es la segunda ciudad con más población mexicana y puede llegar a tener el 50 por ciento de población hispanoamericana hacia el año 2000. Al este de Los Ángeles, los barrios, las casas, la comida, la televisión, las escuelas y muchas empresas pequeñas son casi idénticas a las de una gran ciudad mexicana.

En su mayoría los inmigrantes conservan las costumbres de los países de los cuales proceden. En su medio continúan usando el español. Hoy en día el 76 por ciento de los hispanos que residen en los Estados Unidos son bilingües. El español es el segundo idioma de la nación después del inglés.

DE CARA AL FUTURO

El 40 por ciento de los hispanoamericanos que viven en los Estados Unidos tienen menos de dieciocho años. El **tamaño medio** de la familia es de 3,7 personas frente a 2,8 personas en la familia norteamericana. El hecho de que la población hispana estadounidense sea joven y de que la familia sea más numerosa nos da una idea de la importancia que este núcleo de población tendrá en la sociedad estadounidense en un futuro no muy lejano, no sólo desde un punto de vista numérico, sino también cultural y político. Hoy la prensa escrita, pero sobre todo la radio y la televisión en castellano, cuentan con una influencia en neto ascenso en los Estados Unidos. En el campo de la enseñanza la educación bilingüe es una realidad en los principales centros de población hispana.[1]

Los hispanoamericanos en España

Hasta la década de los setenta, la emigración de hispanoamericanos a España obedecía principalmente a razones políticas. Pero el rápido progreso económico que experimenta España en los años ochenta, frente al creciente deterioro y casi nulo crecimiento de las economías de la América hispana en el mismo período, lleva a muchos habitantes del subcontinente a buscar mejores condiciones de vida en la Madre Patria. España acoge, entre otras nacionalidades, a miles de dominicanos, colombianos, peruanos, argentinos y chilenos. El pueblo español, en general, los recibe con simpatía, aunque a nivel oficial su incorporación no resulta fácil. Debido a la legislación vigente en España en lo que respecta al trabajo de extranjeros, una gran parte de ellos no consiguen legalizar su situación y deben ejercer toda suerte de actividades mal remuneradas, tales como el comercio callejero o labores domésticas.

---

[1]*Nuestro Mundo 85/86,* págs. 738–39. Banco de información OMNIDATA EFE. Agencia EFE, Espasa Calpe, Madrid, 1985.

Otros, con más suerte, principalmente profesionales, logran in rarse en distintos ámbitos del mundo laboral.

España ve llegar un número cada vez mayor de hispanoam y de emigrantes provenientes de África y de otras partes de Mundo. Hacia finales de la década de los ochenta, España, como el resto de Europa, se ve afectada por una grave crisis económica, la que se acentúa al comenzar la década de los noventa. La tasa de desempleo se eleva en España por sobre el 20 por ciento. Ello, sumado a la necesidad de restringir el paso de emigrantes hacia la Europa comunitaria, lleva a las autoridades españolas a imponer controles cada vez más severos en sus fronteras. Cientos de hispanoamericanos ven frustrados sus deseos de ingresar en España al ser rechazados y obligados a volver a sus países de origen.

España tampoco ha sido ajena a los brotes de xenofobia que han experimentado otros países europeos, entre ellos Alemania y Francia. Grupos neonazis, claramente minoritarios, han llevado a cabo violentos ataques contra algunos inmigrantes, entre ellos hispanoamericanos. Ante dichas acciones, miles de españoles han salido a las calles de las principales ciudades para manifestar su repudio al racismo y su apoyo a los inmigrantes.

Glosario

abanico de culturas. a whole range of cultures
aymarás. Andean Indian people; **aymará,** the language of that people
barro. mud
cinturón de pobreza. poverty belt
desocupados. unemployed
engrosar. to increase
esperanza de vida. life expectancy
explosión demográfica. population explosion
exterminio concertado. concerted extermination
ha estado sometido. has been subjugated, has been subjected to
índices de mortalidad. mortality rates
índices de natalidad. birth rates
indocumentados. people without identity papers, word often used to refer to illegal immigrants
lata. tin plate
Lejano Oriente. Far East
Medio Oriente. Middle East
mendigos. beggars
ONU (Organización de las Naciones Unidas). United Nations organization

perecían en la travesía. perished during the crossing (*of the ocean*)
por sí sola. by itself
prejuicios raciales. racial prejudices
quechuas. Andean Indian people; **quechua,** the language of that people
sino más bien. but rather
subocupados. underemployed
tamaño medio. average size
tasa. rate
tasa de crecimiento natural. normal growth rate
usado despectivamente. used disparagingly
villas miseria, callampas, barriadas, ciudades perdidas, regional terms
for shanty towns

Cuestionario

DIVERSIDAD E INTEGRACIÓN ÉTNICAS

1. ¿Por qué es difícil determinar la composición étnica de los distintos países hispanoamericanos?
2. En líneas generales, ¿cómo están distribuidos los distintos grupos étnicos en Hispanoamérica?
3. ¿Por qué se redujo tanto el número de indígenas en Latinoamérica?
4. ¿Cuál es el grado de integración del indio en Latinoamérica?
5. ¿Por qué se habla de un despertar de la conciencia indígena? ¿Qué ejemplos se dan?
6. ¿Cuáles son las exigencias de los indígenas del continente?
7. ¿En qué circunstancias llegó el africano a Hispanoamérica? ¿Cuándo comenzó a llegar?
8. ¿De qué manera ha contribuido el africano a enriquecer la cultura latinoamericana?
9. ¿Qué importancia tuvo la inmigración extranjera a Hispanoamérica en comparación con la inmigración a los Estados Unidos? ¿A qué se deben las diferencias?
10. ¿De qué lugares del mundo procedían los distintos inmigrantes extranjeros llegados a Hispanoamérica? ¿En qué países se establecieron principalmente?

LA DEMOGRAFÍA

1. ¿Por qué se habla de una explosión demográfica en Latinoamérica?
2. ¿Por qué ha sido mayor el crecimiento de la población en Latinoamérica que en África o Asia?
3. ¿En qué regiones de Hispanoamérica ha sido mayor el crecimiento de la población?
4. ¿Qué efecto ha tenido el descenso de las tasas de mortalidad en lo que respecta al promedio de edad de la población? ¿Qué ejemplo se da en el texto?

5. ¿Cuáles son los países hispanoamericanos con mayor población?
6. ¿Por qué se dice que Hispanoamérica no está sobrepoblada?
7. ¿A qué se debe el gran crecimiento de las ciudades latinoamericanas?
8. ¿En qué condiciones viven muchos de los inmigrantes en las ciudades?
9. ¿Qué porcentaje de los latinoamericanos viven en zonas rurales? ¿Cuál es la tendencia general?
10. ¿Cuáles han sido las causas de los movimientos migratorios exteriores? ¿Qué ejemplos se mencionan en el texto?

LOS HISPANOAMERICANOS EN LOS ESTADOS UNIDOS

1. ¿Cuántos hispanoamericanos viven actualmente en los Estados Unidos? ¿Qué porcentaje de la población representa este número?
2. ¿De qué país proceden principalmente?
3. ¿En qué zonas de los Estados Unidos se han concentrado preferentemente?
4. ¿Cuáles son las ciudades de los Estados Unidos con mayor número de hispanoamericanos?
5. ¿Cuáles son las perspectivas futuras de la población hispanoamericana en los Estados Unidos si continúa la tendencia actual?
6. ¿Cómo se refleja la presencia de los hispanoamericanos en los Estados Unidos en el campo de la prensa escrita, la radio, la televisión y la enseñanza?

LOS HISPANOAMERICANOS EN ESPAÑA

1. Hasta la década de los setenta, ¿a qué se debía principalmente la emigración hispanoamericana a España? ¿Y en los años ochenta?
2. En líneas generales, ¿cómo recibe España a los inmigrantes hispanos?
3. ¿Por qué imponen las autoridades españolas controles más severos en las fronteras?
4. ¿Cómo han reaccionado miles de españoles ante brotes de xenofobia?

Temas de redacción o presentación oral

1. Compara el grado de diversidad étnica en la América Latina con el de tu propio país. ¿Cuál es el origen de los distintos grupos? ¿Qué importancia numérica tienen? ¿Están distribuidos igualmente en todo el país? ¿Cuál es su grado de integración en general?

2. ¿Crees que la presencia de distintos grupos étnicos puede enriquecer culturalmente a un país? ¿De qué manera?

3. ¿Existe población indígena en tu país? ¿Cuál es su importancia numérica? ¿Cómo está distribuida geográficamente? ¿En qué condiciones vive y cuál es su grado de integración?

4. ¿Cuál es el origen de la población negra en tu país? ¿Qué sabes sobre su historia desde su llegada?

5. Estudia el siguiente párrafo: "A partir de los años cincuenta la explosión demográfica en Latinoamérica ha alcanzado altos niveles. Esto ha transformado a la América Latina en una de las regiones más conflictivas del mundo, dada la lentitud del desarrollo económico frente a un crecimiento demográfico mucho más rápido". Haz un breve comentario sobre el contenido del párrafo y da tu opinión sobre las posibles consecuencias que esta situación puede tener si continúa la tendencia actual.

6. Si tuvieras que emigrar a algún país extranjero, ¿qué país elegirías? ¿Por qué?

7. En tu opinión, ¿deberían los inmigrantes extranjeros tratar de conservar su lengua y su cultura en el nuevo país? ¿Por qué?

8. En tu opinión, ¿qué dificultades de adaptación podría tener una persona que emigra a un país con una cultura e idioma diferentes?

Práctica

1. Observa el uso del **presente de subjuntivo** en estas oraciones:
   • Los indios desean que el sistema *se adapte* a sus propias necesidades.
   • Piden que *se les devuelvan* sus tierras.
   • Quieren que *se ponga* fin a la discriminación.
   • Exigen que *se les dé* mayor participación en las decisiones.
   Recuerda: Después de un verbo que indica deseo (por ejemplo, *desear, querer*), petición (*pedir*), exigencia (*exigir*), sugerencia (*proponer, sugerir*), permiso (*permitir, dejar*), consejo (*aconsejar, recomendar*), esperanza (*esperar*), deberá usarse el subjuntivo si el sujeto de la frase subordinada (por ejemplo, *el sistema*) es diferente del sujeto de la frase principal (por ejemplo, *los indios*).

   Pon los **infinitivos** en la forma correcta del **presente de subjuntivo.**
   (a) Los indios piden que los gobiernos (*reconocer*) sus lenguas.
   (b) Desean que se les (*proteger*) contra la violencia.
   (c) Queremos que ustedes (*entender*) nuestra situación.
   (d) Espero que usted (*venir*) al congreso.
   (e) Exigen que nosotros (*respetar*) sus derechos.
   (f) Les sugerimos que ustedes (*ir*) a la reunión.
   (g) Te recomiendo que tú (*hacer*) un esfuerzo.
   (h) Queremos que ellos (*saber*) lo que pasa.

2. Forma frases con **se** + **presente de subjuntivo,** según el ejemplo:
   • Piden *el reconocimiento* de las lenguas nativas.
   Piden que *se reconozcan* las lenguas nativas.
   (a) Piden *la adaptación* del sistema a sus necesidades.
   (b) Exigen *la devolución* de las tierras.
   (c) Pedimos *la redistribución* de las propiedades agrícolas.
   (d) Prohiben *la realización* del congreso.

(e) Recomendamos *la modificación* del sistema educativo.

(f) Exigen *el aumento* de los salarios.

(g) Aconsejamos *la reducción* de las horas de trabajo.

(h) Propongo *la contratación* de nuevo personal.

3. Observa el uso de la construcción **seguir** (o **continuar**) + **gerundio** en estas oraciones.

   • Las ciudades *siguen creciendo* sin control.

   Los inmigrantes *continúan usando* el idioma castellano.

   Transforma estas frases según el modelo.

   Ejemplo: Los índices de mortalidad *son elevados*.

   Los índices de mortalidad *siguen siendo* elevados.

   (a) La población de América Latina *crece* aceleradamente.

   (b) Los mexicanos *emigran* a los Estados Unidos.

   (c) Hasta los años treinta la emigración europea *era* importante.

   (d) La población hispana en los Estados Unidos *aumentará* aun más.

   (e) La falta de trabajo *era* el principal problema.

   (f) Los incentivos económicos hacen que los profesionales *busquen* oportunidades en los países desarrollados.

   (g) *Hay* discriminación contra los indígenas.

   (h) Muchos niños *mueren* a causa de la desnutrición.

4. Cambia cada una de las palabras en cursiva por otra de significado similar en este contexto. Haz otros cambios si es necesario.

   (a) La emigración de latinoamericanos a otros *países ha obedecido* tradicionalmente a *motivos* económicos.

   (b) *La mayoría* de los emigrantes *proceden* de las capas más *bajas* de la sociedad, *generalmente desocupados* y sin estudios, y *a menudo* tienen que *cruzar* ilegalmente las fronteras.

   (c) Un *número menor* pero muy importante de profesionales y técnicos *abandonan* sus *lugares* de origen y *se dirigen* a los países *industrializados* donde esperan *conseguir* mejores *sueldos* y condiciones *de trabajo*.

5. Explica en tus propias palabras el sentido de estas expresiones: la explosión demográfica, los índices de mortalidad, los índices de natalidad, la tasa de crecimiento natural, la esperanza de vida, el proceso de urbanización, los indocumentados (en EE.UU.).

6. Haz un breve comentario oral o escrito sobre el significado de estas oraciones. Da ejemplos.

   (a) "Ninguna de las dos palabras—latinoamericano o hispanoamericano—refleja por sí sola la verdadera entidad del hombre que mayoritariamente puebla las Américas de México al sur".

   (b) "Los prejuicios raciales y el mayor o menor prestigio de ciertos grupos sociales llevan muchas veces a ocultar la verdadera identidad étnica".

CAPÍTULO OCHO

Panorama político, social y cultural de la América hispana

CRONOLOGÍA

1980   La década se inicia con la intensificación de la lucha guerrillera en Centroamérica y con la ofensiva creciente de "la contra" que se enfrenta al régimen sandinista.
En Bolivia un golpe militar lleva al poder al general Luis García Meza.

1983   Tropas norteamericanas invaden la isla de Granada. El personal de cooperación cubano debe abandonar la isla.
En la Argentina los militares dejan el poder. En las elecciones presidenciales triunfa el candidato radical Raúl Alfonsín.

1984   En Panamá se realizan las primeras elecciones presidenciales directas en dieciséis años.
Elecciones en Nicaragua: el gobierno sandinista recibe el apoyo popular. La coalición de oposición Coordinadora Democrática no presentó candidatos.
Elecciones en el Uruguay después de once años de control militar. Triunfa el candidato del Partido Colorado (liberal) Julio María Sanguinetti.

1985   Elecciones en Bolivia. Víctor Paz Estenssoro del Movimiento Nacionalista Revolucionario es elegido presidente.
Elecciones en el Perú. Alan García de la Alianza Popular para la Revolución Americana es elegido presidente. Se intensifica la amenaza guerrillera del grupo Sendero Luminoso.

1989   En Nicaragua, negociaciones entre el gobierno sandinista y la oposición llevan a elecciones libres. Violeta de Chamorro, líder de la oposición, es elegida presidenta.
En Paraguay, el general Alfredo Stroessner es derrocado en un golpe militar por el general Andrés Rodríguez. Rodríguez asume la presidencia en elecciones libres celebradas el mismo año. Terminan treinta y cinco años de dictadura en Paraguay.

La prensa latinoamericana y la libertad de expresión han estado sometidas a los constantes cambios políticos que vive la región.

En Chile, tras dieciséis años de dictadura militar se realizan elecciones libres. Patricio Aylwin, líder de la oposición, es elegido presidente.

Tropas norteamericanas invaden Panamá para quitarle el poder al general Manuel Antonio Noriega.

1990   Elecciones en el Perú. En ellas, la derecha es derrotada por Alberto Fujimori, un personaje hasta entonces desconocido. Se intensifican las acciones del grupo terrorista peruano Sendero Luminoso.

1992   En Cuba, a pesar de los cambios políticos ocurridos en el bloque socialista de Europa Oriental, el Partido Comunista decide mantener el sistema político y económico vigente en la isla.

Alberto Fujimori, presidente del Perú, disuelve el Congreso y suspende la Constitución. En las elecciones para el nuevo Congreso triunfa el partido oficialista.

1994   Elecciones en El Salvador después de doce años de guerra civil. En ellas triunfa el oficialismo, representado por la Alianza Republicana Nacionalista (ARENA).

Panorama político

MÉXICO

En México, la supremacía en el ambiente político del Partido Revolucionario Institucional (PRI), cuyos candidatos a la presidencia son designados por el presidente de México, comienza a ser cuestionada. En el exterior del partido surgen grupos que aspiran a una renovación democrática que dé oportunidades a otras corrientes de opinión, después de más de medio siglo de predominio del PRI. De las **filas** mismas de esta agrupación nace la corriente democrática, grupo disidente que ha criticado abiertamente la política de los tecnócratas que gobiernan México y que reclama la democratización interna del partido. En las actuales circunstancias, sin embargo, estas aspiraciones **no pasan de ser un mero desafío.**

El problema más difícil para México en la década de los ochenta fue sin duda la deuda externa, agravada por la baja de los precios del petróleo, que le hicieron perder una buena parte de sus ingresos de divisas. Para sanear su economía, México, al igual que otros países de América Latina, hizo suya la política económica de libre mercado e inició un vasto programa de privatizaciones y de reducción del gasto público. La aplicación de estas medidas logró sus objetivos, pero tuvo un alto costo social. La brecha entre ricos y pobres en México se hizo más aguda.

La apertura de México al mundo alcanzó su punto máximo con la firma del Tratado de Libre Comercio (TLC) con los Estados Unidos y

Canadá en 1992. Ratificado al año siguiente por los tres países, este Tratado convierte a México, los Estados Unidos y Canadá en el bloque comercial más grande del mundo. Sin embargo, la euforia y optimismo ante la entrada en vigencia del Tratado en 1994, se vieron opacados por la acción violentista de un grupo armado. Tras décadas de tranquilidad política y social, el 1 de enero de 1994, un grupo guerrillero denominado Ejército Zapatista de Liberación Nacional (EZLN), se alzó en armas en el estado de Chiapas, uno de los estados más pobres de México, situado en la frontera con Guatemala. El movimiento, integrado principalmente por indígenas, manifestaba luchar por la justicia social y los derechos de los indios. Los enfrentamientos entre el ejército mexicano, que intentaba controlar la rebelión, y los guerrilleros, que en el primer momento habían logrado tomar algunas ciudades y pueblos del sur, causó cientos de víctimas. Los zapatistas (que deben su nombre a Emiliano Zapata, héroe de la Revolución mexicana de 1910), parecían dispuestos a continuar la lucha. El gobierno, en tanto, buscaba el diálogo con los insurgentes y los instaba a deponer las armas.

Otro hecho inusual en México contribuiría a acrecentar la incertidumbre política causada por el levantamiento de Chiapas. En marzo de 1994, Luis Donaldo Colosio, candidato a la presidencia por el PRI y hasta ese momento el más probable sucesor del presidente Carlos Salinas de Gortari, fue asesinado en Tijuana, Baja California, durante un mitin político. El candidato oficialista, partidario de una mayor democratización del país y de mejoras económicas para los sectores marginados, contaba con un amplio respaldo popular.

AMÉRICA CENTRAL Y LAS ANTILLAS

El conflicto centroamericano. En la década de los ochenta el conflicto centroamericano, y en particular el caso de Nicaragua, implicaba de una u otra forma a todos los países de la región. Por un lado, las fuerzas contrarrevolucionarias nicaragüenses—"la contra"—apoyadas por los Estados Unidos, mantenían latente la tensión. Por otro lado, los sandinistas reforzaban su defensa y preparaban al país para una posible intervención militar estadounidense. A la vez trataban de consolidar su posición interna y ganar apoyo en la comunidad internacional a través de la llamada a elecciones. Éstas se celebraron en 1984 y las presenciaron numerosos observadores extranjeros. En ellas el pueblo nicaragüense apoyó masivamente al sandinismo. Dicha victoria se registró a pesar del grave estado de la economía y de la pérdida de ciertas libertades, como fue el control estatal sobre los medios de información que llevó en un momento al cierre del principal órgano de prensa de oposición. La coalición opositora Coordinadora Democrática no presentó candidatos a las elecciones.

Mientras tanto, frente a la intensificación del conflicto, se renovaban los planes de paz por parte de los países de la región a fin de llegar a una solución definitiva de toda la problemática centroamericana. En 1988, por su parte, el Congreso de los Estados Unidos suspendió la ayuda militar a *la contra* que, a pesar de ello, siguió operando desde Honduras. Hacia 1989, la situación política nicaragüense empieza a cambiar. El gobierno sandinista y *la contra* acuerdan un alto el fuego y la celebración de elecciones libres en febrero de 1990. En ellas triunfa la oposición, constituida por una coalición de catorce partidos, cuyo líder era Violeta Barrios de Chamorro, quien es elegida presidenta en reemplazo de Daniel Ortega. Sin embargo, el Frente Sandinista de Liberación Nacional continuaba siendo el principal partido político. Todo ello llevó al desmantelamiento de *la contra* y a la inmediata reducción de los gastos militares a fin de hacer frente a la grave crisis económica que vivía el país como consecuencia de diez años de lucha constante. A su vez, la administración estadounidense ponía fin al embargo comercial contra Nicaragua y el país comenzaba a recibir la ayuda económica que tanto necesitaba. Pero el estado de la economía continuó siendo crítico, y la reducción del gasto público, la pérdida de empleos causada por la privatización de empresas estatales y la hiperinflación llevaron a duros enfrentamientos entre los sindicatos y el gobierno de Violeta de Chamorro.

Paradójicamente, el poder civil consiguió restablecerse en Honduras, Guatemala y El Salvador en buena parte gracias a los sandinistas. La administración estadounidense empezó a entender que el único camino para evitar la revolución es apoyar el pluralismo democrático y las reformas sociales. Ello ha favorecido a estas naciones centroamericanas sometidas durante largos períodos a regímenes dictatoriales.

Pero el triunfo de la derecha en El Salvador en 1988 intensificó los ataques del grupo guerrillero Frente Farabundo Martí para la Liberación Nacional (FMLN). En 1990, el presidente Alfredo Cristiani y el FMLN iniciaron conversaciones para poner fin a la guerra que había comenzado en 1979. Hacia finales de 1991, y con mediación de las Naciones Unidas, el FMLN declaraba unilateralmente el alto el fuego, aunque el principal obstáculo para la paz—la desmilitarización—continuaba sin solución. En 1992, y tras largas negociaciones, el gobierno y los grupos guerrilleros firmaron un acuerdo de paz que ponía fin al conflicto armado. Dos años más tarde, en 1994, el pueblo salvadoreño

Oscar Arias, ex presidente de Costa Rica, obtuvo el Premio Nobel de la Paz en 1987 por sus esfuerzos de mantener la paz en Centroamérica.

daba un paso más hacia la reconciliación y la estabilidad política al acudir a las urnas por primera vez después de doce años de guerra civil. En los comicios para elegir presidente y una nueva Asamblea Legislativa, el oficialismo—representado por la Alianza Republicana Nacionalista (ARENA)—derrotó a Convergencia Democrática, una coalición de partidos de izquierda, integrada también por los ex guerrilleros del FMLN y del Movimiento Nacional Revolucionario.

En Costa Rica—ejemplo de democracia en Centroamérica—el presidente Monge proclamaba en 1983 la neutralidad perpetua, activa y no armada frente a los conflictos bélicos que pudieran afectar a otros Estados. Sin duda, esta resolución estaba motivada por la crisis centroamericana. No obstante, posteriormente Costa Rica y Nicaragua, bajo el régimen sandinista, vivieron momentos de clara tensión diplomática. Pero la neutralidad adoptada más tarde por el gobierno costarricense restableció el diálogo entre las dos naciones. Al iniciarse la década de los noventa, la tradición democrática de Costa Rica permanecía **incólume.**

Panamá: la cuestión del Canal. En 1977 los panameños habían ratificado por plebiscito el Tratado firmado por el presidente Carter y el general Torrijos, según el cual la soberanía sobre el Canal y la Zona pasarían a Panamá luego de una fase de transición gradual que concluiría en el año 2000.

El general Torrijos había llegado a la presidencia tras un golpe militar en 1968. Su muerte en un accidente aéreo llevaría más tarde a las primeras elecciones presidenciales directas en dieciséis años (1984). Pocos años después, Panamá viviría momentos de gran tensión. El gobernante de facto, general Manuel Antonio Noriega, que enfrentaba una fuerte oposición interna, apoyada por los Estados Unidos, anuló las elecciones de mayo de 1989, en las que se suponía que había triunfado el candidato de la oposición, Guillermo Endara. A pesar de la presión interna y de los llamados de la administración de Washington para que abandonara el poder, Noriega se resistió. Su intransigencia y despotismo, sumados a las acusaciones de corrupción y participación en tráfico de drogas, llevaron a la invasión de Panamá por tropas estadounidenses en diciembre de 1989. El general Noriega fue depuesto y llevado a Miami, Florida, donde fue juzgado y hallado culpable de extorsión y de narcotráfico (1992). En Panamá, mientras tanto, tras la deposición de Noriega había asumido el poder Guillermo Endara, líder de la Alianza Democrática de Oposición Civilista.

Cuba: dificultades del régimen. Durante la década de los ochenta, las relaciones entre Cuba y Washington pasaron por momentos de alta tensión, provocados por el apoyo cubano a la guerrilla en la América Central y, en 1983, por la invasión de la isla de Granada por fuerzas de los Estados Unidos. Esta última acción obligó al personal cubano que trabajaba en la construcción del aeropuerto de Saint George a abandonar aquella isla.

En 1987 el gobierno de Cuba inició un programa de desarrollo de la industria turística con el fin de atraer divisas al país. Este programa dio sus frutos y al cabo de cinco años el número de visitantes rondaba los 500 mil. Pero este hecho positivo difícilmente iba a compensar la peor catástrofe política y económica que podía sufrir Cuba: el derrumbamiento del bloque socialista en Europa Oriental y la posterior desintegración de la Unión Soviética. En 1990, los envíos de petróleo soviético a Cuba se redujeron drásticamente y Cuba debió aplicar un severo plan de racionamiento de energía y de reducción del gasto público y de transporte. Muchas industrias debieron cerrar, lo que afectó incluso a la producción de artículos de consumo básico.

Las presiones sobre Cuba continuaron. Las tropas soviéticas abandonaron la isla, y el cese de las subvenciones por parte de sus antiguos aliados socialistas hacía la situación insostenible. Aun así, en octubre de 1991, el cuarto congreso del Partido Comunista Cubano decidía mantener el sistema económico y político vigente y rechazaba toda idea de cambio. Por su parte, la administración de los Estados Unidos, a través de la *enmienda Torricelli,* promulgada por el entonces presidente George Bush, reforzaba el bloqueo contra Cuba. En 1993, la isla enfrentó la peor crisis de su historia, lo que obligó el gobierno a realizar ciertas reformas económicas. Pero la rigidez del régimen frente a la política interna hacía aumentar la disidencia. Cuba seguía aislada internacionalmente.

Puerto Rico. En un plebiscito realizado el 20 de noviembre de 1993, el 48 por ciento de los puertorriqueños votó por mantener la situación actual de la isla como Estado Libre Asociado. La opción que proponía convertir a Puerto Rico en un estado de la Unión obtuvo el 46,2 por ciento, mientras que la opción independentista sólo consiguió el 4,4 por ciento de la votación.

AMÉRICA DEL SUR

Recuperación democrática en el Cono Sur. En la primera mitad de la década del ochenta, dos de los países del Cono Sur gobernados por dictaduras militares—la Argentina y el Uruguay—recuperaron su democracia a través de elecciones. En 1983 el candidato radical Raúl Alfonsín era elegido presidente de la República Argentina al derrotar al **justicialismo.** En el Uruguay, Julio María Sanguinetti del Partido Colorado (liberal) triunfaba en las elecciones presidenciales celebradas en 1984.

El presidente Alfonsín de Argentina no consiguió resolver los problemas económicos de la nación, principalmente la hiperinflación, y debió enfrentarse a una serie de huelgas generales llamadas por los sindicatos, que exigían aumentos salariales. También debió hacer frente a más de un alzamiento militar, motivado por los juicios a los oficiales involucrados en violaciones de derechos humanos durante las dictaduras militares de los años setenta. En las elecciones de 1989 triunfó nuevamente el justicialismo y fue elegido presidente Carlos Saúl Menem. El gobierno de Menem consiguió estabilizar la economía, reduciendo drásticamente la inflación e iniciando un amplio plan de privatizaciones de empresas estatales y de reducción del gasto público. La doctrina neoliberal empezó a dar sus frutos en Argentina, tal como los estaba dando en Chile donde se aplicaba con éxito.

En el Paraguay, en febrero de 1989, un golpe de estado dirigido por el general Andrés Rodríguez ponía fin a la dictadura militar del general Alfredo Stroessner que se había iniciado en 1954. El mismo Rodríguez asumió la presidencia tras las elecciones de mayo de 1989. Cuatro años más tarde (1993), el Paraguay celebraba sus primeros comicios democráticos para elegir presidente de la república.

En Chile, en 1988, el general Augusto Pinochet, que gobernaba el país dictatorialmente desde 1973, fue derrotado en un plebiscito sobre la prolongación de su gobierno. Pinochet debió hacer importantes concesiones a la oposición antes de las elecciones presidenciales de diciembre de 1989. En ellas triunfó la Concertación Democrática, una coali-

El partido comunista, debilitado, pero aún vigente en América Latina.

ción de partidos de oposición que llevaba como líder a Patricio Aylwin, del Partido Demócrata Cristiano, quien asumió la presidencia en marzo de 1990. A pesar de que el general Pinochet permaneció como Comandante en Jefe del ejército, la transición chilena a la democracia, cuya duración fue de cuatro años, se llevó a cabo sin mayores conflictos. Chile volvió a integrarse en la comunidad internacional, y con el nuevo gobierno continuó el proceso de desarrollo económico, basado en una economía de libre mercado, que se había iniciado durante la dictadura, y que había puesto a Chile a la vanguardia del progreso económico en América Latina. En 1993, las elecciones generales dieron el triunfo a la coalición gobernante, y Eduardo Frei Ruiz-Tagle fue elegido presidente de la república para el período 1994–2000.

Bolivia: una frágil democracia. La inestabilidad política boliviana, que desde la independencia del país en 1825 ha dado lugar a numerosos regímenes militares, se manifiesta una vez más al comenzar la década del ochenta con un nuevo golpe militar. Pero la dictadura del general Luis García Meza, quien asume el poder, tendrá corta duración. La designación por parte del Congreso boliviano de Hernán Siles Zuazo de la Unidad Democrática Popular como presidente de la República, da un respiro a la frágil democracia del país. En 1985 el ex presidente Víctor Paz Estenssoro del Movimiento Nacionalista Revolucionario (MNR) triunfa en las elecciones de aquel año. Paz Estenssoro debe hacer frente a la miseria en que viven grandes sectores de la población, a la oposición del movimiento obrero—la Central Obrero Boliviana—y al **narcotráfico,** que constituye un verdadero poder. Pero el presidente consigue terminar su mandato y, tras las elecciones presidenciales de 1989, asume el poder Paz Zamora. El nuevo gobernante hace suya la política económica neoliberal aplicada por su antecesor, que estaba permitiendo que Bolivia alcanzara un cierto grado de crecimiento económico.

Perú: la amenaza guerrillera. El Perú manifestó una vez más su voluntad democrática al elegir presidente a Alan García, candidato de la Alianza Popular para la Revolución Americana (APRA), en 1985. Su juventud y su espíritu de renovación despertaron nuevas esperanzas en el pueblo peruano. Pero la grave situación económica heredada por García y las enormes tensiones sociales creadas por la pobreza y las frustraciones de grandes masas de la población, hicieron muy difícil su labor.

García debió enfrentarse, además, a la amenaza del grupo guerrillero Sendero Luminoso, surgido a comienzos de la década de los ochenta. Este grupo armado venía realizando acciones constantes contra instituciones y civiles. Varios cientos de personas habían sido asesinadas por la guerrilla y por miembros del ejército que la combatían. Las acciones militares también se intensificaron. En 1986 más de 200 prisioneros de Sendero Luminoso—amotinados en dos cárceles de Lima—fueron ejecutados por tropas peruanas.

La política económica de carácter populista aplicada por Alan García dio origen a una fuerte oposición interna de elementos de derecha. En las elecciones presidenciales de 1990, la derecha, cuyo candidato era el escritor Mario Vargas Llosa, fue derrotada por un personaje casi desconocido: Alberto Fujimori, que representaba al Movimiento Cambio 90. El nuevo gobierno puso fin al populismo y aplicó una política económica de libre mercado, que permitió derrotar la hiperinflación e iniciar un proceso de crecimiento. Pero el Congreso y los tribunales superiores de justicia obstaculizaron la aplicación de las reformas. Éstos, a su vez, no dieron suficiente apoyo al gobierno en su lucha contra el terrorismo. Las acciones de Sendero Luminoso se hacían cada vez más violentas, al tiempo que elementos de oposición acusaban a Fujimori de corrupción, lo que podría haber llevado a una acusación constitucional. En abril de 1992, con el apoyo de las fuerzas armadas, Alberto Fujimori disolvió el Congreso y suspendió la Constitución. A pesar de la oposición interna y de las protestas internacionales, Fujimori continuó gobernando por decreto hasta noviembre del mismo año, en que se llamó a elecciones para un nuevo Congreso. En ellas triunfó el partido oficialista, aunque sin lograr la mayoría absoluta.

Una de las acciones más notables en la campaña del gobierno por derrotar el terrorismo fue la captura del principal líder de Sendero Luminoso y de sus más importantes colaboradores. Los actos terroristas, sin embargo, no cesaron.

Colombia: violencia e inseguridad. En Colombia recrudece la violencia desatada por narcotraficantes y grupos paramilitares. El Congreso de este país aprueba una reforma de la constitución que impide la extradición de ciudadanos colombianos a países extranjeros, lo que lleva a algunos de los principales narcotraficantes a entregarse a la justicia colombiana. Algunos grupos guerrilleros negocian un acuerdo de paz con el gobierno y abandonan la lucha armada. Otros, sin embargo, continúan la ofensiva, lo que ocasiona numerosas víctimas entre los efectivos del ejército que los combate y en sus propias filas. Colombia avanza hacia la primera mitad de la década de los 90 bajo clima de gran inseguridad ciudadana.

Venezuela: la democracia en peligro. Las medidas de austeridad iniciadas por el presidente Carlos Andrés Pérez de Acción Democrática, que asumió la presidencia por segunda vez en 1988, dieron lugar a graves disturbios y al descontento de algunos sectores del espectro político venezolano que exigían el llamado a nuevas elecciones. En 1992 hubo dos intentos de golpe de estado por parte de divisiones del ejército que pretendían derrocar al presidente Carlos Andrés Pérez. Acusado de **malversación** de fondos públicos, Pérez debió dejar la presidencia antes de cumplir su mandato presidencial (1993). Tras un gobierno interino, los venezolanos eligen al ex presidente Rafael Caldera (1969–1974) como su nuevo mandatario.

DIFICULTADES DE UNA INTEGRACIÓN

La unión hispanoamericana. Los vínculos que unen a los pueblos hispanoamericanos—la lengua, la religión, la historia y su origen étnico—no han sido lo suficientemente fuertes como para permitirles lograr una integración similar a la alcanzada por otras naciones con características más dispares, como es el caso de los países que componen la Comunidad Económica Europea.

La gran mayoría de los hispanoamericanos parecen estar de acuerdo en la necesidad de una integración para hacer frente al desarrollo económico. A través de la historia de América Latina ha surgido un gran número de proyectos—especialmente a nivel subregional—para conseguir dicho objetivo, pero ninguno de ellos ha dado los resultados esperados. Las **trabas** burocráticas, la defensa de intereses nacionales por sobre los supranacionales y, especialmente, la falta de pragmatismo en el momento de aplicar las políticas integristas, han sido los principales obstáculos. Agrupaciones tales como el Mercado Común Centroamericano (MCCM), creado en 1960, y el Pacto Andino (PA), nacido en 1966 (ver cap. 6, pág. 157), se han caracterizado por su lentitud y falta de eficacia. El Mercado Común del Cono Sur, conocido más comúnmente como el MERCOSUR, e integrado por Argentina, Paraguay, Uruguay y Brasil, nació con gran ímpetu en 1991 y deberá estar en plena vigencia en 1995. Dicho tratado suprimirá los aranceles aduaneros e implantará un arancel común a países que no pertenezcan al MERCOSUR. Éste contempla además una serie de acuerdos de complementación económica cuyo propósito es conseguir una mayor competitividad y rendimiento en el exterior. La importancia del MERCOSUR radica en que en él participan Argentina y Brasil, dos grandes países, que juntos ocupan el 70 por ciento del territorio sudamericano y que tienen una larga trayectoria de intercambios comerciales. Además, integran, en el plano económico, a una población de 190 millones de habitantes. La **consecución** de los objetivos de este pacto subregional se ve con gran optimismo tanto dentro de los países que lo integran como en el exterior.

El Tratado de Libre Comercio.   México, otro de los grandes de Hispanoamérica, se ha unido a los Estados Unidos y Canadá a través del Tratado de Libre Comercio, ratificado en 1993 (ver pág. 190), un mercado cuyo potencial es enorme, ya que integra a más de 360 millones de personas. A él esperan integrarse otras naciones hispanoamericanas, que ven en la unión económica el camino hacia el progreso y el desarrollo.

Hispanoamérica se abre al mundo.   La consolidación de la democracia en la mayor parte de Hispanoamérica comienza a rendir sus frutos en el campo económico. Los países industrializados y las economías emergentes de la cuenca del Pacífico han comenzado a mirar hacia Latinoamérica como lugar de destino para sus inversiones. Los gobiernos de la región, a su vez, empiezan a comprender que en el aislamiento no hay desarrollo económico. Por tanto, sus esfuerzos se han centrado en atraer capitales extranjeros y en abrir nuevos mercados para los productos latinoamericanos. Los intercambios comerciales se han acrecentado considerablemente, especialmente con países del Asia, entre ellos Japón, Corea del Sur y Taiwán. En pocos años, México ha pasado a ser el principal socio comercial del sudeste asiático en América Latina. Al otro extremo del continente, Chile, con 4.000 kilómetros de costa sobre el Pacífico, tiene como principal socio comercial a Japón. Los mercados hispanoamericanos se ven inundados por productos manufacturados provenientes de las naciones del Asia. A su vez, Hispanoamérica ha encontrado nuevos destinos para sus materias primas.

Los niveles de proteccionismo de las economías hispanoamericanas se acercan cada vez más a los de las economías de los países desarrollados. Sin embargo, motivada por la recesión económica, la comunidad internacional, en especial la Comunidad Económica Europea y los Estados Unidos, no ha mostrado una política coherente y estable frente al ingreso de productos provenientes de Hispanoamérica. Los esfuerzos aperturistas de los países hispanoamericanos se ven a menudo frustrados por trabas proteccionistas impuestas por los países ricos.

DESARROLLO Y MEDIO AMBIENTE

La destrucción de la selva tropical. La explotación indiscriminada de los recursos naturales a través de América Latina está dañando rápida e irremediablemente los ecosistemas. Las selvas tropicales, especialmente las del Amazonas, se ven hoy amenazadas por la **tala** y quema indiscriminada con el fin de crear **pastizales** para la cría de ganado y la producción agrícola. Empresarios sin escrúpulos, tanto nacionales como extranjeros, no vacilan en destruir, con fines de **lucro**—a menudo con el consentimiento y complicidad de los gobiernos—lo que a la naturaleza le llevó miles de años crear. Campesinos hambrientos, impulsados por la necesidad de encontrar nuevos medios para sobrevivir, recurren también a la destrucción del bosque para crear asentamientos dedicados a la agricultura de subsistencia.

Los daños son irreparables. Por una parte, las selvas tropicales no son apropiadas para el cultivo continuo, ya que el despoblamiento forestal lleva rápidamente a la erosión. Al cabo de dos o tres años, las tierras pierden fertilidad y son abandonadas. Nuevas áreas de bosque tropical caerán entonces ante el paso destructor del ser humano. Por otra parte, la destrucción de la selva tropical produce cambios climáticos, tanto a nivel local como mundial, con resultados que están causando grave inquietud en la comunidad internacional. El recalentamiento del clima y la consiguiente modificación de las precipitaciones son dos de los problemas que a menudo se mencionan, y que han llevado a muchas naciones a dar la voz de alarma y organizarse para combatir la destrucción de la selva tropical.

Frente a la voz crítica de los países industrializados, las naciones en desarrollo, y de manera especial las de América Latina, reclaman su derecho al desarrollo a través de la explotación de lo que consideran sus propios recursos naturales. Los más conservadores, dentro de los defensores del medio ambiente, piden que la selva tropical se transforme en una especie de santuario de la humanidad y que cese su explotación. Otros, más realistas, son partidarios del desarrollo sustentable, a través de la explotación racional, no destructiva, del bosque tropical. Hoy en día, también, son cada vez más los latinoamericanos, especialmente los jóvenes, que se unen a organizaciones ecologistas para luchar por la conservación de la naturaleza.

Un día sin auto. El crecimiento de las ciudades y el desarrollo económico en Hispanoamérica ha llevado a un aumento considerable del **parque automovilístico.** Más de cuatro millones de vehículos circulan en la Ciudad de México, la capital más grande de América Latina, con 21 millones de habitantes. Al monóxido de carbono producido por los vehículos se suman las materias contaminantes emitidas por las industrias, y la posición geográfica de la capital, para hacer de ella una de las ciudades más contaminadas del mundo. Similar situación ocurre en Santiago de Chile. Con casi cinco millones de habitantes y un número considerable de vehículos e industrias, la capital de Chile, rodeada de montañas que impiden la circulación del aire, tiene también un alto grado de contaminación.

Para reducir la contaminación, las autoridades mexicanas y chilenas han introducido un sistema que limita la circulación de vehículos. En México, este sistema, que se denomina *un día sin auto,* impide la circulación de vehículos cuyas placas terminen en ciertos dígitos. La restricción afecta a dos dígitos cada día, entre lunes y viernes, con un sistema de rotación que impide que la restricción afecte a los vehículos siempre en el mismo día. En Santiago de Chile, con un sistema similar, los niveles de contaminación del aire son medidos constantemente. En días

La contaminación del aire, causada por el exceso de vehículos, ha obligado a implantar la restricción vehicular en ciudades como Santiago de Chile y México.

llamados de *preemergencia* y de *emergencia*, la restricción vehicular llega a afectar al 40 por ciento de todos los vehículos de la capital. En días de *emergencia*, las autoridades chilenas deben tomar otras medidas, tales como el cierre temporal de industrias contaminantes, la suspensión de las clases en los colegios, además de insistir a la población, a través de la radio y la televisión, de que evite que los ancianos y niños—las principales víctimas de la contaminación—salgan hacia el centro de la ciudad. La situación es peor en invierno y son muchas las personas que deben recurrir a hospitales y otros centros asistenciales para ser tratadas por problemas respiratorios.

Panorama social

LA IGLESIA Y LA RELIGIÓN

La iglesia católica forma parte de la historia de la América Latina. Casi quinientos años de vida ininterrumpida hacen de ella la institución más importante y poderosa del continente. Su influencia llega a todos los niveles de la sociedad. La religión católico-romana es mayoritaria en todos los países de la América española. La tercera parte de los católicos del mundo son latinoamericanos.

La Iglesia tradicional. La Iglesia llegó con la conquista a propagar la fe y a convertir a los pueblos conquistados. El indígena se sometió al nuevo orden religioso impuesto por los conquistadores. Abandonó sus cultos milenarios y abrazó la fe católica, a la que llevó los ritos y prácticas de su antigua religión.

Durante siglos la Iglesia tuvo la protección de los grupos dominantes y de los elementos más conservadores de la sociedad. La Iglesia no representaba al pueblo sino a las elites gobernantes. Esta posición fue crucial para su supervivencia. En el medio rural la institución era dueña de grandes extensiones de tierra. En la ciudad poseía escuelas y universidades destinadas principalmente a la educación de los más ricos. La masa campesina y obrera no se identificaba con la Iglesia y se alejaba de ella cada vez más.

La nueva Iglesia. Al empezar los años sesenta la principal institución religiosa del continente empezó a adquirir una nueva imagen. El clero tomó conciencia de los problemas económicos, sociales y políticos que afectaban a la América Latina. Apoyó a los partidos políticos reformistas de ideología cristiana y reconoció la necesidad de cambios fundamentales para mejorar el nivel de vida de los grupos menos privilegiados.

La nueva tendencia de la Iglesia adquirió mayor fuerza entre los años sesenta y ochenta. Ante la pobreza y la violencia institucionalizada, la iglesia católica se ha radicalizado cada vez más. Poco a poco se ha ido transformando en el principal apoyo de los pobres y en el más vociferante crítico de la injusticia social. La institución se ha abierto al diálogo con otros grupos religiosos de similar tendencia y con elementos políticos de izquierda, incluso marxistas. Naturalmente, persisten focos de tradicionalismo en algunos países. Ejemplo de ello es el conservadurismo de la alta jerarquía eclesiástica argentina.

La nueva Iglesia considera legítima la lucha por la justicia social, pero no apoya la violencia. Pese a ello, algunos católicos más radicalizados han respondido a la violencia institucionalizada de ciertos regímenes dictatoriales mediante la violencia.

La Teología de la Liberación. Esta opción preferencial por los pobres, que predica la necesidad de cambios revolucionarios, se conoce con el nombre de **Teología de la Liberación.** La nueva doctrina—uno de cuyos fundadores fue el sacerdote peruano Gustavo Gutiérrez—ha ganado fuerza en muchas partes de la América Latina, especialmente en el Brasil. En repetidas ocasiones ha sido censurada por el Vaticano por su creciente politización y acercamiento al pensamiento marxista. Sus partidarios la defienden argumentando que los pobres de Latinoamérica necesitan a la Iglesia ahora más que nunca. En algunas naciones la institución se ha transformado en la voz de la oposición y en ardiente defensora de los derechos humanos. En El Salvador, el arzobispo Oscar Romero denunció la desaparición, tortura y asesinato de miles de salvadoreños por parte de grupos paramilitares de derecha que contaban con el apoyo del ejército y del gobierno. El 24 de marzo de 1980, mientras celebraba misa, el arzobispo Romero fue asesinado. En Chile, la oposición a la dictadura militar del general Pinochet se unió en torno a la Iglesia en su deseo por restaurar la democracia. La Iglesia chilena dio protección a los perseguidos y denunció las constantes violaciones de los derechos humanos en aquel país.

La participación de sacerdotes en el gobierno sandinista de Nicaragua fue duramente criticada por el Vaticano, que les exigió abandonar sus cargos si deseaban permanecer en su condición de clérigos. En 1985 se prohibió a Ernesto Cardenal—entonces Ministro de Cultura nicaragüense—continuar ejerciendo el **ministerio sacerdotal.**

En 1994, en el conflicto desatado en México entre la guerrilla de Chiapas y el gobierno de este país, algunos representantes de la Iglesia católica mexicana dieron abierto apoyo a los insurgentes. Al respecto, el teólogo brasileño Leonardo Boff, líder de la Teología de la Liberación en América Latina, opina que el conflicto de Chiapas obedece a la miseria y el hambre. Frente al uso de la violencia, Boff declara que ella es la respuesta de los oprimidos a lo que él califica como una forma de violencia primera, que llega a ser intolerable, como son la miseria, el hambre y la degradación del pueblo. Lo importante es entonces, según Leonardo Boff, "la liberación de los oprimidos" y no simplemente el apoyo a la Teología de la Liberación.

LA MUJER LATINOAMERICANA

En líneas generales, a la mujer se le sigue imponiendo una condición subordinada con respecto al hombre en la América Latina. No obstante, existen marcadas diferencias entre un país y otro y, también, entre diferentes grupos sociales. Por ejemplo, la experiencia de una criada mexicana es mucho más similar a la de una empleada doméstica colombiana que a la de la esposa de un rico empresario en su propio país.

La hegemonía del hombre. La hegemonía del hombre sobre el sexo opuesto, en su manifestación más extrema, se conoce con el nombre de machismo. La sociedad machista pone el acento sobre las formas de conducta que se consideran propiamente masculinas o femeninas. En Latinoamérica, por ejemplo, el adulterio es a menudo aceptado como natural en el hombre, mientras que en la mujer es severamente condenado; las tareas del hogar son consideradas típicamente femeninas; se espera que el hombre sea fuerte, valiente y autoritario y la mujer débil, sumisa y dependiente.

Estas actitudes tienen sus raíces en las culturas mediterráneas y, en parte también, en las culturas indígenas americanas. Por su parte, la iglesia católica tradicional, a través de sus enseñanzas, ha contribuido a perpetuarlas.

La mujer ante la ley. La situación legal de la mujer ha mejorado considerablemente en los últimos años en casi toda Latinoamérica. Pero en la práctica muchas de las leyes favorecen a los grupos más privilegiados económicamente. Así, el sufragio femenino es una realidad en todos los países latinoamericanos, pero en algunos sólo se permite votar a quienes saben leer y escribir. El analfabetismo en la América Latina es mayor en las mujeres que en los hombres y afecta principalmente a los grupos sociales de bajos ingresos. Por lo tanto, son muchas las mujeres latinoamericanas que **no pueden ejercer sus derechos** políticos.

La mujer debe demostrar mucha más capacidad que el hombre
para desempeñar cargos superiores.

La mujer en el trabajo.   La contribución femenina al mundo del trabajo remunerado y a la vida política es todavía limitada. En general la
mujer latinoamericana tiende a ocupar puestos que no requieren estudios ni especialización y debe demostrar mucha más capacidad que el
hombre para **desempeñar cargos** superiores. Sin embargo, en años
recientes las dificultades económicas que han vivido las naciones de la
América Latina han obligado a muchas mujeres a asumir nuevas responsabilidades. También ha aumentado entre ellas el nivel de educación. Hoy son muchas más las mujeres que siguen estudios superiores
que les permiten realizar alguna actividad profesional.[1]

LA JUVENTUD DE AMÉRICA LATINA

La América Latina es una región de gente joven. Alrededor del 45
por ciento de la población latinoamericana tiene entre cinco y veinticuatro años. Este claro predominio de niños y jóvenes se debe, por una
parte, al descenso de las tasas de mortalidad y, por otra, a las altas tasas
de nacimiento.

Esta gran proporción de gente joven crea grandes presiones sobre la
sociedad, particularmente en materia educativa y laboral. En el campo
de la enseñanza las desigualdades son abismantes. Un alto porcentaje de
la población juvenil **no llega siquiera a** terminar sus estudios primarios
(ver pág. 214). En el sector laboral, el mayor número de desempleados

[1]"Latin American Women" (Olivia Harris, directora), págs. 4–6, Informe No. 57. Minority Rights Group, Londres, marzo de 1983.

Niños y jóvenes constituyen casi el 50 por ciento de la población latinoamericana.

se concentra entre los quince y los veinticuatro años. Es decir, son los que buscan trabajo por primera vez los más afectados por el paro. Las consecuencias de esta situación van más allá de lo puramente personal y dan origen a graves problemas sociales, como son la delincuencia, la prostitución y la drogadicción.

Naturalmente, todo este cuadro varía de país a país. La Argentina, el Uruguay y Costa Rica, por ejemplo, con menor población juvenil y más altos niveles de vida, no sufren las presiones sociales en la misma medida que México, Guatemala o Bolivia. También es necesario tener en cuenta las diferencias entre la ciudad y el campo. En los centros urbanos la desocupación es mucho mayor. En las calles de las grandes ciudades como Lima o Santiago de Chile hay abundancia de jóvenes inactivos. En el sector rural hay, en términos absolutos, un menor número de desempleados, pero se da, en cambio, un alto nivel de subocupación. Los jóvenes que no han emigrado a las ciudades realizan, en su mayor parte, actividades de mera subsistencia. Muchas veces la ocupación es sólo esporádica, concentrada principalmente en los tiempos de cosecha.

Diferencias sociales. Las diferencias sociales, tan evidentes en toda la América Latina, conllevan modos de vida diferentes. Un sector minoritario, en casi todos los países, tiene acceso a formas de vida muy similares a las de los jóvenes norteamericanos o europeos. Su situación económica les permite asistir a buenos colegios, realizar estudios universitarios y encontrar con mayor facilidad un empleo que les permita mantener su nivel de vida. Frente a ellos, la gran mayoría de los jóvenes latinoamericanos están más llenos de aspiraciones que de realizaciones. Las dificultades económicas y la consiguiente falta de oportunidades limitan sus capacidades y tienden a perpetuar su condición.

Dependencia familiar. Las relaciones entre los jóvenes y el grupo familiar son más estrechas en la América Latina que en los Estados

La búsqueda de empleo es una de las preocupaciones de la juventud hispanoamericana.

Unidos y en algunos países de Europa, y la convivencia con los padres se extiende generalmente hasta el momento del matrimonio.

En la mayoría de los casos los jóvenes dependen económicamente de su familia. En la medida de sus posibilidades, ésta **costeará** sus estudios **y proveerá** para sus gastos personales. Las dificultades en la búsqueda de empleo han contribuido a perpetuar esta dependencia económica.

Menor libertad para las jóvenes. En general, las jóvenes gozan de menos libertad que los varones y normalmente deben cooperar en las actividades domésticas, en las que rara vez participan los muchachos. Esto tiende a acentuar la idea de desigualdad entre los dos sexos, tan predominante en la América Latina.

También aquí se dan diferencias entre la juventud de la ciudad y la que habita en sectores rurales. En los grandes centros urbanos los jóvenes, tanto hombres como mujeres, han alcanzado mayor emancipación. En los países con mayor influencia europea, especialmente la Argentina, el Uruguay y Chile, las relaciones dentro del grupo familiar y las actitudes se acercan mucho más al modelo de los países desarrollados.

DELINCUENCIA Y NARCOTRÁFICO

Un hecho que causa gran preocupación en la mayoría de los países hispanoamericanos es el de la seguridad ciudadana. En mayor o menor grado, todos los países de Hispanoamérica han experimentado un notable aumento de las acciones **delictivas,** especialmente en los grandes centros urbanos. Las encuestas realizadas en algunos países revelan que la ciudadanía considera como tarea prioritaria de los gobiernos el combate a la delincuencia en todos sus frentes, desde la delincuencia juvenil—que alcanza niveles alarmantes—hasta el crimen organizado y el narcotráfico.

Una buena parte de las acciones delictivas están ligadas al narcotráfico y son pocos los países hispanoamericanos que escapan a ellas. En algunas naciones, entre ellas Colombia, la violencia desatada por el narcotráfico ha alcanzado niveles de extrema crudeza. El combate a los narcotraficantes por parte de las fuerzas del orden y el ejército, si bien ha tenido éxitos momentáneos, no ha logrado desmantelar las organizaciones que mueven el comercio de la droga. El poder económico de éstas es inmenso y la demanda en los países consumidores de la droga, entre ellos los Estados Unidos y Europa, ha crecido. El **soborno** a autoridades aduaneras y fuerzas policiales a menudo facilita el ingreso de cocaína y otras sustancias por las que los consumidores en los países ricos están dispuestos a pagar altos precios.

En los países productores, entre ellos Colombia, Perú y Bolivia, los gobiernos buscan **erradicar** los cultivos de coca, tarea difícil cuando se trata de convencer a campesinos pobres de que sustituyan siembras altamente rentables como lo son las de la coca por otras de mera subsistencia como pueden ser las de maíz. Las fuerzas del mercado y la ley de la oferta y la demanda son mucho más poderosas que la fuerza policial.

Frente a la **inoperancia** de las acciones para combatir el comercio de la droga y su consumo, se han alzado voces en favor de su legalización como forma de **desalentar** su consumo y poner freno al crimen al que está ligada. Según los partidarios de la despenalización, los consumidores podrían tener acceso a las drogas a través de farmacias u hospitales, los que serían responsables de su administración. Hay quienes abogan por un cambio rápido y drástico en la legislación vigente, mientras que otros, más **cautelosos,** desean un cambio gradual, apoyado por investigaciones científicas y **respaldado por** acuerdos internacionales.

Panorama cultural

EL ESPAÑOL DE AMÉRICA

Tal como sucede con el inglés británico y el norteamericano, hay marcadas diferencias entre el español hablado en España y el que se habla en Hispanoamérica. Algunas de estas diferencias tienen que ver con la pronunciación, otras con la gramática y el vocabulario.

Pronunciación. Las principales diferencias fonéticas se dan dentro de las consonantes. Veamos algunos casos:

1. El sonido /z/, tal como se pronuncia en España en las palabras *diez, zapato, caza,* no se da en Hispanoamérica. En su lugar encontramos el sonido /s/. *Caza* y *casa* se pronuncian, entonces, de igual manera.

2. La letra *ll,* en *llover* y *calle* por ejemplo, se pronuncia en Hispanoamérica generalmente como la *y* de *ya* o *mayo.* En partes de la Argentina y en el Uruguay la pronunciación de *ll* e *y* es similar al sonido inicial de la palabra *John* o al sonido intermedio de *pleasure.*

Las dos variantes fonéticas mencionadas anteriormente no son exclusivas de Hispanoamérica, ya que se dan asimismo en ciertas regiones de España, por ejemplo en Andalucía.

Gramática.

1. Una de las diferencias gramaticales más importantes es la no utilización en Hispanoamérica del pronombre personal *vosotros* y de las formas verbales correspondientes. En lugar de *vosotros trabajáis, vosotros sabéis,* se emplea *ustedes trabajan, ustedes saben,* sin distinción gramatical entre tratamiento familiar y formal. Tampoco se usa el posesivo *vuestro* ni el pronombre *os,* los que son sustituidos por las correspondientes formas de tercera persona del plural. Por ejemplo: *vuestra casa* → *su casa, éste es el vuestro* → *éste es el de ustedes, os diré mañana* → *les diré mañana.* El empleo de *ustedes* por *vosotros* se da también en ciertas regiones del sur de España.

2. En Hispanoamérica se prefiere usar el pretérito indefinido, por ejemplo *ya desayuné, hoy fuimos al cine,* en contextos en los que un español utilizaría el pretérito perfecto: *ya he desayunado, hoy hemos ido al cine.*

3. Existe predilección en Hispanoamérica por el uso de la construcción *ir a* + *infinitivo* en lugar del futuro imperfecto: *voy a hablar con él* en lugar de *hablaré con él, vamos a volver pronto* por *volveremos pronto.*

4. El español de América conserva la diferencia entre el pronombre acusativo masculino *lo* y el dativo *le: lo vi (a Ricardo), lo invité (a Luis)* frente a *le dije que viniera (a Ricardo/a María), le entregué la carta (a él/a ella).* En España el uso del dativo *le* como acusativo masculino (leísmo) tiende a generalizarse: *le vi (a Pablo), le invité (a él),* así como *le dije que entrara (a Juan/a Carmen), le entregué el sobre (a él/a ella).* En ciertas

partes de España el pronombre acusativo femenino *la* se usa también con valor de dativo (laismo): *la dije que entrara (a Carmen), la entregué el sobre (a ella)*.

Léxico. Las mayores diferencias entre el español de España y el de América caen dentro del dominio del léxico o vocabulario.

1. El español de América contiene muchas palabras procedentes de los distintos idiomas indígenas de la región, por ejemplo la **guagua,** palabra de origen quechua que en Chile, el Perú y el Ecuador significa bebé. Algunos de estos vocablos se han incorporado también al español peninsular y a otras lenguas europeas, por ejemplo *tomate, chocolate, maíz, cacao*.

2. En América algunas palabras han adquirido una acepción total o parcialmente nueva. Así, *manejar* se usa corrientemente en Hispanoamérica con el sentido de *conducir (un coche), plata* corresponde a *dinero*, aunque los dos términos peninsulares *conducir* y *dinero* se entienden y se emplean también en Hispanoamérica.

3. En una región y otra existe preferencia por ciertas palabras frente a otras de igual significado. Por ejemplo:

Hispanoamérica	España
angosto	estrecho
chico	pequeño
apurarse	darse prisa
tomar (una bebida)	beber
tomar (el autobús, tren, etcétera)	coger

4. Una serie de términos de la vida moderna han adquirido denominaciones distintas en España y América. Por ejemplo, la palabra española *piso* equivale a *apartamento* en algunos países hispanoamericanos y *departamento* en otros; en lugar de *coche*, en muchas partes de América se emplea la palabra *carro*.

Diferencias regionales. El castellano hablado en Hispanoamérica presenta marcadas diferencias a través de las distintas regiones del subcontinente. Ello permite dividir a la América hispana en varias zonas lingüísticas claramente diferenciadas. Esta diversificación obedece en gran medida a factores históricos y sociales, entre ellos los siguientes:

1. Las características del componente español peninsular que pobló las distintas zonas, por ejemplo su lugar de origen y su nivel cultural;

2. La presencia o ausencia de un elemento indígena importante;

3. La llegada de esclavos negros procedentes de Africa;

4. La inmigración europea;

5. La consolidación de una cultura nacional en cada país, con ciertos ideales lingüísticos.

Todos éstos fueron factores que en mayor o menor grado contribuyeron a dar una fisonomía propia al habla de cada región. Esto nos permite distinguir ciertos rasgos comunes—aunque no exclusivos de ellos—en el lenguaje de los distintos países que componen una misma zona, por ejemplo los países del Caribe, los andinos o los del río de la Plata.

Los ejemplos de diferenciación lingüística son numerosos. Antes ya mencionamos la pronunciación de *ll* e *y* en la Argentina y en el Uruguay. La *r* en posición inicial y la *rr* se pronuncian casi como una *r* francesa en lugares como Puerto Rico y Panamá. En algunos lugares de Hispanoamérica—Chile, la Argentina, Cuba, República Dominicana y en las costas del Caribe en general—la *s* al final de palabra y antes de una consonante se sustituye por una *h* aspirada. Así, oiremos *buenah tardeh*, *doh díah*, *hahta luego*, en lugar de *buenas tardes, dos días, hasta luego*. La confusión de ciertos sonidos en el habla popular se da también en varios países. Por ejemplo, *ponel* por *poner, agüelo* por *abuelo, jui* por *fui*. Estos dos últimos fenómenos lingüísticos se dan también en la región sur de España.

Hay quienes consideran también la geografía del continente como otro factor determinante de la diferenciación lingüística. Así, el español hablado en las sierras o altiplanicies del Ecuador, del Perú, de Bolivia y México presentaría ciertas características comunes que lo diferenciarían del habla de las tierras bajas y las zonas costeras del Atlántico o del Caribe, por ejemplo. Hasta qué punto las diferencias que de hecho se dan obedecen a factores geográficos o a una combinación de elementos, es difícil de determinar. En líneas generales, sin embargo, el español de la sierra se caracteriza por el uso de vocales más cerradas, que en algunos casos llegan a desaparecer, por ejemplo *párse* por *párese, apárkse* por *apárquese*. En las llanuras bajas y en la costa la principal característica es la relajación de las consonantes hasta el extremo que éstas desaparecen, por ejemplo *le ijo* por *le dijo, pescao* por *pescado*. Nuevamente, este último rasgo es también común a Andalucía.

La unidad del español. A pesar de las diferencias apuntadas anteriormente y de la influencia de otras lenguas, especialmente del inglés, la unidad del español se ha mantenido y no cabe duda que seguirá siendo así. El contacto cada vez mayor entre las distintas naciones de habla hispana, su literatura reconocida universalmente y la necesidad de presentar un frente común ante el resto del mundo, contribuirán a fortalecer aun más la importancia que hoy tiene la lengua castellana.

LAS LENGUAS INDÍGENAS

Hoy en día se calcula que existen unas 800 lenguas indígenas en toda América. El mayor número de ellas se halla en las selvas y en las regiones montañosas, donde hubo menos contacto entre las tribus y los conquistadores. En las tierras bajas y en la costa la colonización contribuyó al desaparecimiento de muchas de las lenguas que allí se hablaban. Entre los idiomas que han sobrevivido sólo citaremos los más importantes:

1. La lengua de los antiguos aztecas, llamada náhuatl o nahua, se habla principalmente en la región central de México. Alrededor de un millón de indígenas mexicanos emplea el náhuatl y de ellos unos 200 000 no hablan castellano.

2. Desde el Yucatán en México hasta las tierras altas de Guatemala se habla el maya y otros idiomas de la misma familia. Se calcula en dos millones el número de hablantes.

En los otros países centroamericanos existe también una variedad de lenguas indígenas, aunque el número de hablantes es relativamente bajo. Algo similar ocurre a lo largo de la costa y en las tierras bajas de la América del Sur. En esta última región los idiomas principales son:

3. El tupí-guaraní, que se extiende desde las Guayanas hasta el norte de la Argentina. Se llama tupí al dialecto del norte, mientras que el guaraní es la lengua del sur. El guaraní es el segundo idioma del Paraguay y una gran parte de la población de este país es bilingüe. A nivel oficial se emplea normalmente el español, pero en el plano social es más corriente el uso del guaraní. Según se calcula, en casi el 50 por ciento de los hogares de Asunción—la capital del Paraguay—se emplea una mezcla de guaraní y español. Las reducciones indígenas administradas por los jesuitas durante la colonia, situadas lejos de los centros de emigración europea, aislaron al guaraní del español y facilitaron su supervivencia.

4. En las tierras de los Andes, en la América del Sur, se habla el quechua, la antigua lengua de los incas. El quechua y sus variantes cuentan con unos ocho millones de hablantes indígenas desde el sur de Colombia hasta el norte de Chile y la Argentina. Este idioma es desde 1970 lengua oficial en el Perú junto al castellano, pero sólo es hablado por la población indígena.

Pintada que exige un mayor
presupuesto para la educación
(Ecuador).

5. En la frontera peruano-boliviana, alrededor del lago Titicaca, se habla el aymará, usado hoy por medio millón de indígenas aproximadamente.

6. En las reservas del sur de Chile se habla el mapuche. Los mapuches o araucanos constituyen alrededor del 2 por ciento de la población total de Chile y todos ellos hablan también el castellano. En la Argentina la proporción es inferior.[1,2]

LA EDUCACIÓN

No existe en Hispanoamérica un sistema educativo unificado. Ello no sería posible debido a las diferentes realidades sociales, económicas, políticas y culturales que se dan a través de la región. En gran medida los sistemas educativos están basados en viejos sistemas europeos, a veces alejados de las verdaderas necesidades de cada nación. Algunos Estados han llevado a cabo reformas de la enseñanza a fin de mejorar su calidad y de incorporar al sistema al mayor número de personas. El gasto público en el área de la educación ha aumentado considerablemente en casi todos los países.

La enseñanza primaria y la *deserción escolar.* Los niveles educativos de la gran masa latinoamericana están muy por debajo de los niveles de los Estados Unidos y otros países industrializados. La enseñanza primaria o básica en la América Latina es obligatoria. Las edades de comienzo

[1]Simon Collier, et al. (directores), *The Cambridge Encyclopedia of Latin America and the Caribbean,* (Douglas Gifford, redactor). Cambridge University Press, Cambridge, Inglaterra, 1985.

[2]"What Future for the Amerindians of South America?" por Hugh O'Shaughnessy y Stephen Corry, págs. 7–11, Informe No. 15. Minority Rights Group, 2ª edición, Londres, julio de 1977.

y término varían de país a país, oscilando entre los cinco y los siete años, y los doce y catorce respectivamente. Sin embargo, un 28 por ciento de las personas mayores de quince años no saben leer ni escribir, aunque la distribución del analfabetismo varía considerablemente de unos países a otros. Según estimaciones de la Oficina de Estadística de la UNESCO, los índices fluctúan entre un 40 por ciento (Guatemala) y un 10 por ciento o menos (Argentina, Costa Rica, Cuba, Chile, Uruguay).[1] Muy pocos niños llegan más allá de los dos o tres primeros años de enseñanza primaria. Es así como del total de niños guatemaltecos que ingresa en la escuela primaria sólo alrededor del 55 por ciento alcanza el tercer grado y al sexto grado sólo llega el 31 por ciento. Otros países del área presentan porcentajes similares. La deserción escolar es mucho menor en la Argentina, Uruguay, Chile y Costa Rica.

¿Cuáles son las causas de la deserción escolar en la América Latina?

1. En primer lugar, el bajo nivel de vida de la población, especialmente en el campo, obliga a los niños a asumir responsabilidades de adultos desde muy temprana edad. En las zonas rurales, por ejemplo, a menudo participan junto a sus padres en las labores agrícolas.

2. Lejos de las ciudades y pueblos faltan escuelas. Los niños deben andar a veces largas distancias para llegar a la escuela más cercana, lo cual contribuye al ausentismo y la deserción. En la mayoría de los casos, no existe transporte escolar ni en el campo ni en la ciudad.

3. La falta de medios económicos impide muchas veces a los padres comprar libros y ropa para sus hijos. Además, los niños están a menudo mal alimentados.

4. La educación está excesivamente centralizada y los **planes de estudio** tienen escasa relación con las necesidades de las distintas regiones. Existe un divorcio entre la escuela y la realidad.

La enseñanza secundaria y universitaria. En años recientes ha habido a través de Hispanoamérica una gran expansión de la enseñanza secundaria y universitaria. Ha aumentado el número de **colegios estatales** de enseñanza media y se han creado muchas nuevas universidades. En líneas generales, la situación en estos dos niveles de la educación es la siguiente:

1. A nivel secundario la proporción de jóvenes **matriculados** es relativamente baja. En algunos países, Guatemala y Honduras por

---

[1] José Blat Gimeno, *La Educación en América Latina y el Caribe en el último tercio del siglo XX*, pág. 106. UNESCO, París, 1981.

ejemplo, sólo alrededor del 12 por ciento de los jóvenes entre las edades de doce y diecisiete años asisten a la escuela; en México y Colombia lo hace aproximadamente el 35 por ciento; en el Uruguay y la Argentina el 62 y el 56 por ciento respectivamente.[1]

2. A nivel universitario la proporción es inferior. La mayoría de los estudiantes universitarios proceden de las clases media y alta. El costo de los estudios, la compra de libros y la manutención del estudiante **no están al alcance de** la clase trabajadora. Tampoco existe un sistema de **becas** o de ayuda estatal generalizado.

La recesión de los años setenta y ochenta ha impedido a muchos de los graduados obtener puestos de trabajo dentro de sus áreas de especialización. Muchos de ellos se encuentran desempleados. Otros emigran a las naciones industrializadas en busca de las oportunidades que no encuentran en su propio país.[2]

LA PRENSA

Los primeros periódicos y diarios de la América española datan de los tiempos coloniales. Países como México y el Perú tenían ya sus propios periódicos en la segunda mitad del siglo XVIII (ver pág. 62). A partir de la independencia, en la primera mitad del siglo XIX, salieron a la luz nuevos diarios en las principales ciudades hispanoamericanas, algunos de los cuales han continuado editándose hasta hoy, entre ellos *El Mercurio* de Chile (1827) y *El Comercio* del Perú (1839). Otros tuvieron su origen tras acontecimientos políticos importantes. *El Universal* (1916) y *El Excelsior* (1917) de México, por ejemplo, se publicaron en los años siguientes al estallido de la Revolución Mexicana. En Cuba el *Granma* ha sido desde 1965 el principal órgano de expresión de la Revolución Cubana.

La prensa latinoamericana y la libertad de expresión han estado sometidas a los constantes cambios políticos que vive la región. La censura, el cierre de diarios y revistas e incluso la persecución, el encarcelamiento y el asesinato de periodistas se han dado en algún momento en muchos países de la América Latina.

---

[1]Simon Collier, et al. (directores), *The Cambridge Encyclopedia of Latin America and the Caribbean,* pág. 341 (David Winder, redactor). Cambridge University Press, Cambridge, Inglaterra, 1985.

[2]*Oficina de Estadísticas de la UNESCO,* París; *La Educación en América Latina y el Caribe en el último tercio del siglo XX* por José Blat Gimeno, UNESCO, París, 1981.

Los diarios de mayor circulación son los mexicanos, varios de ellos con **tiradas** de más de 200 000 ejemplares. En la Argentina al menos tres diarios nacionales alcanzan tiradas que superan los 200 000.

LA RADIO Y LA TELEVISIÓN

La radio. Uno de los fenómenos que sorprende, en particular a muchos europeos, es el gran número de emisoras de radio que existe en Latinoamérica. La calidad de las emisiones varía enormemente. Hay estaciones de radio de excelente calidad, algunas dedicadas casi exclusivamente a la música clásica, con programas de noticias y un mínimo de publicidad. Otras orientan su programación preferentemente a las noticias de actualidad, a comentarios políticos, debates o temas culturales. Hay también aquéllas que están dirigidas a la juventud o a las clases populares, con los últimos éxitos de la música norteamericana o europea para los primeros y tangos, boleros y rancheras para los segundos, con largos espacios dedicados a la publicidad. Sus programas a menudo incluyen conversaciones telefónicas con los oyentes, concursos y **radioteatro.**

La televisión. Todos los países de la América española cuentan hoy con una red de televisión, ya sea estatal, privada o una combinación de las dos. La televisión llega hoy a todos los medios sociales y se ha transformado en uno de los más eficaces y poderosos medios de comunicación.

Para una gran parte de la población latinoamericana la televisión **ha pasado a ser** su principal medio de contacto con el mundo exterior y su más importante forma de **esparcimiento.** Esto lo han comprendido bien los regímenes totalitarios de Hispanoamérica, que han ejercido y ejercen un estricto control sobre las transmisiones, censurando cualquier tipo de información que presente una imagen negativa de los gobernantes y presentando muchas veces una visión deformada de la realidad, con propósitos políticos.

La calidad de la televisión varía considerablemente de país a país. En líneas generales, sin embargo, la escasez de recursos económicos pone límites a la creación y obliga a la contratación de programas realizados en el extranjero. Los Estados Unidos son uno de los grandes proveedores de seriales y películas para la televisión latinoamericana, aunque en los últimos años México, Venezuela y el Brasil han encontrado un excelente mercado para sus telenovelas entre la gran masa de televidentes del continente.

LA LITERATURA Y EL ARTE

La literatura.

La novela. La nueva novela hispanoamericana no ha perdido ímpetu. Los autores ya establecidos como Vargas Llosa y García Márquez y otros mencionados en el capítulo 5 mantienen viva la narrativa del continente a través de nuevas y exitosas publicaciones. A ellos se han agregado nuevos nombres, como los de Salvador Elizondo (n. 1932), novelista, ensayista, poeta y cineasta mexicano, y los de sus compatriotas Fernando del Paso (n. 1935) y Gustavo Sainz (n. 1940). En el Perú se destaca Alfredo Bryce Echenique (n. 1939), en Chile Jorge Edwards (n. 1931) y en la Argentina Néstor Sánchez (n. 1935) y Manuel Puig (n. 1932).

Entre los nombrados, Puig es el que ha alcanzado mayor resonancia dentro del ambiente literario internacional. Su experiencia cinematográfica se refleja en su narrativa en el frecuente empleo de imágenes fílmicas. Obras como *La traición de Rita Hayworth* y *El beso de la mujer araña*—ésta última llevada al cine—se apoyan básicamente sobre los mitos de la cinematografía. Otros títulos del mismo autor son *Boquitas pintadas, The Buenos Aires affair, Pubis angelical, Maldición eterna a quien lea estas páginas.*

La nueva novela hispanoamericana se ha visto enriquecida con la incorporación de algunos nombres femeninos. Entre ellos destaca la chilena Isabel Allende con obras tales como *La casa de los espíritus, De amor y de sombras* y *Cuentos de Eva luna.* La primera de ellas—llevada al cine por un importante **elenco** de actores—narra a través de sus personajes la historia más reciente de Chile, incluyendo el golpe militar de 1973, que derrocó al presidente Salvador Allende. En México, sobresalen Elena Poniatowska, con novelas tan exitosas como *La noche de Tlatelolco* y *Hasta no verte, Jesús mío,* y Ángeles Mastretta, autora de *Arráncame la vida* y *Mujeres de ojos grandes.* En 1990, también en México, surge el nombre de Laura Esquivel, cuya novela *Como agua para chocolate,* la primera de la autora, tiene desde el primer momento un éxito

El teatro, como otras artes, tiene una fuerte presencia en Hispanoamérica.

Sacerdote, de Fernando Botero.   Danza folklórica andina.

rotundo. La obra, cuya trama se desarrolla a través de una serie de recetas de cocina, es de un hondo contenido humano y en ella están presentes sentimientos tan diversos como el amor, el odio, la lealtad y la justicia. La obra también fue llevada a la pantalla con singular éxito.

La poesía.   La actual poesía hispanoamericana denota la indiscutible influencia de los creadores de la anterior generación. El compromiso con los mitos, la historia y la realidad social de Latinoamérica que encontramos en Nicanor Parra y Ernesto Cardenal (ver cap. 5, pág. 137), están también presentes en muchos otros poetas de la América española. Aparte de los dos ya mencionados, cuya creación literaria ha alcanzado renombre internacional, encontramos figuras tales como el ecuatoriano Jorge Enrique Adoum (n. 1923); los mexicanos Jaime Sabines (n. 1926), Marco Antonio Montes de Oca (n. 1932) y José Emilio Pacheco (n. 1939); los colombianos Álvaro Mutis (n. 1923) y León de Greiff (1895–1976); el cubano Pablo Armando Fernández (n. 1930); el nicaragüense Pablo Antonio Cuadra (n. 1912); y el chileno Enrique Lihn (n. 1929).

El arte.   En el arte, de la abstracción característica de los años cincuenta se vuelve al estilo figurativo, incluyendo lo *naif,* hasta llegar a la neofiguración. Esta vuelta a lo figurativo se extiende hasta nuestros días y en él se mezclan frecuentemente una serie de elementos, entre ellos el surrealismo y la caricatura.

Uno de los más conocidos representantes del estilo neofigurativo de nuestros días es el colombiano Fernando Botero (n. 1932). En sus comienzos los dibujos y pinturas de Botero siguieron las técnicas de los clásicos. Pero su fama la debe a su obra posterior, en la que dominan las figuras obesas y desproporcionadas de personas, animales, frutas y objetos diversos. Las obras de Botero se encuentran en los museos y galerías de arte de más de diez países. En 1960, mientras residía en Nueva York, ganó el Guggenheim National Prize.

En México sobresalen las figuras de Alberto Gironella (n. 1929) y de José Cuevas (n. 1933). Este último es considerado uno de los mejores dibujantes neofigurativos de nuestro tiempo.

EL FOLKLORE Y LAS FIESTAS POPULARES

El folklore.   El folklore indígena americano es inmensamente rico y variado y sólo recientemente ha llegado a conocerse más allá de Hispanoamérica, impactando por su fuerza y su ritmo. Los **instrumentos de cuerda** como la guitarra y el arpa, que hoy acompañan a los instrumentos típicamente indígenas, fueron introducidos por los españoles. Los indígenas, por su parte, poseían una gran variedad de instrumentos, principalmente de percusión y de viento. La música tradicional indígena cumplía diferentes funciones, siendo la más importante la religiosa, por ejemplo los cantos y bailes dedicados al Sol. También había canciones de amor y canciones pastoriles.

Cada región de la América española ha desarrollado su propio folklore, lo que ha dado origen a una gran variedad de música, cantos y bailes. Muchos de ellos son de origen precolombino, modificados con el tiempo por la influencia hispana y africana. El folklore andino y el mexicano son quizás los que mayor difusión han tenido dentro y fuera de Hispanoamérica.

Las fiestas populares.   Una gran parte de las festividades hispanoamericanas tienen sus raíces en la religión. En las regiones con mayor población indígena los elementos religiosos precolombinos se mezclan con lo cristiano en celebraciones llenas de vida y color.

Entre los meses de marzo y abril tienen lugar las tradicionales procesiones de Semana Santa, una de las manifestaciones más importantes del fervor popular. A fines de mayo y principios de junio se celebra el Corpus Christi. En la ciudad de México, en esta ocasión, se venden mulitas de todos los tamaños hechas con hojas de maíz o de cerámica, cargadas de flores y frutas. Miles de niños vestidos con trajes típicos acuden a la Catedral, en donde se celebra una fiesta de gran animación y colorido. Las fiestas de la Virgen de la Candelaria en el mes de febrero son tradicionales en varios países de la América hispana. En la ciudad de Puno, en el Perú, se celebra con música y danzas procedentes de las altas planicies que bordean el lago Titicaca; se ven más de 150 variedades de trajes para 90 danzas.

Entre las fiestas indígenas más hermosas está el festival de la India Bonita en Cobán, Guatemala, que se celebra entre los meses de julio y agosto. Los descendientes de los mayas eligen a la *Rabin Ahau* (hija del rey). Este festival único en el mundo ha sido creado por los indígenas para **enaltecer** el espíritu de su raza y sus tradiciones. El 24 de junio de cada año tienen lugar en Cuzco, Perú, las fiestas del Sol, en donde se revive el antiguo Inti-Raymi o Gran Pascua del Sol a los pies de la imponente fortaleza de Sacsahuamán. Ello constituye un atractivo más para turistas del mundo entero. Millares de indios quechuas participan en los bailes y canciones.

Las fiestas del Carnaval de Oruro en Bolivia tienen lugar todos los años cuatro días antes del Miércoles de Ceniza. Lo más hermoso y pintoresco de las fiestas es la diablada, ceremonia extraordinaria en que a lo largo de las calles desfilan personajes vestidos con trajes diabólicos. Junto a figuras como Lucifer, Satanás y China Supay (la esposa del diablo)—que representan el mal—marchan otras como San Miguel Arcángel e imágenes religiosas, que representan el bien. La fiesta termina con música y bailes tradicionales de gran colorido y dos **mascaradas.** Una de ellas simboliza la derrota de los incas por los conquistadores españoles. La otra, la derrota del mal por el bien. El mal es representado por Lucifer, Satanás y los siete pecados capitales; el bien, por el Arcángel San Miguel.

Glosario

becas. scholarships
cautelosos. cautious
colegios estatales. public schools
comicios. elections
consecución. attainment
costeará . . . y proveerá. it will pay for . . . and provide
delictivas. criminal
desalentar. to discourage
desempeñar (un cargo). to hold (a post)
deserción escolar. dropping out of school

enaltecer. to exalt, glorify
erradicar. to eradicate, uproot
esparcimiento. entertainment
filas. ranks
guagua. baby (*in Chile, Ecuador, and Peru*); bus (*in Puerto Rico and Cuba*)
ha pasado a ser. has become
incólume. safe, unharmed
inoperancia. inoperativeness
instrumentos de cuerda. stringed instruments
interino. provisional
justicialismo. name given to the movement created by Juan Perón in Argentina, also widely known as *peronismo*
lucro. profit
malversación. misappropriation, embezzlement
mascaradas. masquerades
matriculados. enrolled (*at school*)
ministerio sacerdotal. priesthood
narcotráfico. drug traffic
no están al alcance de. they are not within reach of
no llega siquiera a. doesn't even manage to
no pasan de ser un mero desafío. they are no more than a challenge
no pueden ejercer sus derechos. they cannot exercise their rights
parque automovilístico. number of cars on the road (in a country)
pastizales. pastures
planes de estudio. curriculum, syllabus
radioteatro. radio drama, (*usually*) a soap opera
respaldado por. backed by
soborno. bribe
tala. felling (of trees)
Teología de la Liberación. liberation theology
tiradas. circulation of a newspaper or magazine
trabas. obstacles

Cuestionario

PANORAMA POLÍTICO

1. ¿Qué partido político predomina en México actualmente?
2. ¿Cuál fue el problema más grave para México en los años ochenta? ¿Y en el año 1994?
3. ¿Qué es el Tratado de Libre Comercio (TLC)?
4. ¿Cuál fue el principal conflicto centroamericano en los años ochenta? ¿Qué fuerzas se enfrentaban en este conflicto?
5. ¿Cómo se resolvió la crisis en Nicaragua desde el comienzo de los años noventa?

6. ¿Qué cambios políticos ha habido en Honduras, Guatemala y El Salvador como consecuencia del conflicto centroamericano? ¿A qué se deben esos cambios?
7. ¿A qué acuerdo llegaron el general Torrijos de Panamá y el presidente Carter de EE.UU. en 1977?
8. ¿A qué se debió la tensión vivida en Panamá en el año 1989?
9. ¿A qué se debió la crisis cubana en 1993?
10. ¿Qué cambios políticos hubo en la Argentina, Paraguay y Uruguay en la década de los ochenta?
11. ¿Qué cambios políticos hubo en Chile a finales de los años ochenta y comienzos de los noventa, y qué consecuencias tuvieron?
12. ¿Qué tipo de política económica adoptó el presidente Fujimori?
13. ¿Qué es el MERCOSUR, y cuáles son sus objetivos?
14. ¿Qué impacto ha tenido la consolidación de la democracia en la economía de Hispanoamérica?
15. ¿Cuáles son algunas de las consecuencias irreparables de la destrucción de las selvas tropicales?
16. ¿Qué países hispanoamericanos limitan la circulación de vehículos? ¿Por qué son necesarias estas restricciones?

PANORAMA SOCIAL
1. ¿Qué cambios se produjeron en la iglesia católica latinoamericana después de los años sesenta?
2. ¿Qué es la Teología de la Liberación? ¿Cuál ha sido la actitud del Vaticano hacia ella?
3. ¿Quién es Leonardo Boff y qué opina del conflicto de Chiapas?
4. ¿De qué manera ha cambiado la situación legal de la mujer latinoamericana? ¿A qué grupos favorecen estos cambios principalmente?
5. ¿A qué se debe la gran proporción de niños y jóvenes dentro de la población latinoamericana?
6. ¿Qué problemas causa este predominio de gente joven?
7. ¿Qué diferencias de oportunidades se dan en los distintos grupos sociales dentro de la juventud?
8. ¿Qué tipos de relaciones se dan entre los jóvenes y el grupo familiar?
9. ¿Qué diferencias se dan entre la juventud del campo y la de la ciudad?
10. ¿Por qué se complica la guerra contra los narcotraficantes en los países hispanoamericanos?
11. ¿Por qué es difícil convencer a los campesinos de que sustituyan la coca por otras cosechas?

PANORAMA CULTURAL
1. ¿Cuáles son algunas de las principales diferencias de pronunciación, gramática y léxico entre el español de América y el de España?
2. ¿A qué se debe la diferenciación lingüística en Hispanoamérica? ¿Qué ejemplos se dan?

3. ¿Cuáles son las principales lenguas indígenas habladas en Hispano-américa? ¿Qué importancia numérica tienen?
4. ¿A qué se debe la deserción escolar en Hispanoamérica?
5. ¿Cuál es la situación de la enseñanza a nivel secundario y universitario?
6. ¿Qué problemas enfrenta la prensa y la libertad de expresión en Hispanoamérica?
7. ¿Qué tipos de emisoras de radio existen en Hispanoamérica?
8. ¿Qué importancia tiene la televisión para la mayoría de los hispano-americanos?
9. ¿Qué problemas crea la escasez de recursos económicos en la televisión?
10. ¿Qué caracteriza la actual poesía hispanoamericana?
11. ¿Qué estilo predominaba en la pintura hispanoamericana de los años cincuenta?
12. ¿Qué estilo se impone en la pintura después de los años cincuenta?
13. ¿Qué instrumentos de cuerda introdujeron los españoles en Hispano-américa?
14. ¿Cuál era la principal función de la música tradicional indígena?

Temas de redacción o presentación oral

1. Compara la actual situación de la mujer en Hispanoamérica con lo que ocurre en tu propio país. ¿Qué semejanzas y diferencias puedes obser-var? ¿Qué avances se han logrado en uno y otro lugar? ¿Crees que la mujer hispanoamericana llegará a ocupar un papel más importante dentro de la sociedad?

2. Compara la actual situación de la juventud en Hispanoamérica con lo que ocurre en tu propio país. Menciona específicamente las diferentes oportunidades, la búsqueda de un empleo, las relaciones con la familia, el grado de libertad. ¿Qué ventajas o desventajas puede tener el mayor o menor grado de dependencia familiar y libertad de los jóvenes? ¿Qué sistema prefieres? ¿Por qué?

3. Infórmate acerca del Tratado de Libre Comercio entre los Estados Unidos, México y Canadá y comenta por escrito u oralmente acerca de las ventajas y/o desventajas que este acuerdo podría tener para estos países. Considera asimismo la conveniencia o inconveniencia de que otros países latinoamericanos se integren a dicho Tratado. Consulta además la opinión de tus compañeros y otras personas sobre este acuerdo e incluye un breve resumen y análisis de sus respuestas. La información que hayas podido obtener sobre este tema y tus propias opiniones podrán servir como base para un debate con el resto de la clase.

4. La protección del medio ambiente parece una tarea prioritaria hoy en día, no sólo en Hispanoamérica sino en el mundo entero. Al respecto, expresa por escrito u oralmente tu opinión, considerando las siguientes preguntas, que luego podrás discutir con tus compañeros. ¿Crees que en tu país existe suficiente conciencia sobre problemas ambientales? ¿Cuáles, por ejemplo? ¿Crees que tu gobierno local o nacional hace lo suficiente para conservar el medio ambiente y evitar el mayor deterioro del sistema ecológico? Explica y da ejemplos. ¿Qué medidas podrían tomar los gobiernos para proteger la naturaleza y el medio ambiente en general, por ejemplo la selva tropical y la calidad del aire? ¿Qué sanciones se podrían aplicar a quienes transgredan las normas de protección? ¿Cómo podrían contribuir la escuela y la educación en general, en tu país, a crear conciencia sobre la necesidad de resguardar el medio ambiente? ¿Cómo puede contribuir el ciudadano común, en su vida diaria, a la protección del medio ambiente? ¿Qué haces tú por el medio ambiente?

5. En América Latina, algunos miembros de la Iglesia católica han apoyado abiertamente a los grupos guerrilleros, argumentando que es justo ayudar a los que luchan por la justicia social, aunque esta forma de lucha implique violencia. ¿Qué opinas con respecto a la participación de sacerdotes y otros miembros de la Iglesia en este tipo de acciones? ¿La crees apropiada o inapropiada? Explica tus razones y luego intercambia opiniones con tus compañeros.

6. ¿Cuáles son algunas de las diferencias que existen entre el inglés británico y el hablado en los Estados Unidos u otro país? ¿Crees que se puede usar frases como el "verdadero inglés", el "inglés correcto" o el "mejor inglés" al referirse al uso de un mismo idioma en distintos países? ¿Por qué?

7. ¿Existen lenguas indígenas en tu país? ¿Qué importancia numérica tienen?

8. La seguridad ciudadana, ¿constituye un problema en tu ciudad o país? ¿En qué medida? Explica y da ejemplos y considera posibles soluciones.

9. El tráfico y consumo de drogas parece constituir un problema en muchos países. Al respecto, expresa por escrito u oralmente tu opinión, considerando las siguientes preguntas, que luego podrás discutir con tus compañeros. ¿Crees que el tráfico y consumo de drogas constituye un problema en tu ciudad o en tu país? ¿Qué responsabilidad tienen al respecto los países productores, como los de Hispanoamérica? ¿Qué responsabilidad tienen los países consumidores, como los Estados Unidos o Europa? ¿Qué soluciones se podrían considerar para frenar el tráfico y consumo de drogas? En tu opinión, ¿la legalización de la

droga, contribuiría a aumentar o disminuir el consumo de drogas? ¿Por qué?

10. Luego de leer el texto sobre la educación en Hispanoamérica, ¿qué semejanzas y diferencias puedes observar con respecto a la situación en tu país?

11. Define lo que se entiende por literatura comprometida en el contexto hispanoamericano. ¿Qué factores crees que han llevado a este tipo de creación literaria? ¿Existe este tipo de literatura en inglés?

Práctica

1. Observa estas oraciones:
   • La transición chilena a la democracia, cuya duración *sería* de cuatro años, se llevaba a cabo sin mayores conflictos.
   • Ello *podría* haber llevado a una acusación constitucional.
   • En 1977 los panameños habían ratificado el Tratado según el cual la soberanía sobre el Canal *pasaría* a Panamá luego de una fase que *concluiría* en el año 2000.

   Pon los **infinitivos** en la forma correcta del **condicional.**
   (a) Según el acuerdo entre el gobierno y los partidos políticos las elecciones (*realizarse*) en el plazo de seis meses. Éstas (*ser*) supervisadas por un comité que lo (*integrar*) miembros de los distintos partidos y a ellas se (*invitar*) a observadores extranjeros. El nuevo presidente (*asumir*) un mes después de realizadas las elecciones. Las elecciones parlamentarias (*tener*) lugar en la misma fecha.
   (b) De acuerdo a lo manifestado en un programa transmitido por la televisión nacional, en el mes de febrero próximo se (*poner*) en marcha un plan de alfabetización. Éste (*ser*) financiado por el gobierno y en él (*participar*) miles de voluntarios. La campaña se (*hacer*) bajo la supervisión de las autoridades educacionales.
   (c) Nuestro viaje a Latinoamérica (*comenzar*) en México donde [nosotros] (*quedarse*) una semana. Desde allí (*pasar*) a Centroamérica donde (*visitar*) Guatemala y Costa Rica. Desde Costa Rica (*viajar*) directamente a Colombia. Nuestro viaje al Perú y Bolivia (*comenzar*) en Lima donde (*estar*) una semana. Allí (*tomar*) un avión hasta Cuzco desde donde (*hacer*) una excursión de dos días a Machu Picchu.

2. Compara el uso del subjuntivo en estas dos oraciones.
   • El presidente proclama la neutralidad frente a los conflictos bélicos que *puedan* producirse.
   • El presidente proclamó la neutralidad frente a los conflictivos bélicos que *pudieran* producirse.

Recuerda: Muchos de los usos del presente de subjuntivo son similares a los del imperfecto de subjuntivo, pero deberá observarse la concordancia entre el verbo de la frase principal y el verbo de la frase subordinada.

Verbo de la frase principal		Verbo de la frase subordinada
Presente Perfecto Futuro	→	Presente de subjuntivo
Pretérito Imperfecto Condicional Pluscuamperfecto	→	Imperfecto de subjuntivo

Pon los infinitivos en la forma correcta del presente o imperfecto de subjuntivo, según el caso. Recuerda que para el imperfecto de subjuntivo hay dos terminaciones: *-ara* o *-ase* para los verbos en *-ar; -iera* o *-iese* para los verbos en *-er, -ir.* Las terminaciones *-ara, -iera* son más frecuentes en Hispanoamérica.

(a) Muchos esperaban que la situación (*cambiar*).
(b) Se adoptarán medidas de seguridad por lo que (*poder*) suceder.
(c) Sería conveniente que se (*llegar*) a un acuerdo entre los dos bandos.
(d) El progreso económico ha permitido que (*disminuir*) el analfabetismo.
(e) Fue necesario que (*venir*) observadores extranjeros.
(f) Es difícil que se (*producir*) un enfrentamiento.
(g) La crisis de los años sesenta hizo que la Iglesia se (*transformar*).
(h) Para que (*mejorar*) la enseñanza será necesario que se (*hacer*) algunas reformas.

3. Para reforzar una idea o argumento central necesitamos muchas veces presentar una o más ideas secundarias. Estudia este breve texto.

En la década del ochenta el conflicto centroamericano implicaba de una u otra forma a todos los países de la región. *Por un lado,* "la contra" mantenía latente la situación . . . *Por otro (lado),* los sandinistas reforzaban su defensa . . . *Además,* trataban de consolidar su posición . . .

Para enumerar diferentes ideas secundarias que refuerzan o ilustran un argumento central puedes usar expresiones como éstas:

Por un lado . . . por otro (lado)	On the one hand . . . on the other hand
Por una parte . . . por otra (parte)	On the one hand . . . on the other hand
Además	Besides
Al mismo tiempo	At the same time
Para empezar	To begin with
En primer lugar/Primeramente	In the first place/First
En segundo lugar	In the second place
Por último/Finalmente	Finally

Completa los espacios en blanco con las palabras o expresiones de la lista anterior que te parezcan más adecuadas. No repitas ninguna.

(a) Varios factores contribuyen a la inestabilidad política del Perú: _____, las tensiones dentro de las Fuerzas Armadas, _____, la gran deuda exterior y, _____, la amenaza del grupo guerrillero Sendero Luminoso.

(b) Ninguna de las alternativas de paz ha tenido éxito. _____, los Estados Unidos se han negado a aceptar las soluciones propuestas y, _____, los gobiernos latinoamericanos no han mostrado suficiente firmeza para imponer sus ideas en Washington.

(c) El claro predominio de niños y jóvenes en la América Latina se debe, _____, al descenso de las tasas de natalidad y, _____, a las altas tasas de nacimiento.

4. Completa los espacios en blanco con una preposición, *cuando sea necesaria.*

(a) A menudo se censuran _____ las publicaciones.

(b) La juventud convive _____ su familia.

(c) Los jóvenes dependen económicamente _____ sus padres.

(d) Algunos gozan _____ altos niveles de vida.

(e) Las leyes favorecen _____ los hombres.

(f) Muchos no asisten _____ la escuela.

(g) La Iglesia defiende _____ los derechos humanos.

(h) La Iglesia se transformó _____ la defensora de los pobres.

(i) Son muchos los jóvenes que buscan _____ un empleo.

(j) Los indígenas se sometieron _____ los conquistadores.

5. Forma oraciones con cada una de estas palabras y expresiones: *el machismo, el desempleo, la censura, el nivel de vida, el analfabetismo, la enseñanza, ratificar un acuerdo, asumir el poder, derrocar (un gobierno).*

Vocabulario

El vocabulario comprende todas las palabras empleadas en el texto, salvo aquéllas que son idénticas o muy similares en los dos idiomas y las palabras básicas que el alumno debe conocer a este nivel. Dentro del área de la gramática se excluyen, además, los pronombres personales, los pronombres y adjetivos posesivos y demostrativos, las preposiciones, las formas personales del verbo, así como la mayoría de los adverbios terminados en -mente y las formas del participio, excepto cuando éste tiene la función de adjetivo. En el caso de los sustantivos se indica el género, pero los adjetivos se presentan solamente en la forma masculina singular.

Abreviaciones usadas en el texto:

adj.	adjetivo	*pl.*	plural
f.	femenino	*s.*	sustantivo
m.	masculino	*fig.*	figurado

abandonar. to leave
abanico. *m. fig.* range
abastecer. to supply
abdicar. to abdicate
abismante. enormous
abogar por. to advocate, to defend
abolir. to abolish
aborigen. *adj./s.* native
abrazar. to embrace, to adopt
abrir paso. to open the way
abuso. *m.* abuse
acabado. perfect
acabar. to finish
  acabar + gerund. to end up by + gerund
Academia de Bellas Artes. *f.* Academy of Fine Arts
acantilado. *m.* cliff
acatar. to obey
  acatar una ley. to observe a law
  acatar una recomendación. to follow a recommendation
aceleradamente. rapidly
acento. stress, emphasis
  poner el acento. to emphasize, to stress
acentuado. marked, strong
acentuar. to stress, to accentuate, to accent
acepción. *f.* meaning, sense

acercamiento. *m.* closeness, approach, rapprochement (*between governments*)
acercarse. to approach, to draw near
acompañante. *m.* y *f.* escort
acompañar. to accompany
acontecimiento. *m.* event
acorde con. according to, in accordance with
acta. *f.* act, law
actual. present
actualidad, en la actualidad. at present, at the present time
actualmente. at present, at the present time
actuar. to act
acudir. to go, to come
acuerdo. *m.* agreement
  acuerdo comercial. commercial agreement
  acuerdo preferencial. preferential agreement
  de acuerdo con. in accordance with
acusar. to accuse, to show, to indicate
acusativo. accusative
a. de C. B.C.
adelantado. *m.* person who commanded an expedition during the Spanish conquest of the Indies

adelanto. *m.* progress
admitir. to accept, to admit
adobe. *m.* sun-dried brick
adquirir. to acquire
advenimiento. *m.* coming, arrival
afluente. *m.* tributary
África Occidental. West Africa
afueras. *f. pl.* outskirts
agitado. agitated
agitar. to stir up, to agitate
agotamiento. *m.* exhaustion
agraria: reforma agraria. land
  reform
agrario. agrarian, agricultural
agravado. worsened
agravar. to worsen
agregar. to add
agrícola. agricultural
agricultor, -a. *m.* y *f.* farmer
agrupación. *f.* group, organization
agrupar. to assemble, to group
agudizarse. to worsen
ahí. there
  de ahí que. hence
aislado. isolated
aislamiento. *m.* isolation
aislar. to isolate
alcalde. *m.* mayor
alcance: estar al alcance de. to be
  within reach of
alcanzar. to reach, to achieve
aldea. *f.* village
alejado. far, distant
alejar. to remove, to keep away
alentar. to encourage, to stimulate
algodón. *m.* cotton
aliado. allied
  Los Aliados. *m. pl.* The Allies
aliarse. to form an alliance
alimentado. fed
alimentar. to feed
alimento. *m.* food
**alineación: política de no
  alineación.** nonalignment policy
alistarse. to enlist, to enroll
almacén. *m.* storage place,
  warehouse
  grandes almacenes. department
  stores
almacenamiento. *m.* storage
almirante. *m.* admiral
alterar. to alter
altiplanicie. *f.* high plateau

altiplano andino. *m.* Andean high
  plateau
altitud. *f.* altitude, height
altura. *f.* height, altitude
aluvión. *m.* alluvial land
alza. *f.* rise
alzamiento. *m.* uprising
alzarse. to rise up
allá. there
  más allá. beyond, further
amazónico. Amazonian
ambicionar. to want, to strive after
ambiental. environmental
ambiente. *m.* environment
ambos. both
amenaza. *f.* threat
amenazar. to threaten
a menudo. often
América del Norte. North America
amerindio. Amerindian
amnistía. *f.* amnesty
amonestado. reprimanded
amotinarse. to rise up, to riot
ampliamente. fully
ampliar. to enlarge, to expand
amplio. large
analizar. to analyze
analfabetismo. *m.* illiteracy
analfabeto, -a. *m.* y *f.* illiterate
anarquía. *f.* anarchy
anchura. *f.* width
Andalucía. Andalusia
andaluz. Andalusian
andino. Andean
anexión. *f.* annexation
anglosajón. Anglo-Saxon
angosto. narrow
angustia. *f.* anguish, distress
anhelar. to want
animación. *f.* life, liveliness
anónimo. anonymous
anular. to revoke
anunciada. foretold
anunciar. to announce
ante. before, in front of
antecesor, -a. *m.* y *f.* predecessor
antepasado. *m.* ancestor
anterior. previous
antiguo. old
antillano. *adj./s.* West Indian
Antillas. Antilles, West Indies
añadir. to add
apagar. to put down

aparición. *f.* appearance
apárquese. park (*from* **aparcar.** *to park*)
apartar. to take away, to remove
aplicar. to apply
apogeo. *m. fig.* height
aportación. *f.* contribution
apoyar. to support
apoyo. *m.* support, help
apresar. to imprison
aprobar. to approve
apropiarse. to appropriate
apuntar. to point
apurarse. to hurry
arado. *m.* plow
arancel. *m.* Customs tariff or duty
araña. *f.* spider
Araucanía. region in southern Chile
araucano, -a (o **mapuche**). *m. y f.* Araucanian (*Indian from Araucania, Chile*)
árbitro. *m.* arbiter
arcaico. archaic
arcángel. *m.* archangel
arco. *m.* arch
archiduque. *m.* archduke
archipiélago. *m.* archipelago
ardiente. fervent
arenoso. sandy
argamasa. *f.* mortar
argumentar. to argue
arpa. *f.* harp
arrestar. to arrest
arroyo. *m.* stream
arte. *m.* o *f.* art
  arte plumario. art of decorating with ornamental plumes
artesanal. *adj.* handicraft
artesanía. *f.* handicrafts
arzobispo. *m.* archbishop
ascendencia. *f.* descent, origin
asentamiento. *m.* settlement
asesinar. to assassinate, to murder
asesinato. *m.* assassination, murder
asignar. to assign
asilo. *m.* asylum
asimismo. likewise, also, too
asistencia. *f.* attendance; assistance
asistir. to attend (*a misa,* mass; *a la escuela,* school)
asociarse. to associate
asombrado. surprised
asombro. *m.* surprise

aspirada: h aspirada. aspirated *h*
aspirar. to aspire
asumir. to assume, to take (on)
  asumir el poder. to take power
  asumir un papel. to take on a role
asunto. *m.* affair, matter
atavíos. *m. pl.* dress, attire
atento. attentive
atraer. to attract, to draw
atravesar. to go through, to cross
atribuir. to put down, to attribute
atributo. *m.* attribute
audiencia. *f.* colonial institution that acted as a court of justice, having also political powers
aumentar. to increase
aumento. *m.* increase
aún. still, yet
aun. even
  aun más. even more
aunque. although, even though
ausentismo o **absentismo.** *m.* absenteeism
australoide. of or from Australasia
autóctono. native
autogobernarse. to govern oneself
autonomía. *f.* self-government
autopista. *f.* freeway, expressway
autor, -a. *m. y f.* author
  autor teatral. playwright
autosuficiente. self-sufficient
avance. *m.* advance, progress
avanzar. to advance, to progress
avidez. *f.* eagerness
ayllu. *m.* clan or community of related families among the Incas
aymará. Aymara (*Indians living near Lake Titicaca*)
ayudar. to help
azulejo. *m.* tile

bahía. *f.* bay
baja. *f.* drop
bajo. under, low, below
  bajo cero. below zero
  bajo relieve. bas-relief
ballena. *f.* whale
banca. *f.* banking, banks (*as a whole*)
bando. *m.* faction
barbarie. *f.* barbarism
bárbaro. barbarian
barco. *m.* ship, boat
barrera. *f.* barrier

barreras comerciales. commercial barriers

barreras proteccionistas. protectionist barriers

barriada. *f.* shanty town (*Peru*)

barrio. *m.* area, district, neighborhood

barro. *m.* mud

barroco. *adj./s.* baroque

base. *f.* base, basis

  base militar. military base

bautizar. to name (*a place*), to baptize

beca. *f.* scholarship

bélico. warlike

bellas artes. *f. pl.* fine arts

bello. beautiful

beneficiar. to benefit

beneficio. *m.* benefit

beso. *m.* kiss

bíblico. biblical

bien. *m.* good

bien: si bien. although

bienes. *m. pl.* property

bienestar. *m.* welfare

Blanco. Conservative Party (*Uruguay*)

boca. *f.* mouth (*river*)

bolero. *m.* Latin American dance

boliviano. Bolivian

bondadoso. kind

borde. *m.* edge

bordear. to border, to skirt

borrar. to erase, to wipe out

bracero. *m.* laborer

brasileño. Brazilian

británico. British

buey. *m.* ox

busca. *f.* search

buscar. to look for

  buscar apoyo. to look for support

búsqueda. *f.* search

caballero. *m.* knight, knight-errant

cabe: no cabe duda. there is no doubt

cabeza. *f.* head, head of cattle

cabildo. *m.* city hall

  cabildo abierto. open assembly of a city hall

cabo: al cabo de. after

cabra. *f.* goat

cacique. *m.* Indian chief, political boss

cadena. *f.* chain

  cadena montañosa. mountain chain, mountain range

caer. to fall

  caer en poder de. to fall in the hands of

caída. *f.* fall, drop

calabaza. *f.* pumpkin

calificar. to qualify; to describe; to define

cáliz. *m.* chalice

calpulli. *m.* clan of related families among the Aztecs

callampa. *f.* shanty town (*Chile*)

cámara. *f.* chamber

  Cámara de Representantes. House of Representatives (*U.S.A.*)

cambio. *m.* change, exchange

  a cambio de. in exchange for

  en cambio. instead, whilst, on the other hand

camino. *m.* road, way

  camino transversal. side road

campamento de trabajo. *m.* work camp

campaña. *f.* campaign

campesino, -a. *m. y f.* peasant

campesinado. *m.* peasantry

campo. *m.* countryside; field; camp; sphere

canalizarse. to channel, to orient

cancionero. *m.* collection of lyrical poems

cancha de balonmano. *f.* handball court

cantidad. *f.* quantity

canto. *m.* song

caña de azúcar. *f.* sugarcane

cañón. *m.* cannon, gun

capa. *f. fig.* stratum, sector

capital. *adj.* **obra capital.** main work

  m. capital (*finance*)

  f. capital (*city*)

capitán general. *m.* captain general

capitanía general. *f.* captaincy general

capítulo. *m.* chapter; matter, subject

captura. *f.* capture; catch (*fish*)

carabela. *f.* caravel

caracterizar. to characterize
caracterizarse. to be characterized
carga. *f.* load; cargo
cargado. loaded; full
cargo. *m.* post, job
  a cargo de. in charge of
  hacerse cargo de. to take charge of
  cargo superior. senior position
Caribe. Caribbean
caribeño. *adj.* Caribbean
carretera. *f.* main road, highway
Casa de Contratación. *f.* colonial institution that controlled trade between Spain and Spanish America
castellano. Castilian
Castilla. Castile
castrista. *adj./s.* pertaining to Fidel Castro; follower or supporter of Castro
casucha. *f.* shack, shanty
catarata. *f.* waterfall
catedrático, -a. *m.* y *f.* university lecturer, professor
caucho. *m.* rubber
caudal. *m.* volume of water (*in a river*)
caudaloso: río poco
  caudaloso. river that carries a small volume of water
caudillismo. *m.* government by a *caudillo*
caudillo. *m.* leader
cauteloso. *adj.* cautious, wary
cautiverio. *m.* captivity
caza. *f.* hunting
ceder el campo. to hand over power
celebrar. to celebrate
  celebrar misa. to say or celebrate mass
ceniza. *f.* ash
censo. *m.* census
censura. *f.* censorship
censurar. to censor
centrado. centered
centralista. centralist
cercano. near
cerdo. *m.* pig
  carne de cerdo. pork
cero. zero
cerro. *m.* hill
cesar. to cease
científico. *adj./s.* scientific; scientist

cierre. *m.* closing
cifra. *f.* figure
cinc o **zinc.** *m.* zinc
cinturón de pobreza. *m. fig.* poverty belt
circundante. surrounding
circunscribirse. to confine or restrict oneself to
citar. to mention
ciudad. *f.* city
  ciudad estado. city-state
ciudadanía. *f.* citizenship
ciudadano, -a. *m.* y *f.* citizen
clase. *f.* class
  clase media. middle class
  clase trabajadora. working class
clave. *adj./s.* key
clérigo. *m.* priest
clero. *m.* clergy
cobrar fuerza o **ímpetu.** to gain force, to become stronger
cobre. *m.* copper
códice. *m.* hieroglyphic manuscript
coincidir. to coincide
colegio. *m.* school
  colegio estatal. state school
colombiano. Colombian
colono. *m.* tenant farmer, settler
colorado: Partido Colorado (*Uruguay*), Liberal Party
colorante. *adj./s.* coloring
colorido. color; colorful
comandante en jefe. *m.* commander in chief
combatiente. fighting
  m. y *f.* fighter, combatant
combatir. to fight
combustible. *m.* fuel
comentario. *m.* commentary (*text*), commentary; comment
comercialización. *f.* commercialization, marketing
comercializar. to commercialize
comercio. *m.* trade, commerce
  comercio detallista. retail trade
  comercio de exportación. export trade
  comercio exterior. foreign trade
  comercio interior. domestic trade
cometer. to commit
  cometer un delito. to commit a crime
comicios. *m. pl.* elections

comienzos. *m. pl.* beginning

comisionado, -a. *m.* y *f.* commissioner

comitiva. *f.* retinue, followers

compartir. to share

compatriota. *m.* y *f.* compatriot

competencia. *f.* competition, competence, province (*responsibility*)

competir. to compete

comprender. to include

comprometerse. to commit oneself, to get involved

comprometido. committed, involved; compromising

compromiso. *m.* obligation, commitment; compromise

común. common, mutual

comunidad. *f.* community

Comunidad Económica Europea. European Economic Community

comunitario. of the community

concebir. to conceive (*an idea, a project*)

conceder. to grant, to award

concertado. concerted (*action*)

conciencia. *f.* consciousness, awareness

tomar conciencia. to become aware

concurso. *m.* competition

condenado. condemned, convicted

condenar. to convict, to condemn

conducir. to lead, to drive

conferir. to confer

conforme a. in accordance with

conjuntamente. jointly

conjunto. combined, joint

en conjunto. on the whole

en su conjunto. as a whole

m. collection

conllevar. to entail

cono. *m.* **El Cono Sur.** the Southern Cone (*Argentina, Uruguay, Paraguay, Chile*)

conquistador. *adj.* conquering

m. conqueror

consagrarse. to dedicate oneself to, to establish oneself (*as an artist, etc.*)

consecución. *f.* attainment; success

conseguir. to obtain, to manage, to succeed

consejero, -a. adviser, counsellor, member of a council

consejo. *m.* advice; council

consejo ejecutivo. executive council

Consejo de Indias. colonial institution which had administrative and economic powers over Spanish America

conservador. conservative

conservadurismo. *m.* conservatism

conservar. to retain, to keep

consiguiente. resulting

por consiguiente. consequently, therefore

consonante. *f.* consonant

constituir. to constitute, to form, to establish

constituyente. constituent

asamblea constituyente. constituent assembly

consumación. *f.* consummation

consumo. *m.* consumption (*food*)

contabilidad. *f.* accounting

contaminación. *f.* pollution

contar con. to have

contener. to contain, to keep in check

continuación: a continuación. next

contrabandista. *m.* y *f.* smuggler

contraer. to catch (*a disease*); to incur (*a debt*)

contraer matrimonio. to marry

contratación. *f.* contract, hiring

convencido. convinced

convertirse. to become; to convert or be converted

convivencia. *f.* coexistence

convocar. to summon, to call (*elections, a meeting, etc.*)

coolí. *m.* coolie (*Chinese worker*)

cordillera. *f.* mountain range

cordón. *m.* string

fig. cordon

corona. *f.* crown

coronel. *m.* colonel

correr. to run

m. con el correr de los siglos. as time (*centuries*) went by

corriente. *f.* current

fig. trend; opinion

corriente literaria. literary movement

corte. *m.* tendency

corteza terrestre. *f.* the Earth's crust
cosecha. *f.* harvest
cosmógrafo. *m.* y *f.* cosmographer
costarricense. Costa Rican
costear. to pay for
costero. coastal
costumbre. *f.* custom
  literatura de costumbres.
    literature of manners
costumbrismo. *m.* literature of
  manners
costumbrista. of manners
  (*literature*)
  m. y *f.* writer of literature of manners
coya. *f.* sister and main wife of the
  Inca
creacionismo. *m.* movement in
  poetry
crecer. to grow
creciente. growing
  en forma creciente. increasingly
crecimiento. *m.* growth
  crecimiento demográfico.
    population growth
  crecimiento económico. economic
    growth
creencia. *f.* belief, faith
  libertad de creencia. religious
    freedom
creyente. *m.* y *f.* believer
cría. *f.* breeding
criada. *f.* maid, maidservant
criar. to breed, to raise (*animals*)
criollo, -a. *m.* y *f.* Spaniard born in
  America; also what is indigenous
  and national in Latin America as
  opposed to what is foreign
cristianismo. *m.* Christianity
cristiano. Christian
crítica. *f.* criticism; review; the critics
criticar. to criticize
crítico. *m.* critic
croata. Croatian
crónica. *f.* chronicle
crudo. *m.* crude
  petróleo crudo. crude oil
cruzar. to cross
cuadra. *f.* block (*Latin Am.*)
cuadrado. square
cuadro. *m.* picture; chart, table
  cuadro estadístico. statistical table
    or chart
cualidad. *f.* quality
cualificado. skilled (*worker*)

cuantioso. abundant; considerable
cuanto: en cuanto a. as regards
cuartel. *m.* barracks
cubano. Cuban
cuenca. *f.* basin
cuenta. *f.* account
  tener en cuenta. to take into
    account
cuerda. *f.* string, rope
cuestionar. to question, to debate,
  to challenge
cuidadoso. careful
cultivar. to cultivate, to farm
cultivo. *m.* cultivation, farming;
  crop
culto. *adj. fig.* cultured, educated
  m. cult, religion
  libertad de culto. religious
    freedom
cumbre. *f.* summit, top
  adj. fig. best
cumplir. to accomplish, to fulfill
  cumplir años. to turn or reach the
    age of
  cumplir con su palabra. to keep
    one's word
cura. *m.* priest
curaca. *m.* Indian chief
cúspide. *f.* peak, summit
cuy. *m.* guinea pig
cuzqueño. of or from Cuzco
  pintura cuzqueña. style of painting
    that originated in Cuzco

chicle. *m.* chewing gum
chico. small
chileno. Chilean
Cholula. Mexican town founded by
  the Toltecas
choza. *f.* shack, shanty

dado que. given that, as
dañar. to damage
daño. *m.* damage
dar. to give
  dar comienzo. to start
  dar paso. to give way
  dar lugar. to cause
  darse cuenta. to realize
  darse prisa. to hurry

datar. to date
dativo. dative
debatirse. to sway, to waver
deber. to owe, must
  m. duty
  deberse a. to be due to
débil. weak
debilitamiento. m. weakening
decadencia. f. decline
decrecer. to decrease, to go down
decretar. to decree; to ordain
dedicar. to dedicate
  dedicarse a. to devote oneself to
definido. definite
definir. to determine
deformado. deformed, distorted
deidad. f. deity, god
delictivo. adj. criminal
delineado. well-defined
delinear. to outline, to delineate
delito. m. crime
  cometer un delito. to commit a
  crime
demografía. f. demography
demográfico. demographic,
  pertaining to population
departamento. m. department;
  apartment (Latin Am.)
depuesto. deposed
derecha. f. right
derecho. m. law, right
  derechos humanos. human rights
derivado. m. by-product
derribar. fig. to overthrow
derrocamiento. m. overthrow
derrocar. to overthrow
derrota. f. defeat
derrotado. defeated
derrotar. to defeat
desacreditado. discredited
desafiado. challenged
desafío. m. challenge
desalentar. to discourage
desalojo. m. expulsion
desaparecer. to disappear
desaparecimiento. m. disappearance
desarrollado. developed
desarrollar. to develop
desarrollo. m. development
  países en vías de desarrollo.
  developing countries
desastroso. disastrous
desatar. to spark, to give rise
  desatarse. to break out

descartar. to eliminate, to reject
descendiente. m. y f. descendant
descenso. m. drop
descontento. m. dissatisfaction,
  disillusion
desembarcar. to disembark, to land
desembocadura. f. mouth (river)
desembocar. to flow, to run (river, etc.)
desempeñar. to carry out, to fulfill
  desempeñar un cargo o puesto. to
  hold a post
  desempeñar un papel. to play a
  role
desempleado, -a. m. y f. unemployed
desempleo. m. unemployment
deseoso. eager
desértico. adj. desert, barren
desfilar. to parade
designación. f. appointment
designar. to appoint, to designate;
  to indicate
desigual. uneven
desigualdad. f. inequality
desnutrición. f. malnutrition
desocupación. f. unemployment
desocupado, -a. m. y f. unemployed
despectivamente. contemptuously
despegue. m. fig. takeoff
despertar. to awaken; to revive
  m. awakening
desplazar. to move, to displace
desposeído. m. los desposeídos.
  the have-nots
destacado, -a. m. y f. outstanding
destacarse. to stand out
desterrado. adj./s. exile
desterrar. to banish, to exile
destierro. m. exile
destinado a. aimed at
destinar. to appoint; to post; to
  destine
destino. m. destination
desventaja. f. disadvantage
detallado. detailed
detalle. m. detail
detener. to detain, to arrest
deterioro. m. deterioration
determinante. decisive
determinar. to determine; to decide
deuda. f. debt
  deuda exterior. foreign debt
diablada. f. South American feast in
  which men dress up as devils
  (diablos)

diablo. *m.* devil
diabólico: con trajes diabólicos. dressed up as devils
diario. *adj./s.* daily; daily newspaper; diary
dibujante. *m.* y *f.* artist who creates sketches, cartoonist
dibujo. *m.* drawing
dictadura. *f.* dictatorship
dictar. to promulgate, to decree (*law*)
dicho, -a. *m.* y *f.* this, the said
diferencia. *f.* difference
 a diferencia de. unlike
dificultar. to make difficult, to obstruct
difusión. *f.* spreading
dimisión. *f.* resignation
diosa. *f.* goddess
diplomático. *m.* y *f.* diplomat
dirigente. *m.* y *f.* leader
adj. ruling
dirigir. to lead
 dirigirse. to go
discutir. to argue; to question
diseño. *m.* design
disolver. to dissolve
dispuesto a. willing to
distancia. *f.* distance
distanciamiento. *m.* separation
distinguir. to distinguish
 distinguirse. to distinguish oneself
distinto. different
distrito. *m.* area, neighborhood
diversificarse. to be diversified
diversos. several, various
dividirse. to divide
divisa. *f.* foreign exchange or currency
doctorado. *m.* doctorate
dominicano. Dominican (*from the Dominican Republic*)
dominio. *m.* rule, power, domain
doncella. *f.* maiden
dramaturgo, -a. *m.* y *f.* playwright
dueño, -a. *m.* y *f.* owner
duramente. severely, harshly
durar. to last

economía. *f.* economy
 economía de libre mercado. free-market economy

ecuatoriano. Ecuadorian
edad. *f.* age
 edad temprana. early age
 Edad Media. Middle Ages
 ser mayor de edad. to be of age
 ser menor de edad. to be under age
edificación. *f.* construction, the act of building
editar. to publish
educativo. educational
efectivamente. in fact
eficaz. efficient, effective
ejecutar. to carry out; to execute (*a condemned person*)
ejecutivo. *m.* executive
 poder ejecutivo. executive power
ejemplar. *m.* example; copy (*newspaper, etc.*)
adj. exemplary
ejercer. to exert; to exercise (*power*); to perform (*a function*)
ejército. *m.* army
 ejército libertador. liberating army
 ejército del aire. air force
 ejército de tierra. army
elegir. to elect; to choose
elenco. *m.* cast (of players)
elevado. high
elevar. to raise
emancipador: movimiento emancipador. *m.* independence movement
embajador, -a. *m.* y *f.* ambassador
embargo: sin embargo. however, nevertheless
emerger. to emerge
emigrante. *m.* y *f.* emigrant
emisión. *f.* issue; transmission, broadcasting
emisora. *f.* broadcasting station
empeorar. to worsen
emperador. *m.* emperor
empleado, -a. *m.* y *f.* employee
empobrecimiento. *m.* impoverishment
emprender. to undertake; to start
 emprender el camino del exilio. to go into exile
 emprender una nueva vida. to start a new life
empresa. *f.* venture; company, firm
empresario, -a. *m.* y *f.* employer; manager

enaltecer. to exalt, to glorify

encabezar. to lead, to head

encarcelamiento. *m.* imprisonment

encarcelar. to imprison

encarecer. to raise or to put up the price of

encargado, -a. *m.* y *f.* person in charge

enciclopedista. *adj./s.* encyclopedist

encomendero. *m.* master of an *encomienda*

encomienda. *f.* estates granted to Spanish settlers in colonial Spanish America; also the Indians who lived on the land

encuentro. *m.* encounter; meeting

enfrentamiento. *m.* confrontation; clash; dispute

enfrentarse. to confront; to face

engrosar. to increase

enmascarado, -a. *m.* y *f.* masked person

enmienda. *f.* amendment

enriquecerse. to become rich

ensayo. *m.* essay; trial

enseñanza. *f.* education

  enseñanza básica. primary education

  enseñanza media. secondary education

entidad. *f.* entity

entonces: en aquel entonces. at that time

entrada. *f.* entry, entrance

entregar. to hand in or over

entrenamiento. *m.* training

entretanto. in the meantime, meanwhile

entrevistarse. to interview

enviar. to send

envío. *m.* shipment, dispatch

época. *f.* time, epoch

epopeya. *f.* epic poem

equilibrio. *m.* balance

erradamente. mistakenly, by mistake

erradicar. to eradicate, uproot

erudito. scholarly, erudite

escala. *f.* scale

  en gran escala. on a large scale

escalonado. with steps as in a staircase

escasamente. scarcely

escasez. *f.* shortage, scarcity

escaso. scarce

escena. *f.* scene

escenario. *m. fig.* scene, setting

escisión. *f.* splitting; division

esclavitud. *f.* slavery

esclavo, -a. *m.* y *f.* slave

escocés. Scottish

escoger. to choose

escolar. *adj.* school

  deserción escolar. dropping out of school

escrito. *m.* writing, work

escritor, -a. *m.* y *f.* writer

escritura. *f.* writing

  escritura jeroglífica. hieroglyphic writing

escuadra. *f.* squadron, fleet

esculpir. to sculpture

escultor, -a. *m.* y *f.* sculptor

escultura. *f.* sculpture

esfuerzo. *m.* effort

espacio. *m.* space

  por espacio de. for, during

espada. *f.* sword

esparcimiento. *m.* amusement, entertainment

especie. *f.* species: **especie humana.** human species

  una especie de. a kind of

esperanza. *f.* hope

  esperanza de vida. life expectancy

espíritu. *m.* spirit

establecer. to establish, to set up

  establecerse. to settle

establecimiento. *m.* establishment, setting up

estadista. *m.* statesman

estadístico. statistical

estado. *m.* state; condition

Estados Unidos. United States

estadounidense. *adj.* American, United States

estallido. *m.* outbreak (*war, revolution, etc.*)

estancamiento. *m.* stagnation

estaño. *m.* tin (*metal*)

estatal. *adj.* state

estético. esthetic

estilización. *f.* stylizing, stylization

estilo. *m.* style

estimación. *f.* estimate

estimar. to consider
estimular. to encourage
estrato. *m.* stratum
estrechar. *fig.* to bring closer
  estrechar los lazos. to strengthen
    ties
  estrecharse. to narrow
estrecho. narrow; close; strait
estuario. *m.* estuary
estudiantil. *adj.* student
etapa. *f.* stage, phasc
ético. ethical
Europa. Europe
  Europa Occidental. Western
    Europe
  Europa Oriental. Eastern Europe
evangelizar. to evangelize, to preach
  the Gospel
evitar. to prevent, to avoid
evolucionar. to evolve; to develop
exaltación. *f.* exalting, praising
exaltar. to exalt, to praise
exceder. to exceed, to surpass
excedente. surplus, excess
excluir. to exclude
exento. free from
exhortar. to exhort
exigencia. *f.* demand
exigir. to demand
exiliado o exilado, -a. *m.* y *f.* exile
exiliarse. to go into exile
existente. existing
éxito. *m.* success; hit (*record or song*)
exitoso. successful
experimentar. to experience; to
  show (*an increase*)
explotar. to exploit
exportaciones. *f. pl.* exports
expulsar. to expel
extenderse. to stretch; to expand
extensión. *f.* area
extenso. large, vast
exterior. external; foreign
  comercio exterior. foreign trade
exterminio. *m.* extermination
extranjero. *adj./s.* foreign, foreigner;
  abroad
extremadamente. extremely
Extremadura. Estremadura
extremeño. of or from Estremadura

fábrica. *f.* factory
fabricar. to manufacture
facilidades. *f. pl.* facilities; credit
facultad. *f.* faculty (*university*)
fachada. *f.* front, façade
falta. *f.* lack, shortage
fallecer. to die
fama. *f.* renown, fame, reputation
familia real. *f.* royal family
familiar. *adj.* family
fase. *f.* phase, stage
favorecer. to favor
fe. *f.* faith
fecha de nacimiento. *f.* date of birth
felino. *adj.* feline
ferrocarril. *m.* railroad
ferroviario. *adj./s.* railroad; railroad
  worker
fertilizante. *m.* fertilizer
fiel. faithful
figura. *f.* figure; personality;
  character
figurar. to figure, to appear
figurativo: estilo
  figurativo. figurative style
fijación. *f.* fixing
fijar. to fix, to establish
  fijar la residencia. to take up
    residence
fila. *f.* rank; row
filmico. *adj.* film
filósofo, -a. *m.* y *f.* philosopher
fin. *m.* objective, end
  a fin de. in order to
  a fines de. at the end of
financiar. to finance
financiero. financial
finca. *f.* farm
fiordo. *m.* fiord
firma. *f.* signature; firm
firmar. to sign
fisonomía. *f.* characteristic, aspect
florecer. to flourish, to prosper
florecimiento. *m.* flourishing,
  prosperity
flota. *f.* fleet
flotilla. *f.* fleet of small ships
flujo. *m.* flow
fluvial. *adj.* river
foco. *m.* center, focus
  foco industrial. industrial center
fomentar. to foster

fondo. *m.* fund; bottom
  de fondo. fundamental
fonético. phonetic
forestal. *adj.* forest
forma. *f.* shape; way
  de esta forma. in this way
  de forma que. so that
formación. *f.* formation; education
  formación ocupacional.
  occupational training
formular una teoría. to formulate a
  theory
fortaleza. *f.* fortress
fortificado. fortified; strengthened
forzado. forced
fracasar. to fail
fracaso. *m.* failure
fray. *m.* brother, friar
frente. *m.* front; façade
  al frente de. at the head of
  frente a. as opposed to
frigorífico. *adj./s.* refrigerator
  camión frigorífico. refrigerator
  truck
frijol. *m.* bean (*Latin Am.*)
frontera. *f.* border, frontier
fuente. *f.* source; fountain
fuera. out, outside
fuerte. *adj./s.* strong; fort
  plaza fuerte. fortified town
fuerza. *f.* force, strength
  fuerzas armadas. armed forces
  fuerzas de seguridad. security
  forces
  fuerza del orden. forces of law and
  order
fulgor. *fig.* splendor
función. *f.* duty, function; post
funcionario, -a. *m.* y *f.* civil servant,
  official
  funcionario público. public official
fundador, -a. *m.* y *f.* founder
fundamento. *m.* foundation, basis
fundar. to found
fusilamiento. *m.* execution
fusilar. to execute
fusionar. to merge

gaceta. *f.* gazette (*newspaper*)
gallego. Galician
gallina. *f.* hen, chicken
ganadero. *adj.* cattle, cattle-raising
ganado. *m.* cattle
ganancia. *f.* earning

ganso. *m.* goose
gaseoducto. *m.* pipeline
gasto. *m.* expense
  gasto público. public expense
gaucho. *m.* inhabitant of the pampas
  in Argentina and Uruguay
generalizarse. to become general
género. *m.* genre
  género literario. literary genre
geográficamente. geographically
geógrafo, -a. *m.* y *f.* geographer
gestiones. *f. pl.* steps
girar. to center on
  girar en torno a. to be centered
  on, to focus on, to be about
glorificar. to glorify, to praise
gobernador. *m.* governor
gobernante. ruling
  m. y *f.* ruler
gobernar. to govern
gobierno. *m.* government
golpe de estado. *m.* coup d'état
gótico. gothic
  gótico florido. flamboyant gothic
gozar. to enjoy
grabado. engraved
  m. engraving, illustration, picture
grado. *m.* degree, rank, grade
graduado, -a. *m.* y *f.* graduate
Gran Bretaña. Great Britain
grandeza. *f.* greatness
granja. *f.* small farm
  granja avícola. poultry farm
gratuito. free
grave. serious, grave
  más grave aún. worse still
gremio. *m.* guild, association
guagua. *f.* baby (*Chile, Peru,
  Ecuador*); bus (*Cuba, Canary
  Islands*)
guano. *m.* guano (*fertilizer*)
guaraní. *m.* y *f.* Paraguayan Indians;
  the language of those Indians
guardar. to store, to keep
guardia. *f.* guard (*corps*)
  Guardia Nacional. National Guard
guatemalteco. Guatemalan
guerra. *f.* war
  la guerra fría. the cold war
guerrero. *adj./s.* warring, warrior

hábil. clever
habitante. *m.* y *f.* inhabitant
habitar. to inhabit

habla. *m.* speech, language
 de habla castellana. Spanish
  speaking
hablante. *m.* y *f.* speaker
hacer prisionero. to imprison, to
  take someone prisoner
hacerse. to become
 hacerse cargo. to take charge
hacienda. *f.* farm
haitiano, -a. *adj./s.* Haitian
harina. *f.* flour
 harina de pescado. fish meal
hecho. *m.* fact, event
 de hecho. in fact
hegemonía. *f.* hegemony
helada. *f.* frost
heredar. to inherit
heredero, -a. *m.* y *f.* heir
hereditario. hereditary
herencia. *f.* inheritance
herido, -a. *adj./s.* injured, injured
  person
herradura. *f.* horseshoe
herramienta. *f.* tool
hidalgo. *m.* noble, Spanish
  nobleman
hierro. *m.* iron
hijo natural. *m.* illegitimate son
Hispanoamérica. Spanish America
hispanoamericano, -a. *adj./s.*
  Spanish American, Hispano-
  American
hispanohablante. *adj./s.* Spanish
  speaking, Spanish speaking
  people
historia natural. *f.* natural history
hogar. *m.* home
hoja. *f.* leaf
holandés. Dutch
homenaje. *m.* homage
homogéneo. homogeneous
hondo. deep
hondureño. *adj./s.* Honduran
hostilidad. *f.* hostility
hoy en día. nowadays
huelga. *f.* strike
húmedo. humid, damp, wet
humilde. humble
huracán. *m.* hurricane

Iberoamérica. Latin America
iberoamericano. *adj./s.* Latin
  American

idioma. *m.* language
iglesia. *f.* church
igual. *adj./s.* same; equal
 sin igual. unique
Ilustración: La Ilustración. *f.* the
  Enlightenment
ilustrado. *adj./s.* cultured;
  enlightened
 el despotismo ilustrado. the
  enlightened despotism
imagen. *f.* image
impedir. to prevent
imperio. *m.* empire
ímpetu. *m.* impetus, momentum
implantar. to introduce, to establish
implicar. to involve; to imply
imponente. imposing
imponer. to impose; to set
 imponerse. to be imposed; to
  dominate
impopularidad. *f.* unpopularity
impregnado. impregnated
impregnar. to impregnate
imprenta. *f.* press; printing
impresionante. impressive; amazing
imprimir. to imprint; to print (*a
  book, etc.*)
impuesto. imposed
 m. tax
impulsor, -a. *m.* y *f.* promoter
inacabado. unfinished
inactivo. unemployed
incaico. *adj.* Inca, Incan
incierto. uncertain
incluir. to include
incluso. even
incólume. *adj.* safe, unharmed
incorporar. to incorporate
inculto. uncultured, uneducated
independencia. *f.* independence
independizarse. to become
  independent
Indias. Indies
 Indias Occidentales. West Indies
índice. *m.* rate, index
indicio. *m.* indication
indígena. *adj./s.* indigenous; native;
  Indian
indigenismo. *m.* indianism (*Latin
  Am. political and literary movement
  in favor of the Indian cause*)
indio, -a. *m.* y *f.* Indian
indiscutible. indisputable,
  unquestionable

indocumentado. *adj./s.* without (*identificación*) papers; illegal immigrant

industria. *f.* industry

industria ligera. light industry

industria manufacturera. manufacturing industry

industrializarse. to become industrialized

inestable. unstable

infamia. *f.* infamy

infantería. *f.* infantry

la infantería de marina. the marines

influir. to influence

influyente. influential

infraestructura. *f.* infrastructure

ingeniero. *m.* engineer

ingenuo. naïve

Inglaterra. England

ingreso. *m.* entrance

ingresos. income

inicio. *m.* beginning

ininterrumpido. uninterrupted

inmediaciones. *f. pl.* environs, surrounding area

inmigración. *f.* immigration

inmigrante. *m.* y *f.* immigrant

inoperancia. *f.* inoperativeness

inquietud. *f.* anxiety; unrest

inquietud política. political unrest

inspeccionar. to inspect, to examine

instalar. to set up

instalarse. to settle

instar. to urge, to press

instauración. *f.* establishment

instaurar. to establish, to set up

institucionalizar. to institutionalize

instruir. to educate, to teach

instrumento de cuerda. *m.* string instrument

integrador. integrative

integrante. *adj./s.* integral; member

intencionado. intentioned

intelectualidad. *f.* intellectuals

intensificarse. to intensify, to increase

intentar. to try

intento. *m.* attempt

intercalar. to insert

intercambio. *m.* exchange

interino. *adj.* provisional

interior. *adj./s.* interior; internal, domestic

comercio interior. domestic trade

intermedio. *m.* intermediate

internarse. to go inland

intervenir. to intervene

intransitable. impassable

inundación. *f.* flood

invadir. to invade

invasor. *adj./s.* invading; invader

inversión. *f.* investment

inversionista. *m.* y *f.* investor

invertir. to invest

investigador, -a. *m.* y *f.* investigator; researcher

islote. *m.* islet, small island

istmo. *m.* isthmus

izquierda. left wing, the left

jardín botánico. *m.* botanical garden

jefe, a. *m.* y *f.* chief, boss

jefe de Estado. Head of State

jefe militar. military chief

jerarquía. *f.* hierarchy

jerarquía eclesiástica. ecclesiastical hierarchy

jeroglífico. *m.* hieroglyphic

jesuita. *adj./s.* jesuit

jornal. *m.* daily or day's wage

jornalero, -a. *m.* y *f.* day laborer

joyas. *f. pl.* jewelry

juego. *m.* game

juegos de pelota. ball games

juez. *m.* judge

juicio. *m.* trial

jugar un papel. to play a role

junta. *f.* junta, council

junto. together

junto a. next to

jurar. to swear, to take an oath

justicialismo. *m.* political movement founded by Perón in Argentina

juventud. *f.* youth, young people

juzgar. to judge

kilómetro cuadrado. *m.* square kilometer

laboral. *adj.* pertaining to labor

labrador, -a. *m.* y *f.* farm worker, farmhand

lado. *m.* side
 por un lado . . . , por otro lado. on the one hand . . . , on the other hand
laguna. *f.* small lake
lancha pesquera. *f.* fishing boat
largo. long
 a lo largo de. along
 a lo largo y ancho. all over
lata. *f.* tin
latente. latent
latifundio. *m.* large landed estate
latifundista. *m.* y *f.* owner of a large estate
lazo. *m. fig.* tie, bond, link
lealtad. *f.* loyalty
lector, -a. *m.* y *f.* reader
lectura. *f.* reading
legado. *m.* legacy
legislativo. legislative
 poder legislativo. legislative power
lejano. distant
Lejano Oriente. Far East
lengua. *f.* language
lentitud. *f.* slowness
 con lentitud. slowly
letra. *f.* letter (*alphabet*); words (*of a song*)
letras. *f. pl.* letters (*literature*); arts
levantamiento. *m.* insurrection, uprising
levantar. to lift
 fig. to build
léxico. *m.* lexicon, vocabulary
ley. *f.* law
 Leyes de Indias. Laws of the Indies
leyenda. *f.* legend
libanés. Lebanese
libertad. *f.* freedom, liberty
 libertad de culto o **libertad religiosa.** religious freedom
 libertad de información. freedom of information
 libertad de prensa. press freedom
libertador. *adj./s.* liberating; liberator
 El Libertador. Simón Bolívar
libertario. libertarian
librar. to free, to release
 librar una batalla. to do or to join battle

ligado. linked, associated
ligero. light
 industrias ligeras. light industries
limosna. *f.* alms
 pedir limosna. to beg
 vivir de limosna. to live on charity
línea. *f.* line
 en líneas generales. generally speaking
 leer entre líneas. to read between the lines
lírica. *f.* lyric or lyrical poetry
lírico. *adj.* lyric, lyrical
lirismo. lyricism
litografía. *f.* lithography
litoral. *m.* littoral, coast
liviano. light
lograr. to achieve; to manage; to obtain
lomo. *m.* back (*of an animal*)
 a lomo de mula. on the back of a mule
longitud. *f.* length
lucro. *m.* profit
lucha. *f.* struggle, fight
 lucha armada. armed struggle
 lucha de poder. power struggle
luchar. to struggle, to fight
lugarteniente. lieutenant
luz. *f.* light

llamado. called, so called
llanura. plain
llegar. to arrive
 llegar a. to come to, to manage
 llegar a ser. to become
llenar. to fill
lleno. full
 lleno de. fully
llevar. to carry, to take
 llevar a. to lead
 llevar a cabo. to carry out
 llevar adelante. to carry out, to go ahead
lluvia. *f.* rain
lluvioso. rainy

machismo. *m.* machismo, cult of masculinity
madera. *f.* wood

madrugada. *f.* dawn
maestro, -a. *m.* y *f.* master;
schoolteacher
maestro primario. primary school
teacher
**Magallanes: Estrecho de
Magallanes.** Magellan Straits
maíz. *m.* corn
maldición. *f.* curse
malversación. *f.* misappropriation,
embezzlement
mandar. to order, to command
mandato. *m.* mandate
mando. *m.* command, control
al mando de. under the command
of
dejar el mando. to hand over
command
manejar. to handle; to manage, to
administer; to drive (*Latin Am.*)
manifestante. *m.* y *f.* demonstrator
manifestar. to demonstrate (*for a
cause*); to show
mano. *f.* hand
a mano. by hand
mano de hierro. iron hand
mano de obra. labor
mantener. to maintain; to keep
mantener vivo. to keep alive
mantenerse. to remain, to keep
mantenerse al margen. to keep out
mantenimiento. *m.* sustenance,
maintenance
manufacturado. manufactured
productos manufacturados.
manufactured products
mapuche o araucano. *adj./s.* Indian
ethnic group in southern Chile
marcado. *fig.* defined
bien marcado. well defined
marco. *m.* framework
marchar. to go
margen. *m.* fringe
al margen de. apart from
al margen de (la sociedad). on the
fringe of (society)
marina. *f.* navy
infantería de marina. marines
marinero. *m.* sailor
marisco. *m.* shellfish
más bien. rather
masa. *f.* dough (*for bread*)
máscara. *f.* mask

mascarada. *f.* masquerade
matanza. *f.* killing, massacre
materia. *f.* subject, matter
materia prima. raw material
matriculado. registered, enrolled
matrimonio. *m.* marriage
matrimonio civil. civil marriage
contraer matrimonio con. to
marry
maya. Mayan
mayoría. *f.* majority
mayoría absoluta. absolute
majority
mayoría de edad. full legal age
mayeque. *m.* laborer (*among the
Aztecs*)
mayormente. greatly, especially
mediados: a mediados de. in or
about the middle of
mediante. by means of; through
medida. *f.* measure
a medida que. as, at the same time
as
en buena medida. to a great extent
en gran medida. to a great extent
en menor medida. to a lesser
extent
medio. *adj./s.* average; means;
middle; environment
medio ambiente. environment
medios de información.
information media
medios de producción. means of
production
medios de transporte. means of
transport
medios económicos. economic
means
por medio de. by means of,
through
Medio Oriente. Middle East
mejoramiento. *m.* improvement
mejorar. to improve
melano-polinesio. *adj./s.* of or from
Melanesia and Polinesia
mencionar. to mention
mendicidad. *f.* mendicity, begging
mendigo, -a. *m.* y *f.* beggar
mensaje. *m.* message
mensajero, -a. *m.* y *f.* messenger
mente. *f.* mind
mercader. *m.* merchant, trader
mercado. *m.* market

economía de libre mercado. free market economy

Mercado Común Europeo. European Common Market

mercado exterior. overseas market

mercado interior. home market

mercado negro. black market

mercancía. *f.* merchandise, goods

merced. *f.* mercy

a merced de. at the mercy of

meridional. southern, south

mero. mere, pure

meseta. *f.* plateau

Mesoamérica. Mesoamerica (*inhabited area of southern North America before Columbus*)

mestizo. *adj./s.* person of mixed blood (*Spanish and Indian*); half-breed

metáfora. *f.* metaphor

metro. *m.* subway

mezcla. *f.* mixture

mezclarse. to mix

miembro. *m.* member

mientras. while

mientras tanto. meanwhile, in the meantime

Miércoles de Ceniza. *m.* Ash Wednesday

milenario. a thousand years old

militar. *adj./s.* military; soldier

gobierno militar. military government

golpe militar. military coup

minería. *f.* mining

minero. *adj./s.* mining; miner

centro minero. mining center

industria minera. mining industry

minifundio. *m.* small farm

ministerio. *m.* ministry

ministro, -a. *m.* y *f.* minister

minoría. *f.* minority

mita. *f.* colonial institution that regulated the work of the Indians at the mines and public works

mito. *m.* myth

modificado. modified

molde. *m.* model, pattern

monarca. *m.* monarch

monarquía. *f.* monarchy

monarquía absoluta. absolute monarchy

monarquía parlamentaria. constitutional monarchy

monárquico. *adj./s.* monarchical, monarchic; monarchist

mondonovismo. *m.* literary movement centered on the people of Latin America and their culture

mongoloide. of or from Mongolia

monopolio. *m.* monopoly

montaña. *f.* mountain

las Montañas Rocosas. the Rocky Mountains

montañoso. mountainous

monte. *m.* mount; mountain

moro. *adj./s.* Moorish; Moor

mortalidad. *f.* mortality

mortalidad infantil. infant mortality

mover. to move

movimiento. *m.* movement

movimiento literario. literary movement

movimiento migratorio. migratory movement

mudéjar. *adj./s.* Mudejar (*Moslems who remained in Castile after the Reconquest*); style of art

muerto. dead

muestra. *f.* example; specimen, sample

mula. *f.* mule

a lomo de mula. on the back of a mule

mulato, -a. *m.* y *f.* mulatto

mulita. *f.* mule (*diminutive*)

mundial. *adj.* world

mundo. *m.* world

mundo en desarrollo. developing world

municipio. *m.* municipality; city council

muralista. *m.* y *f.* muralist (*painter of murals*)

murciano. of or from Murcia

musulmán. *adj./s.* Moslem

nacer. to be born

nacimiento. *m.* birth

nacionalizar. to nationalize

narcotráfico. *m.* drug trafficking

narración. *f.* narrative, narration

narrar. to relate
natal. native
natalidad. *f.* birth
natural. natural
  hijo natural. illegitimate or natural child
  ser natural de. to come from, to be born in
naturaleza. *f.* nature
naufragio. *m.* shipwreck
nave. *f.* ship
navegante. *m.* sailor
navegar. to sail
navío. *m.* ship
  navío de guerra. warship
negar. to deny
neofiguración. *f.* neofigurative style
neofigurativo: estilo neofigurativo. *m.* neofigurative style
neorromanticismo. *m.* neoromanticism
nicaragüense. *adj./s.* Nicaraguan
niñez. *f.* childhood
níquel. *m.* nickel
nivel. *m.* level
  nivel de vida. standard of living
  nivel del mar. sea level
nombrado. appointed
nombrar. to appoint
noreste. northeast
noroeste. northwest
norte. north
norteamericano. *adj./s.* North American; American (*U.S.A.*)
noticia. *f.* news
notorio. obvious, clear
novela. *f.* novel
núcleo. *m.* center
  núcleo familiar. family group
  núcleo industrial. industrial center
nudo. *m.* knot
nuevamente. again
Nuevo Mundo. *m.* New World
numeración. *f.* numbering

obedecer. to obey
  obedecer a. to be due to
obeso. obese
objeto. *m.* object
  ser objeto de. to be the object of
obligar. to compel, to force

obligatorio. compulsory
obra. *f.* work
  obra cumbre. best work
  obra maestra. masterpiece
obrero, -a. *m.* y *f.* worker
  clase obrera. working class
  sindicato obrero. workers' union
obstante: no obstante. however, nevertheless
obtener. to obtain, to manage
ocasionar. to cause, to produce
ocaso. *m.* decline
occidental. *adj.* western, west
occidente. *m.* west
ocuparse de. to look after
ocurrir. to happen
oda. *f.* ode
oeste. *m.* west
ofensiva. *f.* offensive
oficial. official
  m. officer
  oficial del ejército. army officer
oficialmente. officially
oficio. *m.* occupation, profession
ofrecer. to offer
ola. *f.* wave
  ola migratoria. migratory wave
  ola de terror. wave of terror
olvidar. to forget
opositor, -a. *m.* y *f.* opponent
opuesto. opposed, opposite
oración. *f.* prayer
orden. *m.* order
  orden religiosa. religious order
ordenar. to order
orfebrería. *f.* goldsmithery, silversmithing
organismo. *m.* organization
organización. *f.* organization
  Organización de Estados Americanos (*OEA*), Organization of American States (*OAS*)
  Organización de las Naciones Unidas (*ONU*), United Nations organization (*UN*)
  Organización de Países Exportadores de Petróleo (*OPEP*), Organization of Petroleum Exporting Countries (*OPEC*)
  organización patronal. employers' association

organización sindical. trade union
órgano. *m.* body, organization
órgano de gobierno. government
   body
orgullo. *m.* pride
oriental. *adj.* eastern, east
orientar. to orient, to direct
oriente. *m.* east
originar. to give rise, to originate
originario. originating, coming
oro. *m.* gold
otorgar. to grant
oveja. *f.* sheep
oyente. *m.* y *f.* listener

pacífico. peaceful
pago. *m.* payment
país. *m.* country
   países desarrollados. developed
      countries
   países en vías de
      desarrollo. developing countries
paisaje. *m.* landscape
paja. *f.* straw
palabra. *f.* word
   cumplir con la palabra. to keep
      one's word
palacio. *m.* palace
   palacio real. royal palace
palestino. Palestinian
paliar. to palliate, to moderate
pampas. *f. pl.* plains
panameño. *adj./s.* Panamanian
papa. *f.* potato
papel. *m.* role; paper
paradójicamente. paradoxically
paraguayo. *adj./s.* Paraguayan
paralelamente. at the same time
pareja. *f.* couple
parentesco. *m.* relationship, kinship
párese. stop, (*from pararse*)
pariente. *m.* relative
   pariente cercano. close relative
parlamento. *m.* parliament
paro. *m.* unemployment
parque automovilístico. *m.* number
   of cars on the road (in a country)
partidario, -a. *m.* y *f.* follower,
   supporter; advocate
partido. *m.* party
   partido político. political party
partir. to leave; to divide, to split
   a partir de. from, since

pasado. *adj./s.* past
pasar. to pass
   pasar a. to come to
   pasar a constituir. to become
   pasar a ser. to become
   pasar por. to go through
   no pasar de ser más que. to be no
      more than
Pascua: Gran Pascua del Sol. *f.*
   feast celebrated in Cuzco on June
   24
paso. *m.* way; handing over
pastizal. *m.* pasture, grazing land
pastoril. pastoral
pato. *m.* duck
patria. *f.* fatherland; homeland
pavimentar. to pave
pavo. *m.* turkey
paz. *f.* peace
pecados: los siete pecados
   capitales. the seven deadly sins
peces. *see* pez
pelota. *f.* ball
   juegos de pelota. ball games
penalidad. *f.* hardship
Península Ibérica. *f.* Iberian
   Peninsula
peninsular. *adj./s.* peninsular;
   Spaniard born in the Iberian
   Peninsula
percusión: instrumentos de
   percusión. *m. pl.* percussion
   instruments
pérdida. *f.* loss
perdurar. to last
perecer. to perish
perfilarse. *fig.* to emerge, to take
   shape
periodismo. *m.* journalism
periodístico. *adj.* newspaper
perjudicar. to harm, to affect
permanecer. to remain
peronismo o justicialismo. *m.*
   political movement founded by
   Perón in Argentina
perpetuo. perpetual
perseguido. persecuted
persistir. to persist
personaje. *m.* character
personal. *m.* personnel, staff
pertenecer. to belong
perteneciente. belonging, that
   belongs

pertenencia. *f.* membership
peruano. *adj./s.* Peruvian
pesar: a pesar de. in spite of
pesca. *f.* fishing
pescador. *m.* fisherman
pescar. to fish
pese a. in spite of, despite
peso. *m.* weight
　fig. importance
pesquero. *adj.* fishing
petróleo. *m.* oil
pez. *m.* fish
pico. *m.* peak, summit
pictórico. pictorial
piedra. *f.* stone
　Piedra del Sol. huge stone
　representing the Aztec calendar
pilar. fundamental, basic
pintada. *f.* political drawing and/or
　slogans painted on a wall
pintar. to paint
pintor, -a. *m.* y *f.* painter
pintoresco. picturesque
pintura. *f.* painting; picture
piso. *m.* apartment
planicie. *f.* plain; plateau (*meseta*)
planificación. *f.* planning
planificado. planned
plata. *f.* silver
plátano. *m.* banana
plomo. *m.* lead (*metal*)
pluma. *f.* feather, plume
plumario: arte plumario. art of
　decorating with ornamental
　feathers
plutónico. plutonic
población. *f.* population; town
　población activa. working
　population
poblador, -a. *m.* y *f.* inhabitant
poblar. to populate, to inhabit
pobreza. *f.* poverty
poder. *m.* power
　poder ejecutivo. executive power
　poder judicial. judiciary
　poder legislativo. legislative
　power
poderío. *m.* power
poderoso. powerful
poema. *m.* poem
poesía. *f.* poetry
poeta. *m.* poet
poetisa. *f.* woman poet

polarizarse. to polarize
Polinesia. Polynesia
polinesio. *adj./s.* Polynesian
política. *f.* politics; policy
　política exterior. foreign policy
poner. to put
　poner en marcha. to start
　poner en peligro. to endanger
　poner fin a. to put an end to
　ponerse al día. to catch up
　ponerse al frente. to defend
por: por ciento. percent
　por eso. that is why
　por lo tanto. therefore
　por otra parte. on the other hand
　por sí solo. alone
porcentaje. *m.* percentage
porfiriato. *m.* government of
　Porfirio Díaz in Mexico
portada. *f.* façade, front
poseer. to possess, to have
posterior. subsequent, later
precipitación. *f.* rainfall
precipitadamente. hastily, hurriedly
precolombino. pre-Columbian
predicar. to preach
predominio. *m.* predominance
preferentemente. preferably
preincaico. pre-Incan
prejuicio. *m.* prejudice
premio. *m.* prize
prender. to take root
prensa. *f.* press
　libertad de prensa. freedom of the
　press
preparación. *f.* training
presenciar. to witness
presidir. to preside over
presión. *f.* pressure
préstamo. *m.* loan
prestar. to lend
　prestar atención. to lend one's
　attention
　prestar servicio. to be of service
presuponer. to presuppose
pretender. to seek, to try to
primario. primary
　escuela primaria. elementary
　school
princesa. *f.* princess
principio. *m.* principle; beginning
　en un principio. at the beginning
prisionero, -a. *m.* y *f.* prisoner

hacer prisionero. to take someone prisoner
prisionero de guerra. war prisoner
privilegiado. privileged
proceder. to come, to proceed
proceso. *m.* process; trial, lawsuit
producir. to produce
 producirse. to come about, to take place
producto. *m.* product
 producto interior bruto. gross national product
 productos manufacturados. manufactured products
productor, -a. *m.* y *f.* producer
profano. profane
profundidad. *f.* depth
progresista. progressive
prohibir. to forbid, to prohibit
prolongarse. to stretch
promedio. *m.* average
prometer. to promise
promotor, -a. *m.* y *f.* promoter; instigator
promulgación. *f.* promulgation, enactment
promulgar. to promulgate, to enact (*a law, etc.*)
pronombre. *m.* pronoun
pronunciado. pronounced, marked
pronunciarse. to declare oneself
propiamente. exactly, really
 propiamente tal. strictly speaking
propiedad. *f.* property
propietario, -a. *m.* y *f.* owner
propio. own, characteristic
proponer. to propose
proporcionar. to provide; to give
propósito. *m.* purpose
propuesta. *f.* proposal
prosa. *f.* prose
proscrito. forbidden
proseguir. to continue; to carry out
protagonista. *m.* y *f.* protagonist, main character
proteccionismo. *m.* protectionism
proteccionista. protectionist
proteger. to protect
protesta. *f.* protest
 canción protesta. protest song
proveedor, -a. *m.* y *f.* supplier
proveer. to supply, to provide

proveniente. originating, coming from
provenir. to come from
provocar. to cause
proximadades: en las proximidades de. near, in the vicinity of
próximo. near, close; next
proyecto. *m.* project
 proyecto de ley. bill
prueba. *f.* proof
publicar. to publish
pueblecito. *m.* small town or village (*diminutive*)
pueblo. small town, village
puerto. *m.* port
puertorriqueño. *adj./s.* Puerto Rican
puesto. *m.* job, position
 puesto que. as, for, since
pugna. *f.* struggle
punto. *m.* point
 punto de partida. starting point
 punto de vista. point of view

quechua o quichua. *adj./s.* Quechuan
 m. y *f.* Quechua
quedar. to be, to remain
 quedar atrás. to remain behind
quemar. to burn
quetzal. *m.* a bird found in tropical America
quipus. *m. pl.* knotted threads used by the Incas for recording information
quiteño. of or from Quito, Ecuador
 pintura quiteña. style of painting that originated in Quito

racionamiento. *m.* rationing (*food*)
radioteatro. *m.* radio drama, usually a soap opera
raíces. *f. pl.* roots, origin
rama. *f.* branch
ranchera. *f.* popular Latin American song type
ranchero. *m.* farmer
rapidez. *f.* speed
rara vez. rarely
rasgo. *m.* feature, characteristic
 a grandes rasgos. briefly
ratificar. to ratify
raya. *f.* line

rayuela. *f.* hopscotch
raza. *f.* race; breed (*of animals*)
razón. *f.* reason, cause
  en razón de. due to, because of
real. royal
realeza. *f.* royalty
realista. royalist
realización. *f.* fulfillment,
  achievement; action
realizar. to carry out, to accomplish,
  to pursue
reaparecer. to reappear
reavivar. to revive
rebasar. to go beyond
rebelarse. to rebel, to revolt
rebelde. *adj./s.* rebellious; rebel
recaer. to fall
recalentamiento. *m.* overheating
recelo. *m.* distrust, mistrust
recibimiento. *m.* reception
reclamar. to claim, to demand
reconocimiento. *m.* recognition
reconquista. *f.* reconquest
reconquistar. to reconquest
reconstruir. to reconstruct, to
  reorganize
recubierto. covered
recubrir. to cover
recuperación. *f.* recovery
recuperar. to recover
recurrir a. to turn to; to resort to
recursos. *m. pl.* resources
  recursos económicos. economic
    resources
  recursos naturales. natural
    resources
rechazar. to reject, to repel
red. *f.* network
redactar. to write; to draft, to draw
  up
reducciones. *f. pl.* Indian villages
  created by the Spanish
  missionaries during colonization
reelegir. to reelect
reemplazar. to replace, to substitute
referencia. *f.* reference
  con referencia a. with reference to,
    concerning
referente a. concerning, regarding
referir. to recount, to tell
  en lo que se refiere a. as regards
reflejar. to reflect
reforma. *f.* reform

reforma agraria. land reform
reformador. *adj./s.* reforming;
  reformer
reforzar. to reinforce, to strengthen
refugiado. *adj./s.* refugee
refugiarse. to go into exile
regadío. *m.* irrigation
regalo. *m.* present, gift
regar. to water
regidor, -a. *m. y f.* alderman
régimen. *m.* regime
regir. to govern, to rule; to be in
  force (*a law, etc.*)
regla. *f.* rule, regulation
regresar. to return
regreso. *m.* return
  de regreso en. back in
regular. to regulate
reinar. to reign; to prevail
reino. *m.* kingdom
reiteradamente. repeatedly
relación. *f.* relation, relationship
  relaciones de viaje. accounts of
    one's travels
relacionado. concerning, regarding
relacionar. to relate, to connect
  en lo que se relaciona con. with
    regard to
relajación. *f.* relaxation
relatar. to relate, to tell, to narrate
relato. *m.* narration
relevo: sistema de relevo. relay
  system
relieve. *m.* relief (*geography*);
  prominence, importance
religiosidad. *f.* religiousness
religioso. religious
  m. monk, priest
  f. nun
renacimiento. *m.* Renaissance;
  revival
rendimiento. *m.* yield, output,
  performance
rendir culto. to worship
rendirse. to surrender
renombre. *m.* renown, fame
renovación. *f.* renewal
renunciar. to resign
repartir. to apportion, to divide up
representante. *m.* representative
reprimir. to repress, to suppress
República Dominicana. Dominican
  Republic

requerimiento. request
requerir. to require
res. *f.* beast, animal
rescate. *m.* ransom
resentimiento. *m.* resentment
resentirse. to resent
reserva. *f.* reservation
residir. to reside; to lie
resonancia. *f.* renown, fame
respaldado. *adj.* backed, supported
respecta: en lo que respecta a. as
   regards to
respiro. *m. fig.* rest, breather
restablecer. to reestablish
restaurar. to restore
restringir. to restrict
resultado. *m.* result
resultar. to result; to be
resumen. *m.* summary
resumir. to sum up, to summarize
resurgir. to reappear
retirada. *f.* withdrawal
retirado. remote
retirar. to remove
 retirarse. to withdraw
 retirarse. to retire, to leave
revelar. to reveal
revés. *m.* setback
revista. *f.* magazine, review, journal
revivirse. to bring back to life
rey. *m.* king
   Los Reyes Católicos. the Catholic
   Monarchs
rezar. to pray
riqueza. *f.* wealth
ritmo. *m.* rhythm
rito. *m.* ritual, rite
rodeado. surrounded
rodear. to surround
 rodearse. to surround oneself
románico. Romanesque (*style*)
romanticismo. *m.* romanticism
romper. to break
ruptura. *f.* breaking; breaking-off
   (*relations*)
ruta. *f.* route, course

saber. *m.* knowledge
 a saber. that is
sabiduría. *f.* wisdom
sabio. wise
sacerdote. *m.* priest
sacramento. *m.* sacrament

sagrado. sacred
salarial. *adj.* salary
salario. *m.* salary
salida. *f.* departure; travel, excursion
salir a la luz. to be published
salitre. *m.* niter (*nitrate fertilizer*)
salitrera. *adj.* pertaining to niter
salud. *f.* health
salvadoreño. Salvadoran
salvaje. wild
salvo. except
sangre. *f.* blood
 sangre real. royal blood
sangriento. bloody
sanidad pública. *f.* public health
sanitaria: atención sanitaria. *f.*
   health care
saqueado. plundered
Satanás. Satan
satisfacer. to satisfy
sea: o sea. that is to say
seco. dry
secuestro. *m.* kidnapping
sede. *f.* seat (*of government*)
seguidor, -a. *m.* y *f.* follower
selva. *f.* forest, jungle
Semana Santa. Holy Week
sembrado. *m.* sown field or land
semilla. *f.* seed
sencillez. *f.* simplicity
Sendero Luminoso. Peruvian
   guerrilla group (*literally, "shining
   path"*)
sentimiento. *m.* feeling
señal. *f.* sign
señalar. to signal
señorial: residencia señorial. *f.*
   home of a lord, lordly home
separarse. to separate
sequía. *f.* drought
ser. *m.* being
serpiente. *f.* snake
 serpiente emplumada. plumed
 serpent
serrano. of or from the sierra
   (*mountains*)
severamente. severely, harshly
sí: en sí. by itself
siderúrgica: industria
   siderúrgica. *f.* iron and steel
   industry
sierra. *f.* mountain, mountain range
siglo. *m.* century

Siglo de las Luces. the Age of Enlightenment
significar. to mean
significativo. significant, important
siguiente. following
silva. *f.* verse, poem
simpatía: mirar con simpatía. to be sympathetic to
sindical. *adj.* pertaining to a labor union
sindicalismo. *m.* unionism
sindicato. *m.* labor union
sin duda. no doubt, undoubtedly
sin embargo. however, nevertheless
siquiera. even
sirio. Syrian
sitio. *m.* place
situar. to place
  situarse. to be, to be situated; to place
soberanía. *f.* sovereignty
soberano, -a. *m.* y *f.* sovereign
soborno. *m.* bribe
sobre. *m.* envelope
sobresaliente. outstanding
sobresalir. to stand out
sobreviviente. *m.* y *f.* survivor
sobrevivir. survive
sobriedad. *f.* soberness, sobriety
socio, -a. *m.* y *f.* partner
  socio comercial. business partner
sofocar. to put down (*a rebellion, a strike, etc.*)
soja. *f.* soybean
sol: de sol a sol. from sunrise to sunset
soldado. *m.* soldier
soledad. *f.* solitude
solicitar. to request
soltero. single
someter. to subject
sostener. to maintain, to hold (*an opinion, etc.*)
suave. mild; gentle
subdesarrollo. *m.* underdevelopment
subempleado, underemployed
sublevación. *f.* rebellion, revolt
sublevado, -a. *m.* y *f.* rebel
sublevarse. to rebel, to revolt
subocupación. *f.* underemployment
subsiguiente. subsequent
subsuelo. *m.* subsoil

subte. *m.* subway (*Argentina*)
subterráneo: ferrocarril subterráneo. *m.* subway
suceder. to happen; to succeed
sucesión. *f.* succession
suceso. *m.* event
Sudamérica o Suramérica. South America
sudamericano o suramericano. *adj./s.* South American
sueldo. *m.* salary
sueño. *m.* dream
sufragio. *m.* suffrage
  sufragio universal. universal suffrage
sufrimiento. *m.* suffering
sufrir. to suffer
sujeto: estar sujeto a. to be subject to
suma. *f. fig.* group; sum
sumado. added
sumar. to add; to total
  sumarse. to add
sumiso. submissive
suntuoso. sumptuous
superar. to surpass
superficie. *f.* area
supervivencia. *f.* survival
superviviente. *m.* y *f.* survivor
suplantar. to replace, to take the place of
suponer. to suppose, to assume
suprimir. to abolish, to eliminate; to suppress
sur. south
surcado de montañas. (*literally*) furrowed with mountains
sureste. southeast
surgimiento. *m.* appearance, emergence
surgir. to appear, to emerge; to flourish
suroeste. southwest
surrealismo. surrealism
sustancialmente. fundamentally, essentially
sustento. *m.* sustenance
sustituir o substituir. to substitute

Tahuantinsuyo. name given by the Incas to their Empire
tal(es) como. such as
tal: de tal manera. in such a way

tal vez. perhaps
tala. *f.* felling (of trees)
tallado. cut (*stone*), carved (*wood*), engraved (*metal*)
tamaño. *m.* size
tambo. *m.* place used by the Incas to store food
tarea. *f.* task, duty
  tareas del hogar. housework
tarifa. *f.* tariff
tasa. *f.* rate
  tasa de mortalidad. mortality rate
  tasa de natalidad. birth rate
teatral. *adj.* concerning the theater
  autor teatral. playwright
  obra teatral. play
técnica. *f.* technique
técnico. *m.* y *f.* technician
tectónico. tectonic
techo. *m.* roof, ceiling
telenovela. *f.* TV serial (*usually, a soap opera*)
televidente. *m.* y *f.* TV viewer
tema. *m.* theme, subject
temática. *f.* theme, subject
temeroso. fearful
templado. temperate
templo. *m.* temple
temporero. temporary
temprano. early
tender. to tend
tenencia. *f.* possession
tener. to have
  tener en cuenta. to take into account
  tener lugar. to take place
tentación. *f.* temptation
Teocalli. Mexican temple
teología. *f.* theology
  teología de la liberación. theology of liberation
tercio. *m.* third
terminar por. to end up by
término. *m.* term
  en términos de. in terms of
  en términos generales. in general, generally speaking
ternura. *f.* tenderness
terrateniente. *adj./s.* landowning; landowner
terremoto. *m.* earthquake
terreno. *m.* land
  fig. field, sphere

territorio. *m.* territory
tesoro. *m.* treasure
textil. textile
  industria textil. textile industry
tierra. *f.* land
  tierras altas. highlands
  tierras bajas. lowlands
tipo. *m.* type
tirada. *f.* circulation (*of a newspaper, etc.*)
tirar. to pull
título. *m.* title
  a título de. in the capacity of
toma. *f.* takeover, taking
tónica. *f.* norm; tendency
tormenta. *f.* storm
torno: en torno a. around; about
tórrido. torrid
tortuga. *f.* turtle
totalidad. *f.* whole
trabajador, -a. *m.* y *f.* worker
trabas. *fig.* obstacles
tráfico. *m.* traffic
traición. *f.* treason
tranquilidad. *f.* peace, tranquility
transcurrir. to pass; to take place
transformarse. to become
transgredir. transgress
transmitir. to pass on; to transmit; to broadcast
transporte escolar. *m.* school transportation
transversal: camino o carretera transversal. *m.* side road
tras. after
trasladar. to transfer, to move
traslado. *m.* transfer, moving
traspaso. *m.* transfer
trastorno. *m.* disruption
tratado. *m.* treaty
tratamiento. *m.* treatment
tratar de. to try to; to deal with
trato. *m.* treatment
través: a través de. through
travesía. *f.* crossing
trazar. to draw
trébol. *m.* clover
tribu. *f.* tribe
tribunal. *m.* court
tributo. *m.* tax
trigo. *m.* wheat
tripulación. *f.* crew
triunfante. triumphant

triunfo. *m.* victory
trono. *m.* throne
tropas. *f. pl.* troops
tumba. *f.* tomb
turco. *adj./s.* Turkish; Turk

ultramarino. *adj.* overseas
únicamente. only
unidad. *f.* unity
unificado. unified
unificador. unifying
unir. to link
Unión Soviética. Soviet Union
　Unión de Repúblicas Socialistas Soviéticas (U.R.S.S.). USSR
unitario. supporter of a centralized government
universidad. *f.* university
universitario. *adj./s.* pertaining to a university; university student
urbano. *adj.* urban, city, town
urbanístico. *adj.* urban, city
urbanización. *f.* urbanization
urbe. *f.* city
uruguayo. Uruguayan
utilidades. *f. pl.* profits
utilizar. to use

vacío. *m.* vacuum
vainilla. *f.* vanilla
valiente. brave, courageous
valioso. valuable
valor. *m.* value
valle. *m.* valley
varón. *m.* man, male
vastedad. *f.* vastness
Vaticano. *m.* Vatican
vecindad: política de buena vecindad. *f.* Good Neighbor Policy
vecino. *adj./s.* neighboring; neighbor, resident, inhabitant
vehículo. *m.* vehicle
veintena. *f.* group of twenty, score
velar. to look after
vencer. to defeat, to win
venerar. to worship
venezolano. Venezuelan

vengar. to avenge
ventajoso. advantageous
verse: verse envuelto en. to find oneself involved in
　verse obligado a. to be forced to
verso. *m.* verse
verter. to empty, to pour out
vertiente. *f.* channel, way
　ríos de la vertiente. rivers that flow into
vez. *f.* time
　a la vez. at the same time
　a su vez. in his turn
　cada vez más. more and more
vía de comunicación. *f.* means of communication
vía férrea. *f.* railroad line
viento. *m.* wind
　instrumentos de viento. wind instruments
vigente. in force, existing
villa miseria. *f.* shanty town (*Argentina*)
Virgen. *f.* Virgin
virreinato. *m.* viceroyalty
virrey. *m.* viceroy
visigodo. *adj./s.* Visigothic; Visigoths
víspera. *f.* eve
vista. *f.* sight
vitalicio. *adj.* for life
viudo, -a. *m.* y *f.* widower, widow
víveres. *m. pl.* food
vivienda. *f.* dwelling, house, housing
vocablo. *m.* word
vocal. *f.* vowel
vociferante. vociferous
voluntad. *f.* will, willpower
vuelta. *f.* return
　vuelta al mundo. around the world

ya. already
　ya que. as, for, since
yacimiento. *m.* mineral deposit

zambo. *adj./s.* of mixed race (*Indian and Black*); a person of mixed race
zarpar. to sail out
zona. *f.* zone, region

Bibliografía

La lista que sigue incluye algunos de los títulos usados como fuentes de información para esta obra, además de otros que pueden resultar de interés para los lectores.

Títulos en español

Anuario Iberoamericano 1992, Agencia EFE, Fundación EFE, Madrid, 1992.

Aretz, Isabel, relatora. *América Latina en su música*. México, D.F.: Siglo XXI editores/UNESCO, 1977.

Ballesteros, M. y otros. *La Conquista de Perú. Cuadernos Historia 16*, No. 52 (1985).

Bayón, Damián. *Artistas contemporáneos de América Latina*. París: Ediciones Serbal/UNESCO, 1981.

Bayón, Damián y Gasparini, Paolo. *Panorámica de la arquitectura latinoamericana*. Barcelona: Editorial Blume/UNESCO, 1977.

Bennassar, Bartolomé. *La América española y la América portuguesa (siglos XVI–XVIII)*. Madrid: Sarpe, 1985.

Blat Gimeno, José. *La educación en América Latina y el Caribe en el último tercio del siglo XX*. París: UNESCO, 1981.

Bosch Gimpera, Pere. *La América pre-hispánica*. Barcelona: Ariel, 1975.

Bueno, Salvador, con la colaboración del Centro de Documentación de la Oficina Regional de Cultura de la UNESCO para América Latina y el Caribe (La Habana). *Introducción a la cultura africana en América Latina*. París: UNESCO, 1979.

Cultura y sociedad en América Latina. París: UNESCO, 1981.

Chang-Rodríguez, Eugenio. *Latinoamérica: Su civilización y su cultura*. Rowley, Massachusetts: Newbury House Publishers, 1983.

Equipo Editorial Aula Abierta. *Culturas indígenas americanas*. Barcelona: Salvat Editores, 1983.

_____. *La nueva voz de un continente* (literatura hispanoamericana contemporánea). Barcelona: Salvat Editores, 1982.

Fernández Moreno, César, director. *América Latina en su Literatura*. México, D.F.: Siglo XXI editores/UNESCO, 1977.

Galeano, Eduardo. *Las venas abiertas de América Latina*. 39ª edición. México, D.F.: Siglo XXI editores, 1984.

Geografía de América Latina. Colección UNESCO. Programas y métodos de enseñanza. París/Barcelona: UNESCO/Teide, 1975.

Halperin Donghi, Tulio. *Historia Contemporánea de América Latina*. 11ª edición, Madrid: Alianza Editorial, 1985.

Hernández, Sánchez-Barba. *Historia de América*. Madrid: Alhambra, 1985.

"Historia de España." *Historia 16*, números extras: VI (1978); X (1979); XVIII–XX (1981).

Identidad cultural de América Latina, número especial de la colección *Culturas, diálogo entre los pueblos del mundo*. París: UNESCO, 1986.

León-Portilla, Miguel y otros. "La conquista de México." *Cuadernos Historia 16*, No. 32 (1985).

Malmberg, Bertil. *La América española*. 3ª edición. Madrid: Ediciones Istmo, 1974.

Nuestro Mundo 85/86. Banco de Información OMNIDATA EFE. Madrid, Agencia EFE.

Oliveira Cezar, Filiberto de. *Leyendas de los indios quechuas*. Lima: Ediciones Plata S.A., 1975.

Pottier, Bernard, director. *América Latina en sus lenguas indígenas*. Caracas: Monte Avila Editores, 1984.

Sánchez, A. Luis. *América desde la revolución emancipadora hasta nuestros días*. Madrid: EDAF, 1981.

Schmieder, Oscar. *Geografía de América Latina*. México, D.F.: Fondo de Cultura Económica, 1965.

Steiner, Stan. *Los americanos de origen mexicano*. Informe No. 39. Minority Rights Group. Londres, febrero de 1979.

Toyer, Nicoley Martín Josefa. *Rumbo a la América hispana*. París: Masson et Cie., 1972.

Waldmann, Peter, con la colaboración de Zelinsky, Ulrich. *América Latina: Síntesis histórica, política, económica y cultural*. Barcelona: Editorial Herder, 1984.

Títulos en inglés

Alba, Victor. *A Concise History of Mexico*. Londres: Cassel, 1973.

Benham, F. y Holley, H.A. *A Short Introduction to the Economy of Latin America*. Londres: Oxford University Press, 1960.

Blakemore, Harold y Smith, Clifford T. *Latin America: Geographical Perspectives*. Londres: Methuen, 1974.

Brooks, John, director. *The South American Handbook* (una guía de América Latina, de publicación anual). Bath, Inglaterra: Trade and Travel Publications.

Burland, Cottie y Forman, Werner. *The Aztecs: Gods and Fate in Ancient Mexico*. Nueva York: Galahad Books, 1980.

Butlano, Gilbert J. *Latin America: A Regional Geography*. 3ª edición. Londres: Longman, 1972.

Castedo, Leopoldo. *A History of Latin American Art and Architecture from Pre-Columbian Times to the Present*. Phyllis Freeman, traductora. Nueva York: Frederick A. Praeger, 1969.

Collier, Simon; Blakemore, Harold y Skidmore, E. Thomas, directores. *The Cambridge Encyclopedia of Latin America and the Caribbean*. Cambridge: Cambridge University Press, 1985.

Denevan, William N. *The Native Population of the Americas in 1492*. Madison: University of Wisconsin Press, 1981.

Dzidzienyo, Anani y Casal, Lourdes. *The Position of Blacks in Brazilian and Cuban Society*, Informe No. 7 (nueva edición). Londres: Minority Rights Group, mayo de 1979.

Franco, Jean. *An Introduction to Spanish American Literature*. Cambridge: Cambridge University Press, 1969.

Furtado, Celso. *Economic Development of Latin America*. Cambridge: Cambridge University Press, 1976.

Gallagher, D.P. *Modern Latin American Literature*. Londres: Oxford University Press, 1973.

Green, Duncan. *Faces of Latin America*. Londres: Latin American Bureau, 1991.

Haring, C.H. *The Spanish Empire in America*. 2ª edición. Cambridge: Cambridge University Press, 1952.

Harris, Olivia, directora. *Latin American Women*. Informe No. 57. Londres: Minority Rights Group, 1983.

Hemming, John. *The Conquest of the Incas*. Nueva York: Harcourt Brace Jovanovich, 1970.

Kann, Robert. *The Hapsburg Empire*. Nueva York: Frederick A. Praeger, 1957.

Manson, J. Alden. *The Ancient Civilization of Peru*. Harmondsworth, Inglaterra: Pelican, 1957.

O'Shaughnessy, Hugh y Corry, Stephen. *What Future for the Amerindians of South America?* Informe No. 15 (nueva edición). Londres: Minority Rights Group, julio de 1977.

Parry, J.H. *The Spanish Seaborne Empire*. Londres: Hutchinson, 1966.

Pendle, George. *A History of Latin America*. Londres: Penguin Books, 1973.

Perkins, Dexter. *The United States and Latin America*. Baton Rouge: Louisiana State University Press, 1961.

Porter, Charles Orlando y Alexander, Robert J. *The Struggle for Democracy in Latin America*. Nueva York: Macmillan, 1961.

Prescott, William H. *The History of the Conquest of Mexico*. Chicago: University of Chicago Press, 1966.

_____. *History of the Conquest of Mexico and History of the Conquest of Peru*. Nueva York: Random House Modern Library, 1957.

Rojas, Pedro. *The Art and Architecture of Mexico*. J.M. Cohen, traductor. Feltham, Inglaterra: Paul Hamlyn, 1968.

Russell, P.E., director. *Spain: A Companion to Spanish Studies* (con datos sobre la historia de los hispanoamericanos, junto con una amplia sección sobre la literatura hispanoamericana). Londres: Methuen, 1973.

Salcedo-Bastardo, J.L. *Simón Bolívar: The Hope of the Universe*. París: UNESCO, 1983.

Skidmore, Thomas y Smith, Peter. *Modern Latin America*. Londres: Oxford University Press, 1984.

Steiner, Stan. *The Mexican Americans*. Informe No. 39. Londres: Minority Rights Group, febrero de 1979.

Stephen, David y Wearne, Phillip. *Central America's Indians*. Informe No. 62. Londres: Minority Rights Group, 1984.

Vaillant, George C. *The Aztecs of Mexico: Origin, Rise and Fall of the Aztec Nation*. Harmondsworth, Inglaterra: Pelican, 1950.

Von Hagen, Victor Wolfgang. *The Ancient Sun Kingdoms of the Americas*. Londres: Granada Publishing, 1973.

Wagenheim, Kal. *Puerto Ricans in the United States*. Informe No. 58. Londres: Minority Rights Group, enero de 1983.

Ward, Philip, director. *The Oxford Companion to Spanish Literature* (con datos sobre la literatura hispanoamericana). Oxford: Clarendon Press, 1978.

Webb, Kempton. *Geography of Latin America*. Englewood Cliffs, Nueva Jersey: Prentice-Hall, 1972.

Índice alfabético

Frente Sandinista de Liberación Nacional. *Ver* sandinistas
Fuentes, Carlos, 133
Fujimori, Alberto, 197

Galápagos (islas), 13–14
Galván, Manuel de Jesús, 99
Gallegos, Rómulo, 129
García, Alan, 197
García Márquez, Gabriel, 132–33, 217
García Meza, Luis, 196
Gironella, Alberto, 219
gobernadores, 57
González, Juan Francisco, 101
Granada, 194
Greiff, León de, 218
guaraní. *Ver* tupí-guaraní
Guatemala, 5–6, 23, 52, 84, 91, 115, 126–27, 148, 157, 170, 178, 192, 212
guerra de la Triple Alianza, 98
guerra del Chaco, 118
guerra del Pacífico, 95–96
guerra fría, 115
guerra mundial (segunda), 115
Guevara, Ernesto *Che,* 117
Güiraldes, Ricardo, 129
Gutiérrez, Gustavo, 203

Heredia, José María, 98
Hernández, José, 99
Hidalgo, Miguel, 81–82
hidalgos, 51
hispanoamericanos en España, 182–83; en los EE.UU., 181–82
Honduras, 5–7, 23, 26, 48, 52, 84, 91, 126, 148, 178, 192
Huari, 34
Huáscar, 36, 54
Huerta, Victoriano, 120
Huidobro, Vicente, 136–37
Hurtado de Mendoza, García, 55

Ibarbourou, Juana de, 136
Iglesia Católica, 57–59, 202–4
Iguazú (cataratas), 10, 12
Ilustración, La, 77–78
incas, 34–38, 54
independencia hispanoamericana, 76–84
independencia de México, 81–83
indígenas, 170–72, 212–13

indigenismo, 99, 100
industria, 156–59
inmigración a Hispanoamérica, 174–75
Inquisición, 77
integración hispanoamericana, 198–200
Isabela, La, 48
Isabel de Castilla, 46–47
Iturbide, Agustín, 82

jesuitas, 58, 77, 212
Juárez, Benito, 86–88
juventud latinoamericana, 205–7

Lam, Wilfredo, 138
latifundio, 152
Lautaro, 55
lenguas indígenas, 212–13
Leyes de Indias, 57
Leyes de la Reforma (México), 87
Liga de Mayapán, 26
Lihn, Enrique, 218
literatura hispanoamericana, 63–64, 99–101, 131–38, 217–18
litografía, 101

Machu Picchu, 37–38
Madero, Francisco, 90, 120
Magallanes, Fernando de, 49
Magallanes (estrecho), 8
Magdalena (río), 13
Malvinas (islas), 14
mapuche (lengua), 213
mapuches. *Ver* araucanos
Martí, José, 92–93, 100
Mastretta, Ángeles, 217
Matta, Roberto, 138
Maximiliano de Austria, 88
maya (lengua), 212
mayas, 26–29
mayeques, 30
medio ambiente, 200–2
Menchú, Rigoberta, 172
Mendoza, Pedro de, 56
Menem, Carlos Saúl, 195
Mera, Juan León, 99
Mercado Común Centroamericano (MCCA), 157, 199
Mercado Común del Cono Sur (MERCOSUR), 199
Mérida, Carlos, 138
Mesoamérica, 23–32

mestizos, 60–61, 169–70
México, 3–5, 23, 81–90, 120–23, 147, 157, 177–79, 181, 190–91, 199, 200, 203, 215
migraciones, 179–80
militarismo, 117–19
Mina, Francisco Javier, 82
minería, 154
minifundio, 152
Miranda, Francisco, 78–79
misquitos, 171
Mistral, Gabriela, 134
mita, 61
Moctezuma, 30, 52
moches, 32
modernismo, 100
Monte Albán, 25
Montes de Oca, Marco Antonio, 218
montoneros (Argentina), 117
Morazán, Francisco, 91
Morelos y Pavón, José María, 82
Movimiento de Liberación Nacional (Uruguay). Ver tupamaros
Movimiento Nacionalista Revolucionario (MNR) (Bolivia), 196
Movimiento Popular de Liberación (Honduras), 126
mudéjar (estilo), 66
mujer latinoamericana, 204–5
muralistas mexicanos, 137–38
música folklórica, 139–40
Mutis, Álvaro, 218

nacionalismo, 115–16
nahua. Ver náhuatl
náhuatl, 25, 30, 212
narcotráfico, 207–8
Nazca, 32–33
Neruda, Pablo, 134–35
Nicaragua, 5–6, 48, 52, 84, 91–92, 127–29, 148, 178, 191–93
Noriega, Manuel Antonio, 193–94
novela hispanoamericana, 129–33, 217–18
Nueva Castilla, 57
Nueva España, 52, 57, 82
Nueva Granada, 57, 80

Obregón, Álvaro, 121–23
O'Higgins, Bernardo, 81
olmecas, 23–25
Onetti, Juan Carlos, 133

Organización de Estados Americanos (OEA), 128
Organización de Estados Exportadores de Petróleo (OPEP), 156
orientales en Hispanoamérica, 174–75
Orinoco (río), 13
Orozco, José Clemente, 137
Ortega, Daniel, 192

Pacheco, José Emilio, 218
Pacto Andino, 157, 199
Panamá, 5–6, 48–49, 113, 126, 148, 178, 193–94
Paraguay, 11–12, 56, 84, 98, 118, 178, 195
Paraguay (río), 13
Paraná (río), 13
París, Tratado de, 93, 119
Parra, Nicanor, 137, 218
Partido Revolucionario Institucional (PRI), 123, 190
Paso, Fernando del, 217
Paz Estenssoro, Víctor, 195
Paz, Octavio, 135–36
Pérez, Carlos Andrés, 198
Perón, Eva Duarte de (Evita), 115–16
Perón, Isabel Martínez de, 119
Perón, Juan Domingo, 115–16
peronismo, 116
Perú, 8, 11, 52–54, 80–81, 83–84, 95, 149, 171, 173, 178–79, 197–98, 215
pesca, 153
Petróleos Mexicanos, 156
Petróleos de Venezuela, 156
Pettoruti, Emilio, 138–39
Pinochet, Augusto, 119, 195–96, 203
pintura hispanoamericana, 67–68, 100–1, 137–39
pintura cuzqueña, 67–68
pintura quiteña, 68
Pizarro, Francisco, 51, 52–54
Plan de Iguala, 82
Plata (río), 13, 49
Plata, virreinato de la, 57
población. Ver demografía
poesía hispanoamericana, 98–100, 133–37, 218–19
Poniatowska, Elena, 217